K 케이 문화의 요람

고향의 품격

유영수 지음

하움

흙속의 뿌리는 나비가 찾는 꽃을 부러워하지 않고, 고향은 부귀 찾아 모여드는 화려한 도시를 부러워하지 않는다. 고향의 맑은 물, 바람, 흙이 키워낸 곡식과 푸성귀가 자손의 건강한 육신을 만들었고 아름다운 자연, 조상의 유산, 이웃 간의 정으로 정신이 성숙했다. 긴 타향살이에 향기 없는 꽃을 피우느라 시들어가는 몸을 깨닫는 순간, 뇌 속에서 잠자던 고향의 유전자가 살아나 피만큼 진하게 고향을 그리워하게 된다. 아름다운 산천과 천년 향기가 은은한 고향이 한 폭의 그림, 한 편의 시, 한 줄의 경구가 되어 단비처럼 가슴을 촉촉이 적시고, 찌든 영혼까지 맑게 해준다.

서울에서 태어났지만 어려서 몇 년을 살았던 바리골은 세월이 흘러도 변함없는 마음의 고향으로 남아있다. 태행산에서 뻗은 형제봉 산자락, 절간의 공양 바리때를 닮은 아늑한 마을에 자리한 고모댁은 2층 양옥에 봄이면 찔레꽃 울타리가 화려하고 뒷동산에는 복숭아, 살구꽃 피고 우물가 앵두나무에 빨간 보석이 총총히 달렸다. 마을은 초가와 기와집이 어깨를 서로 기대며 어울렸고, 창수네 어영이네 집안 숟가락 수를 알 만큼 서로 가깝고 인심 좋은 이웃들이 모여 살았다. 책보를 들고 친구들과 들판을 가로질러 가는 길은 볼 것도 놀 것도 많아 늦어서 뛰기 십상이고, 마을 고개에 있던 산소 잔디밭은 방과 후 즐거운 놀이터였다. 여름이면 실개천에서 물장난과 멱 감기, 개구리참외밭 원두막에 올라가 뒹굴기, 칠흑 밤하늘을 가르던 별똥별 찾기, 논에 물이 남아 생긴 얼음판은 작은 겨울왕국이었다. 학교 울타리 따라서 코스모스가 한창인 가을, 부모님이 찾아오셔서 서울로 데리고 떠나는 날, 여선생님과 급우들이 모두 운동장에 나와서 고사리 손을 흔들어 주던 그날은 지금도 생각하면 가슴이 먹먹해진다. 문득문득 옛 생각은 탈색한 추억의 사진이 되어 한 장 또 한 장 눈에 선하다.

광복 직후 서울 인구는 백만 명에 불과했다. 실향민으로 채워진 오늘의 대도시는 어느 작가의 말대로 '만인의 타향'이 되었다. 부대껴 살며 켜켜이 오염된 본성이 고향 잃은 사람들의 고향상실증 혹은 향수병으로 진단되기도 한다. 현존은 실향이니 인간은 어차피 실향민이라는 말이나, 잃어버린 고향을 찾기 위해 인간은 타향으로 가야한다는 역설을 생각하면 실향과 귀향이 동전의 앞뒤 같기도 하나 끝내는 언제나 수구초심 고향일 뿐이다. 이러한 자각은 일찍이 도연명의 귀거래사에 등장한다. "고향을 떠나 지낸 벼슬살이에 고귀한 정신이 육신의 노예가 되어 버렸다. 그러나 어찌 슬퍼하고 서러워만 할 것인가. 이제 귀향이 바른 길임을 알았으니 고향에 돌아가, 농부가 봄이 왔다 알려주면 밭을 갈겠다"한다. 나부코에 의해 바빌론으로 끌려간 히브리 노예들이 유프라테스 강가에서 노역에 시달리며, 잃어버린 고향에 대한 그리움을 "가라 내 마음아, 황금빛 날개를 달고, 항기로운 고향의 푸른 언덕으로 날아가 쉬어라, 새로 워라 그 옛날의 추억, 지난 옛일을 말해다오" 합창한다. 지친 육신에 갇혀 고향을 애절하게 그리워하는 영혼의 신음이다.

"인간이 비록 자유롭게 태어났어도 사회라는 사슬에 묶여 살면서 순수했던 마음을 상실했으니, 자연으로 돌아가야 한다"하고, '자신의 고유한 실존에 이르지 못해 퇴락존재로 사는 고향상실 시대에 근원에 가까운 고향 회복이 답'이라는 철학자의 말은 동서양이 따로 없는 듯하다. 우리의 가수는 어디가 숲인지 어디가 늪인지 알려주지 않는 춥고도 험한 도시에 절망하고, 저마다 찾아 고향의 향기를 들어보라 한다. 고향의 향기는 감각기관이 아닌 가슴으로 듣는 것이라고 가리킨다. 간도에서 태어난 우리 시인은 어떠한가. 고향 용정으로 돌아간 날, 지조 높은 개가 밤 새워 어둠을 짖어대는 소리에 백골로 변해버린 자신을 비로소 깨닫고, 쫓기듯이 '또 다른 고향'을 찾아 나선다. 헤아리기도 어려운 긴 세월 수많은 이들이 고향으로 회귀 못하는 회한을 남겼다.

20세기 초 조선을 찾은 독일인 신부는 "게르만족이 아직 숲에서 뛰어다닐 때 조선은 이미 고도의 문화를 가졌고 세계 문화민족 중에서 특별히 명예로운 자리를 차지하고 있다"며 책과 영상을 기록으로 남겼다. 가난해도 아침이 조용한 땅을 여행하며 전통 문화와 풍습 특히 효사상에 대한 감탄은 너무나 당연해서 내세울 것도 못된다고 여기던 우리를 혼란스럽게 만든다. 몰락하는 반가에서 접하게 되는 정제된 언어와 품행, 절차와 동작마다 의미가 담긴 세밀한 제례와 장례문화 등을 통해, 더할 나위 없이 고도화된 동방 문화를 발견하고 깊이 감명 받은 듯하다. 인도의 미래는 교육에 달렸다는 신념으로 선진국을 견문하던 타고르가 아시아 황금기에 등불의 하나였던 한국이 다시 한 번 동방을 밝히는 날이 올 것이라고 그의 믿음을 밝혔다. 우주와 인간관계를 폭넓게 과학자와 토론하며 인간세계를 통찰했던 천재 시인의 말은 피지배국의 동병상련에서 나온 덕담만은 아닐 것이다.

　그로부터 백년도 못되어 우리는 세계 경제, 문화, 군사, 첨단 제조 강국으로 진입해 단군 이래 최고 융성기를 맞고 있는 사실이 여러 곳에서 공인되고 있다. K-문화는 선진국이나 후진국을 가리지 않고 세계 젊은이들의 마음을 훔치며 폭발적 인기 대열에 합류하게 만들었다. 한 치의 오차도 없이 일사분란하게 움직이는 격동적 군무는 마치 한 대륙을 정복하기 위해 진격하는 점령군의 강력한 힘을 느끼기에 충분해 보인다. 갈수록 세를 더욱 키워가며 찬사가 가팔라지는 배경으로 고향의 뿌리와 남겨진 유산을 뒤돌아보게 한다. 가장 한국적이기에 가장 세계적이고, 고향이 있기에 세계 속에서 자랑스러운 우리의 오늘이 있는 것은 아닌지 새삼스러운 느낌이다.

　우리의 고향 언덕에는 뿌리 깊은 전통마을, 향학의 전당 향교와 서원, 민초가 애타게 발원하던 산사, 조용히 자연을 탐미하며 자신을 성찰하던 정자, 조상을 기리는 재사(齋舍) 하나쯤은 빠지지 않고 좋은 터에 자리하고 있다. 마을을 지키는 석불이나 남근석이 볼품없는 돌덩이에서 나오고, 마애여래상이 산허리 큰 암벽을 깨고 모습을 드러냈다. 산사의 불상과 석탑이 닮아 보여도, 애정을 갖고 보면 볼수록 천차만별, 같은 것이 없고 전하는 느낌도 다르다. 숨 쉬는 생물이라도 되기 바라는 듯, 예술혼을 쏟아 부은 장인들의 정성으로 빚어진 작품들이 두드러진 독창성으로 천년 세월을 뛰어 넘는다. 아름다운 공포를 받치는 전각 배흘림기둥 나뭇결에 손을 대면 선인들 체온이 전해오고, 햇볕에 반질거리는 법당 마루에서는 소박한 소망을 위해 108배를 올리던 선조들의 간절한 숨소리가 들린다. 향교와 서원에 모셔진 성현과 조상이 유생에게 무언의 가르침을 주고, 강당에는 글 읽는 소리로 절도와 소망이 넘쳤고, 매년 후손들이 찾아 제사를 올리는 묘역의 재사는 갈수록 잊혀져가는 효 사상을 안간힘을 다해 지켜내고 있다. 유산이 전해주는 올곧은 선조들의 이야기를 접할 때마다 혼탁했던 정신이 맑아지고 고상해지는 소득을 무엇에 비할 수 있을까.

고향은 짧아도 수백 년을 거쳐서 개척되며 대개의 문중 역사와 맥을 같이 한다. 나라에 공을 세워 임금이 내려준 사패지에 정착해 본관성씨의 시조가 되고, 후대에 이름을 떨친 후손이 분가해나간 곳에서 중시조나 파조(派始祖)가 되어 번창을 이어간다. 핵분열 하듯 퍼져나간 집성촌이 마을의 중심이 되고, 혼맥으로 다른 성씨까지 마을에 유입되며 고을은 성장했다. 한집에 적어도 3대가 살면서 위로 4대의 선조를 숭모하고 소통하면서 100년의 간극은 오히려 고귀한 가풍 형성의 기틀이 되었다. 과거시험이 유일한 출세의 길이었던 고향에는 나라가 세운 향교 외에도 후손을 교육시키기 위한 서당과 서원이 중심이었고, 씨족간의 상부상조를 바탕으로 향약이나 동계가 만들어지고, 오랜 문화, 풍습, 의례도 지역 특성을 보이며 발전했다.

말씨와 풍습에서 조금씩 차이를 보이는 충청 영남 호남지역에서 고향의 옛 모습과 조상의 체취를 기대하며 찾는다. 충청권에서 신들의 정원이라 자랑할 만한 구곡의 전시장 괴산, 호남에서 서해를 끼고 번성했던 노을빛의 고향 영광, 영남권에서는 살기 좋아 서울의 반은 된다고 자부하는 단술의 고향 예천을 선택해서 삼도의 말씨만큼이나 개성 있는 고향 이야기를 찾는다. 발길 가는대로 찾은 땅이 그리 이름난 문화유산으로 알려진 지역이 아님에도 불구하고 이만큼 감동을 주는 자취가 숨어있다는 사실은 경이가 아닐 수 없다.

　한줄기 실낱을 타고 내려앉은 달콤한 오수에 그리던 고향의 환영이 찾아든다. 어렵사리 만난 꿈속의 고향을 순례자라도 된 듯이 다시 찾는다면 타향살이에 노예로 변해버린 육신에 새살이 돋아날까. 초심 찾아 나선 길에서 이만해도 족한 것을 깨닫고(知足), 이만쯤에서 멈출 줄 알게 되면(知止), 모자라서 오히려 마음이 편한(安貧) 그곳이 고향이다. 천 년을 지나도 똑같은 산들바람, 밤하늘 총총한 별무리, 해가 갈수록 품이 넉넉해지는 느티나무, 아카시아 꽃향기에 이끌려 걷던 오솔길, 서울 손님 맞아 나섰던 동구 밖 과수원길, 손꼽아도 모자라는 그곳이 그리운 고향이다. 인걸이 모두 떠나 소멸 위기에 처한 고향의 곳간이 아주 빈 것만 같아도 아직까지는 옛 유산과 이야기에 온기가 남아있고, 언제 찾아도 따뜻한 품을 열어준다. 고향상실 시대에 도시에서 태어난 이들에게 동심은 알 수 없는 그리움이고, 고향은 아무런 탐욕 없이 경이를 갖고 자연을 바라보던 지나간 시절이고, 귀향은 멀어진 근본에 가까이 가는 것이라는 철학자도 있다. 비록 콘크리트 정글이 고향일지라도 수백 년 동안 개척한 조상의 혼이 머무는 고향을 찾으면 누구도 차별하는 법이 없다. 지자체 문화관광과와 문화원도 많은 자료를 발굴하고 옛것을 알리려 노력하며, 찾는 사람을 반갑게 맞아 도와준다. 이에 힘입어 여전히 뿌리가 건강한 케이문화의 요람을 찾아보고 부족한대로 정리할 수 있게 된 것을 깊이 감사드린다.

[...]書[...]腭。

[...]二十[...]是也。[...]則同[...]者在初聲之[...]，如呑字之[...]。

○[...]疑。蝌ㄷ별為熱[...]天[...]

脣音之下。則紙大如ㅐ為粳入[...]

脣作合而喉[...]手[...]如ㅁ為[...]如ㅂ為鳩鶉習[...]

字。舌縮而[聲][...]筋。○如ㅁ為[...]如[...]

[...]圓。象乎天。[...]如[...]為圓[...]

[...]不滾。地闊為[...]ㄴ△為[...]

地也。ㅣ[号][...]小豆。[...]引[...]

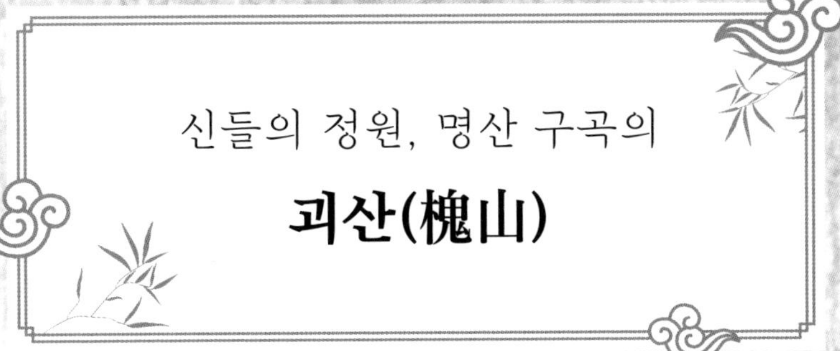

괴산(槐山)

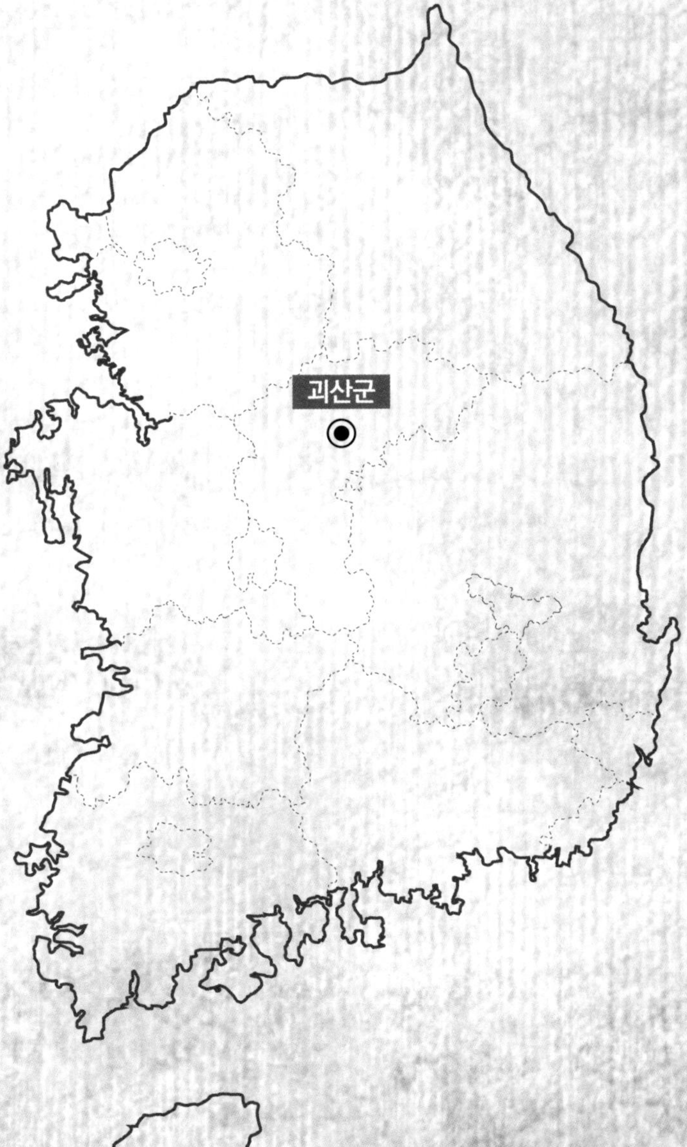

느티나무가 많아서 괴산이 된 것인지, 약150그루 보호수 중에 100여 그루 이상이 느티나무라고 한다. 천연기념물로는 장연면 오가리에 약 800년 느티나무 아버지 상괴목(上槐木)과 어머니 하괴목 2그루가 제382호로 보호받고 있고, 연풍면 적석리 500년 소나무가 제383호, 청안면 읍내리 청안초등학교 운동장에 있는 천년 은행나무가 제165호, 청천면 낙영산 공림사에도 몇 그루 중 신비한 밑동의 천년 느티나무도 있다. 나무에 신령이 들어앉으면 신목(神木)이 되어 주민을 보호하고, 늙어 노거수가 되면 주민의 보호를 받으며 세월을 지켜간다. 인간과 느티나무가 서로 기대며 사는 괴산에는 또한 구곡(九曲)이 동맥처럼 뻗은 아름다운 자연과 선한 사람들이 어울려 살던 세월의 흔적이 곳곳에 남아있다.

산은 동쪽으로 1,000미터 이상의 조령산과 백화산, 남쪽으로는 속리산에 이어지는 청화산, 백악산 등 준봉이 감싸는 모습이다. 그보다는 낮은 청정 산세가 만드는 구곡으로 도명산 아래 명승 제110호 화양구곡, 갈모봉 아래 선유구곡, 비학산 아래 갈은구곡, 칠보산 아래 쌍곡구곡이 유명하다. 속리산 북사면에서 발원한 달천(達川)이 화양계곡의 화양천을 받아들여 흐르다가 아름다운 괴산호를 지나 연풍에서 흘러온 쌍천을 받고, 괴산읍을 지나 충주에서 남한강에 합류한다. 문광면 문광저수지는 사진가들이 찾아 환호를 올리는 곳이고, 칠성면 초원의 집은 다양한 괴석과 많은 돌탑이 고른 수종의 나무와 어우러진 아름답고 신비스러운 정원으로 알려지고 있다.

역사적으로 백제의 세력권이었다가 장수왕 때 고구려 영토가 되어 잉근내군으로 불리었고, 6세기 중반 신라가 한강 유역까지 진출할 때 신라에 속해 전설대로 괴양군(槐壤郡)이 되고, 후백제를 거쳐 고려 때는 괴주(槐州), 조선 태종 때 지금의 괴산군으로 된다. 낙동강 유역에서 한강 유역으로 진출하기 위해 넘어야 하는 조령(새재)과 이화령은 구름도 새도 바람도 모두 쉬어가는 험준한 고갯길이다. 새재의 조령산성은 사적 제147호이고, 고려 후기 몽고 침략 때 축성된 것으로 보이는 청천면 미륵산성은 본성과 외성을 둔 둘레 5km의 대규모 산성으로 사적 제401호가 된다.

조령과 이화령으로 이어지는 첩첩산중에 갇힌 분지 속에 수옥폭포, 연풍향교, 그 외에도 동헌, 향청, 순교성지가 연풍 한적한 마을 중심에 있고, 화양구곡과 청천리에는 조선유학의 거목 송시열 유적이 성지처럼 남아있다. 아름다운 괴산호에 어울리는 산막이마을 수월정이 있고, 괴산읍을 흐르는 달천을 따라 김시민 장군의 충민사, 홍범식 고택 등의 전통고옥, 그리고 절경에 어울리는 취묵당, 고산정, 애한정 등 정자들이 그에 걸맞은 옛이야기를 전한다. 전국에 그리 많이 남아있지 않은 동헌과 향청이 괴산읍, 연풍, 청안에 남아있어 실록 중심의 역사에서 빛을 보지 못한 풀뿌리 민초들의 생활사를 엿보게 한다. 한여름 괴산 여행길에서 맛보는 대학옥수수는 품종개발에 성공한 교수님에게 주민들이 보은의 뜻으로 붙인 이름, 명성에 맞는 원조 괴산의 별미로 떠오른다.

수려한 구곡(九曲)의 전시장

괴산은 기암 계곡이 만들어낸 아홉 굽이 구곡(九曲)의 전시장이기도 하다. 전국 102곳 구곡 중에서 충북에 27곳이고, 괴산에 7곳이 있다. 화양구곡을 비롯해 선유구곡, 갈은(葛隱)구곡, 쌍곡구곡, 풍계구곡, 고산구곡, 물이 깊어진 연하구곡, 어느 곳을 찾아도 깊은 계곡에 우뚝한 기암과 희고 매끈한 암반 사이로 흐르는 맑은 물이 어우러진 경치는 괴산의 자랑이다. 연장 약2km 선유구곡은 1500년대 송정마을 함평 이씨 이녕(李寗)이 신선도 즐길만한 절경에 감탄해 팔경을 정했고, 구곡은 퇴계 이황이 이녕을 찾아왔다가 절경에 반한 연유가 있다 하기도, 그보다 늦은 1750년경 이상간 등이 정했다고도 한다. 괴산과 문경을 경계로 나눠진 선유동을 각기 외선유동과 내선유동으로 구분하기도 하는데 이중환은 택리지에서 외선유동의 경치를 금강산에 버금가는 삼남의 으뜸이라며 극찬한다.

"골짜기는 그윽하고 깊숙하며, 큰 계곡물이 바위로 이루어진 골짜기와 벼랑 아래로 밤낮 쏟아져 내리며, 천 번 돌고 또 만 번을 굽이쳐서 일일이 다 기술할 수 없다. 금강산의 만폭동과 견주어 볼 때 웅장함은 조금 손색이 있지만, 기이하고 정교하고 맑고 오묘함은 오히려 낫다고 말하는 이도 있다. 금강산 외에는 이런 산수경관이 없으므로 당연히 삼남에서 으뜸이다."

화양구곡 맑은 물을 장식하는 기암괴석과 하늘을 이고 있는 다양한 형상의 바위들 또한 선조들의 각별한 사랑을 받았다. 경천벽, 운영담, 읍궁암, 첨성대, 와룡암, 파곶 등 기암이 즐비한 화양구곡에서 시를 읊은 사람만도 25명에 이른다는데 바위의 무엇이 선비들의 마음을 사로잡았을까. 스쳐가는 바람과 부딪는 물에 슬기롭게 순응하며 곱게 모서리를 가꾸어가는 바위에서 지조 높은 선비의 이상을 찾았을까. 제 색(色)과 무늬(紋)는 속 깊은 곳에 다져두고, 천둥과 번개에도 흔들림 없는 침묵을 지키면서도 씨앗이 싹을 낼만큼 한줌 흙을 물에 실어 보내는 여유를 사랑했을까. "은혜는 돌에 새기고 미움은 물에 새기라"하는 말도 돌에 대한 굳건한 믿음과 신뢰를 말하는 것이고, 어떤 것도 마다않고 품어주는 물의 포용을 말한다.

옛날부터 산과 물, 바위가 어우러진 아름다운 자연 속에서 심오한 철학이 싹을 키워나갔다. 노자는 도덕경에서 물은 앞서려고 다투지 않고, 끝없이 겸손하고, 막히면 돌아가고, 어떤 그릇에도 담기는 포용과 융통성, 바위를 뚫는 끈기와 인내를 보인다며 물을 최고의 선(上善若水)으로 가르친다. 공자는 산과 물을 아울러서 "지혜로운 사람은 물을 좋아해 동적이며 즐겁게 살고, 어진 사람은 산을 좋아해 정적이며 장수한다(知者樂水 仁者樂山 知者動 仁者靜 知者樂 仁者壽)"하며, 물같이 산같이 살아야 즐겁게 오래 살 수 있다 했다. 자연에서 이치와 순리를 찾아낸 철학자들의 가르침이 구슬이라면, 자연을 찬미한 시인들은 그 구슬을 꿰어 보배로 만들어낸다. 시인들이 아름다운 산수에서 찾아내는 팔경과 구곡은 같은 듯, 의미가 다르다. 중국의 소상팔경은 동정호에 흘러드는 소강(瀟江)과 상강(湘江) 일대 넓은 땅에서 물과 산이 어우러진 정적인 경관과, 그마다에 어울리는 달, 기러기, 종소리, 배, 눈경치 등 동적인 주제를 조화시켜 매우 감상적인 장면을 그려냈다. 동정호 가을에 뜬 달, 백사장에 내려앉은 기러기 떼, 산사의 저녁 종소리 등 무심코 지나치는 순간을 놓치지 않는 가슴의 눈이 시인을 만든다. 반면에 남송 때 주희는 중국 남동부의 명산 무이산에 무이정사를 짓고 약 8km 긴 계곡에서 승진동, 옥녀봉, 선장봉, 석당사등 아홉 굽이 절경을 찾아 무이구곡(武夷九曲)을 남겼다.

과연 우리의 옛 선비들은 수시로 변하는 하늘에도 흔들리지 않는 암봉과 티 없이 물 맑은 계곡에서 어떻게 아홉 구비를 찾았을까. 퇴계 이황은 독서여유산(讀書如遊山)을 읊어 산이 주는 사색과 배움의 가치를 얘기했다. "독서가 마치 산을 오르는 것과 비슷하다더니, 오늘에서야 그 의미를 깨달았다" 한다. 쉬지 않고 부딪쳐오는 변화를 감싸며 흐르는 맑은 물길과 손바닥만 해진 하늘마저 가릴 듯한 웅장한 산세가 어울려 만든 구곡이 동(動)과 정(靜)의 심오한 사유의 세계를 열어줄 것으로 선조들이 기대한 듯하다. 퇴계는 다시 "신선의 궁이 지척인 것을 비로소 알겠다(知有仙宮隔咫尺)" 칭송하며, 죽음 앞에서 자신의 삶을 요약 정리한 자명(自銘)에서 물러섬의 아름다움[退藏之貞]을 담담하게 펼쳐낸다.

> 산은 높고 높이 솟아있고, 물은 흐르고 또 흐른다 …
> 근심 속에 즐거움이 있고, 즐거움 속에 근심이 있는 것
> 이제 자연으로 돌아가니 무엇을 더 구하겠는가

고승들의 임종게(偈)와 닮은 듯 다른 듯, 자신의 일생을 4언 24구 96자로 정리했다. 어리석게 태어나 학문은 할수록 멀어지는데 벼슬은 오히려 오르더라, 그런데 오르면 넘어지고 물러서니까 바로 서게 되는 것이 세상이더라고 처세의 냉혹한 현실을 토로한다. 벼슬은 높아 가는데 학문은 오히려 부족하니, 그것이 자신의 한계인지 한탄도 한다. 살아보니 근심과 즐거움이 한 몸인 것을 비로소 깨달았다함은 즐거움 속에 근심이 숨어있고, 근심 속에 기쁨이 숨 쉬고 있으니, 때마다 반응해 무엇을 얻을 것인가를 묻는 것이다. 이제 떠남에 분 넘치게 살아온 세상에 감사할 뿐, 물러섬에 더 바랄 것 없으니 새털같이 가볍고 편한 마음이다. 1570년 동짓달, 매화 화분에 물을 주라는 말을 마지막으로 자리를 정리한 뒤 단정하게 앉은 자세로 세상을 떠났다. 겸허하게 마음을 열어 보이고 떠나는 자명(自銘)은 조선 최고 지성이 남긴 아름다운 고백이다.

우리의 시인이 '나는 이제 너(기쁨)에게도 슬픔을 주겠다. 사랑보다 소중한 슬픔을 주겠다'며 슬픔과 기쁨을 역설로 묶고 강렬하고 예리한 구성으로 "슬픔이 기쁨에게"를 말한다. 고통의 크기만큼 성숙하게 자란 슬픔이가 기쁨의 크기만큼 이기적으로 성장한 동갑내기 기쁨이에게 던지는 애정 어린 말이다. 시는 같은 시절에 자랐으면서도 더 어른스러워진 슬픔이가, 소외된 이웃에 무심한 친구 기쁨이를 슬픔의 힘과 사랑을 깨우칠 때까지 기다리겠다고 다독이듯 던지는 말로 이어진다. 동정과 연민을 저변에 두고 모호한 거리를 두고 있는 슬픔과 기쁨 어느 것에도 흔들리지 않는 평정심은 어떻게 구할 것인가. 미국 대통령이 연설에 인용하면서 더 유명해진 솔로몬의 명언 "이것 또한 지나

가리라(This too shall pass)”는 부친 다윗이 ‘승리에 기뻐서 교만하지 않고, 절망에 좌절하지 않고 희망을 얻을 수 있는 경구’를 아들에게 부탁하자 반지에 새겨 받친 글귀이다. 일희일비하며 살기에 인생은 너무 짧기에, 한 순간의 부침조차도 소중하게 맞는 것이 곧 평정심이라는 얘기 아닌가. 바람을 구슬리며 구곡을 지키는 산과 부침에도 의연한 물이 곧 평정심이라는 듯하다.

화양 제2곡 운영담(雲影潭)

공주의 남자, 김종서의 아들

속리산 문장대의 북쪽, 청천면 백악산은 괴산군 청천면과 상주시를 가른다. 백악산의 북사면 상주시 입석리, 기암 사이로 떨어지는 옥량

폭포 위쪽 석문사(石門寺)는 역사가 짧은 절이지만, 뒤편에 있는 동굴은 계유정난의 비극 속에서 기적같이 살아남은 젊은 남녀의 애틋한 사랑의 전설을 갖고 있다. 세종 때 함길도 도절제사가 되어 8년을 북쪽 변경에서 보내며 6진을 개척한 순천김씨 김종서는 문관 출신이면서도 작은 체구에 대호(大虎)로 불릴 정도로 북방 변경에서 이름을 떨쳤다. 좌의정을 지내고 단종의 고명대신이 되었던 김종서의 제거는 계유정난의 성패를 좌우하는 최상위 목표였다. 서대문 밖 김종서의 집을 직접 찾은 수양대군의 신호로 철퇴가 가해지고 아들 김승규 등이 도륙되며 참혹한 정난이 막이 열린다. 가족은 멸문지화를 당하지만, 서자 한 명이 기적적으로 화를 면해 백악산 동굴로 피해 숨어 지낸다. 한편 단종 폐위에 불만이었던 큰 딸에 수양대군은 몹시 화가 나있었고, 급박하게 돌아가는 정난의 소용돌이 속에서 예민해진 수양대군이 딸에게도 어떤 화를 미치게 할까 두려웠던 정희왕후는 우선은 피신을 시키는 것이 좋겠다는 생각에 급히 길을 떠나게 한다.

큰딸이 보은으로 향하는 길에 우연히 젊은 총각을 만나, 어려운 환경에 서로 의지하며 싹튼 정이 사랑으로 발전해 두 사람은 살림을 꾸리게 된다. 훗날 서로 감추고 있던 신분을 알고, 맺어질 수 없는 인연에 놀라기도 했으나 하늘이 정해준 운명으로 받아들이고 숙명처럼 살아간다. 한편 세조는 적장자 의경세자를 일찍이 잃고, 정난 참사에 대한 회오와 심한 피부병으로 전국의 사찰을 찾는 일이 잦아지는데, 아마도 세조가 보은 속리산 법주사 뒤 복천암을 찾던 길이었을지, 우연히 딸을 많이 닮은 어린애를 길에서 발견하고, 수소문 끝에 딸을 만났지만 끝내 모두 숨어버린다. 김종서와 수양대군이라는 원수의 자손들이 사랑을 맺은 굴이라 해서 이 동굴을 보굴(寶窟)이라 부르고, 석문사 암벽층 아래 노천불단을 보굴암이라 한다. 2011년 이러한 야사를 소재로 드라마 "공주의 남자"가 기구한 운명의 굴레를 이겨내고 이룬 아름다운 사랑을 소개한바 있다.

일가정

34번 국도변 연풍면의 버드나무가 많았다는 유하리(柳下里) 마을 입구, 푸른 송림을 배경으로 층이 진 석벽 비좁은 자리에 올라앉은 일가정((一可)에 서면 앞으로 흐르는 쌍천 너머 넓은 들판에서 부는 바람이 가슴을 두드린다. 정면 3칸 측면 1칸에 난간을 두른 단순한 형태의 정자이기는 해도 앞으로 넓게 펼쳐진 전경 속에서 주인 경광국이 8경을 찾아내는 것은 어렵지 않았을 것 같다. 구층 높은 절벽, 오수의 고기잡이 불빛(午水漁火), 나무꾼 피리소리(丁崗樵笛), 미산의 저녁노을, 작은 주막의 깃발 등 사뭇 목가적인 8경을 지금 와서 찾을 수 없는 것은 눈마저 세속에 물든 탓일까, 아무려나 정자 아래 암벽에 새겨진 일가정 각자는 세월에도 여전히 선명하다.

일가정은 평북 희천과 경북 영해군수 등을 지낸 청주경씨 석옹 경광국(慶光國)이 낙향해, 1913년 부친이 소요하며 즐기던 자리에 일가정을 세웠다. 1883년 의금부도사를 지내고, 개화파 인물 김옥균, 박영효, 서재필 등과 어울렸던 친분을 이유로 1884년 갑신정변 후 유배되었다가 풀려난 후, 중국에서 수년을 보내고 귀국해 고향에서 말년을 보낸다. 일가정 자서(自序)는 벼슬이 정3품에 이르렀고 나이는 80에 가까 웠다 하고, 뜻밖의 죄에 연루되어 화를 입었다고 요약한다.

석옹이 낙향할 당시의 고향은 어떤 모습으로 그를 맞았을까. 현진건의 단편 '고향'의 마지막 장에 인용된 신민요 형식의 노랫말이 1920년경 암울한 시대의 고향을 생생하게 그려낸다.

> 볏섬이나 나는 전토는 신작로가 되고요
> 말마디나 하는 친구는 감옥소로 가고요
> 담뱃대나 터는 노인은 공동묘지로 가고요
> 인물이나 좋은 계집은 유곽으로 가고요

일제강점기에 개발이라는 허울에 농토를 빼앗기고, 지식계층의 활동은 억압과 감시의 대상이 되고, 백성들은 입에 풀칠하기 위해 흩어져 대가족이 무너지고, 고향은 황폐화된다. 규슈 탄광과 철공소에서 9년 만에 돌아온 고향은 "변하고 뭐고 간에 아무것도 없더라"며 탄식하고, 20원에 팔린 처녀가 대구 유곽에서 10년 만에 돌아온 고향에는 집도 부모도 없더라 하며 눈물 쏟는다. 고향이 바람처럼 그렇게 홀연히 사라졌으니 낙향이라는 말조차 공허하게 들릴 그런 시대였다. 격변에 휩쓸렸던 인물이 던진 단어 일가(一可)가 '한마디로도 알 수 있다'는 일언가파(一言可破)를 가리키는지, 아니면 시대의 고뇌에서 내려야 했던 어떤 선택을 상징하는지, 상상을 부른다.

2

현감이 된 정조의 사람 김홍도

사방으로 산이 높아 해를 가려서 한 곳도 열린 곳이 없다(四面都無一面開)는 연풍이 이화령고개와 새재를 내준 조령산 아래 숨은 듯 자리한다. 수안보를 포함해 한동안 연풍군으로 격상되었던 고종 때, 관아의 주요시설인 동헌, 향청, 연풍향교가 남아있는 연풍초등학교 일대가 중심지였을 것으로 보인다.

중인 출신의 김해김씨 단원 김홍도는 안산에서 태어나 어려서 강세황으로부터 글과 그림을 배우고 21세에 도화서 화원이 되고 29세에는 어진화사(御眞畵師)가 된다.

어진화사로 실력은 이미 알려진 편이지만, 서민들의 일상을 생동감 있게 그려낸 많은 풍속도가 정조의 민생 이해에 크게 도움이 되어 가까이 하게 된다. 화원으로 끝날 운명은 아니었던지, 시화에도 높은 식견을 갖춘 군주를 만난 행운으로 김홍도는 1791년 연풍현감으로 부임한다. 산간분지 척박한 땅에 현감으로 부임할 때는 실망하지만, 떠날 때는 대부분 섭섭해 한다는 곳이 연풍현감 자리였다. 김홍도의 경험 부족 탓인지 아니면 중인 신분이어서 견제를 받은 탓인지, 부임 약 3년만인 51세에 "남의 중매나 서고 (매)사냥이나 다닌다"라는 다분히 사감이 엿보이는 감찰 보고로 체직되어 다시 도화서 화원으로 되돌아

간다. 재임 시의 작품으로 인근 단양의 도담삼봉, 조령 아래 수옥폭포
와 수옥정을 그린 모정풍류도(茅亭風流圖), 체직의 실마리가 된 매사냥
호귀응엽도가 남아있다.

1788년 44세 때 금강산을 그림으로라도 보고 싶어 하던 정조의 명
으로 선배 화원인 김응환과 함께 관동팔경과 금강산을 돌며 진경산수
화첩인 금강사군첩(四郡帖)을 그렸다. 정조가 5권으로 만들어 궁궐에
보관해왔던 화첩은 원래 70폭이었으나 분실되고 60폭이 남아 있다
한다. 그림은 기대보다 훨씬 사실적이고 세밀한 표현에 원근법을 구사
했고, 위에서 내려 보는 조감도 형식과 동양화 특유의 여백의 미까지
조화를 이루어 전체를 조망하는 느낌이 편하다. 1789년에는 김응환
의 사위인 화원 이명기와 함께 청나라 동지사행단에 합류해 중국 최초
의 성당인 북경 남당(南堂)을 방문하고 서양 성화에 깊은 감명을 받은
듯, 화풍의 변화를 수원 용주사 대웅보전 후불탱화에서 볼 수 있다. 그
러나 짙은 명암을 활용한 입체적이고 사실적인 표현 등 화풍의 급격한
변화에 주목한 일부 학자들은 단원의 원작이기보다 화승의 모사본일
가능성에 더 무게를 두는 듯하다.

앞장의 금강사군첩(金剛四君帖)과 행려풍속도(行旅風俗圖) 등 뛰어난 작
품 외에도, 젊어서 풍속화의 절정을 보여준 보물 제527호 단원풍속도
첩은 생활 주변에서 볼 수 있는 다양한 계층의 평범하고 일상적인 25
장면이 골고루 담겨 있다. 주연 조연이 따로 없는 평등한 세상을 꿈꾸
며, 사람 냄새나는 삶 속에서 소소한 행복에 만족하는 밝고 성실한 서
민들의 모습을 찾아서 보여주었다. 특히 인물들의 행동, 동작, 표정을

애정 어린 눈으로 꼼꼼히 찾아내고, 균형 잡힌 시각으로 정리하고 뛰어난 감각으로 옮기는 능력은 천재적이라 할 만하다. "그림에 교묘한 자로 그 이름을 안지 오래"라고 극찬하며 아껴주던 정조의 급작스러운 죽음으로 김홍도는 초야로 돌아간다.

추성부도(국립중앙박물관)

물러나 어렵게 생활하며, 중국 송나라 구양수의 추성부를 그림으로 옮긴 추성부도(秋聲賦圖)를 1805년 11월 마지막 작품으로 남기고 이듬해 61세로 세상을 떠난다. 추성부의 이야기는 산중 단칸 초옥 안에서 책을 읽던 선비가 쇠 부딪치고 말 달리는 소리가 들리는 것이 무슨 난리라도 난 것인지, 밖에 있는 동자에게 알아보라는 얘기로 시작한다. 달과 별은 밝은데 단지 나무 사이에 이는 바람 소리라는 대답을 듣고, '오호 슬프다 이것이 가을 소리구나' 어쩌다가 이리된 것인지 스스로에게 물으며, 몸은 마른 나무같이 시들고 머리는 백발이 된 노인이 깊어가는 가을을 탄식한다. 동자는 말없이 잠에 떨어지고 사방에 벌레 우는 소리만이 자신의 탄식을 거드는 듯하다(如助余之歎息)며 끝을 맺는 다. 단원이 그림으로 옮긴 추성부도 속의 선비는 물론 구양수겠지만, 그 즈음의 단원 자신을 대입해 52세 구양수의 불안하고 심란한 마음 에 깊이 공감하며, 점점 다가오는 생의 마지막 순간을 예감이나 하듯 붓을 들었을 것이다. 시의도(詩意圖) 형식의 보물 제1393호 추성부도는 산간에 들어앉은 초라한 초옥과 잎을 떨군 나목이 삐죽삐죽 마당을 채 운 쓸쓸하고 스산한 가을밤을 실감나게 묘사하고, 초옥 둥근 창 안의 선비와 밖에 있는 동자와의 독백에 가까운 대화를 빼곡하게 적어 넣었 다. 연풍순교성지 주변으로 조성된 '단원 김홍도 걷던 토담길'을 걸으 며 단원이 그린 세상을 상상해 보는 것도 의미 있는 하루가 된다.

수옥폭포에 새겨진 순애(殉愛)의 그림자

조령 관문에서 흘러내려 수옥정저수지를 거쳐 3단의 기암절벽으로 떨어지는 수옥폭포는 김홍도가 욕심내고 그림에 옮길 정도로 아름답 다. 고려 공민왕이 1361년 겨울 홍건적의 난을 피해 조령을 넘어 안 동으로 향할 때 수옥폭포 아래 초가 행궁을 지었다는 얘기도 전해오는 데, '옥을 씻을 듯 맑은 물' 수옥(漱玉)을 상징하는 그 옛날의 수옥정은 사라졌어도 단청 화사한 팔각정이 근래 세워져 아쉬움을 달래준다. 여 러 드라마 영상을 장식하던 아름다운 폭포에 남겨진 옛 사연도 감동적 이다.

　양주조씨 정헌 조정철(趙貞喆)은 25세에 과거에 급제해 벼슬길에 들어선 지, 겨우 2년 만에 형조판서였던 장인의 정조 암살미수사건에 연루되어 1777년 제주도로 유배되고, 홍씨부인은 절망해 자결한다. 유배지 중에서도 험지인 제주도는 독자생존이 어려운 곳으로 유명한데, 정헌은 특히 제주관아의 감시가 심한 상황에 처하게 된다. 노론과 경쟁하던 남인의 김시구가 제주목사로 부임해 조정철을 계획적으로 음해하기 위해 본인에 대한 직접 핍박은 물론, 주변에도 온갖 수단을 동원한다. 역모로 몰아가려는 의도 속에 정헌을 돕고 있던 향리의 딸 홍윤애를 붙잡아 허위 자백을 받을 심산으로 모질게 고신했으나, 홍랑은 끝까지 입을 다물고 버티다가 사망한다. 극한의 어려움 속에서도 사랑을 키우던 두 사람 사이에 딸이 출산 된지 불과 100여 일 만에 일어난 불행이다. 이 폭거가 조정에 알려져 목사와 현령은 파직 유배당하는 등 큰 사건으로 확대되고, 심지어 목사를 천거한 이조참판도 책임을 면치 못한다. 정헌은 추자도, 광양, 황해도 등지로 유배지를 옮겨 다니다가 1805년 유배 29년 만에 해배되고 사간원정언을 지내다가 1811년 환갑에 제주목사로 부임한다.

　생각조차 끔찍한 세월을 보내고도 제주를 자청해 다시 찾은 이유는 애월읍에 있는 홍랑의 무덤을 찾아 비석을 세워주고 위로의 헌시를 올리는 일을 비롯해, 홍랑의 언니 손에 자라서 혼인한 딸을 찾고, 보이지 않게 도움을 주었던 이웃들에 고마움을 전하기위해서였다. 정헌은 홍랑이 죽은 해에 태어난 27살 어린 신씨부인을 늦게 맞아 무척 사랑하고 부임지마다 같이 다녔다. 홍랑이 환생한 것이라 믿었기 때문이라고도 한다. 1813년 충청도 관찰사가 되어 수옥폭포를 자주 찾으며 우측

암벽에 이름을 새기고, 1824년 형조와 예조판서, 1827년 대사헌 등을 지내다가 81세에 사망한다. 폭포에서 약15리 떨어진 수안보 안보리 박석고개에 있는 묘소는 인근에 있던 영월 신씨부인의 친정과 관련이 있는 듯하다. 약20년 전 양주조씨 문중에서 홍윤애를 정식 부인으로 올려서 지고(至高)의 순애보를 완성시킨 훈훈한 얘기도 들린다.

연풍 동헌, 향청, 향교

연풍동헌은 1663년 현종 때 건립됐고, 현재 건물은 1766년 영조 때 중건되며 풍락헌(豊樂軒)이라 한다. 전면은 장대석을 쌓고 측면과 후면은 자연석을 쌓은 기단 위에 2칸 대청마루 좌우로 2칸과 1칸의 온돌방을 두고 방 앞으로 툇마루를 냈다. 벽체와 창문은 검소하면서도 단정한 구조이고, 전체적으로 소박하고 단순한 모습이면서도 관아의 위엄이 보이는 조선 후기 관청 건물이다. 다음 장 반계정의 주인 정호(鄭澔)의 손자로 인근 충주에서 태어나 1767년 영조 때 평안도관찰사 이조판서 등을 지낸 정실은 풍락헌기에서 풍락이라 함은 나라 위해 풍년을 기원하고 백성과 풍족하게 사는 기쁨을 나누는 원님의 마음이라 한다.

연풍순교성지 안에 남겨진 연풍향청(鄕廳)은 1681년 숙종 때 건립되어 조선말에는 형방청으로도 이용된 듯하다. 향청의 역할과 기능은 시대에 따라 변화를 계속했으나, 대체로 지역에 생소한 신임 수령을 보좌하는 지역 양반들의 자치기구 형식을 유지했다. 2칸 대청마루 좌우로 2칸 및 1칸의 온돌방을 둔 정면 5칸 측면 2칸 건물이고, 마당 옆으로 정면 3칸과 측면 1칸의 문간채가 있다. 한때는 종교를 부인하고 교인들에 심한 고초를 주던 형방청으로도 활용되던 건물을 인수해, 예배 올리는 공소로 변화시킨 종교의 인내와 포용의 힘이 느껴진다.

연풍향교는 1515년 지어졌으나 임진왜란 때 소실되어, 지금의 자리에 1628년 세워져 몇 차례 중건을 거치고, 한국전쟁 때 큰 피해를 입어 1978년부터 복원된다. 홍살문이 선 골목을 지나 솟을외삼문 안쪽에 보이는 작고 아담한 정면 3칸 측면 2칸의 명륜당은 가운데 1칸 대청마루 좌우로 1칸 온돌방을 두고 있다. 정면 3칸의 동-서재가 마주하는 마당을 지나서 내삼문을 들어서면 정면 3칸 측면 3칸의 대성전이다. 서향 언덕에 전형적인 전학후묘 배치이고, 한국전쟁 때 소실된 동무와 서무는 복원이 안 되어 규모가 전체적으로 단출한 모습이다. 홍살문에서 외삼문에 이르는 길 좌측 담장 협문 안으로 가족과 떨어져 지내는 유생들을 위한 정면 5칸 충효당이 보인다.

향교에서 가까운 행촌리 653번지, 호소사(屚召史)열녀각이 노거수 곁에 있다. 1636년 12월 말 한겨울에 병자호란이 터지고, 인조는 강화도로 피하려다가 청군이 이미 길을 점령하고 있어서 남한산성으로 들어가 항전하게 되는데, 강화도에는 먼저 떠났던 소현 세자빈, 훗날 효종에 오른 봉림대군과 인평대군 등 왕실이 피해 있었다. 청이 1월 22일 강화도에 상륙하는 등, 급박하게 돌아가던 전쟁 중에 연풍현 관리였던 이근립이 군량미를 거두어 강화도에 전달하기 위해 먼 길을 떠난 후, 소식 없어 애태우던 그의 처 백천호씨 호소사(屚召史)는 강화도가 점령되고 왕실 일행 200여 명이 포로가 되었다는 소식을 듣는다. 호소사는 무한정 기다릴 수 없어 남편을 찾아 강화도로 나서고, 손수 지은 옷을 입은 남편의 시신을 처참한 전쟁터에서 기적같이 찾아내 괴산으로 옮겨와 장사를 치르고 무덤 앞에서 통곡하며 목숨을 끊는다. 여자 몸으로 전장을 찾아 헤매다가 지아비의 시신을 겨우 수습해 돌아온 천리 길은 상상조차 숨이 막히는 일이다. 이 사실을 알고 관아에서는 후사도 없는 호소사의 시신을 직접 거두어 남편의 무덤에 합장한 뒤 열녀각을 세우고, 행촌마을은 아름다운 전통을 이어가는 자부심으로 해마다 제향을 올린다 한다. 천신만고 끝에 남편을 고향 땅에 묻고 끝내 지아비를 따라 허무하게 떠난 400년 전 여인의 작은 열녀각 앞에서 가슴이 먹먹해진다.

비슷한 얘기로 연암 박지원의 열녀함양박씨전(烈女咸陽朴氏傳)은 1793년 연암이 함양지역 안의현감을 지내며 열녀의 무한 희생을 친히 듣고, 단편으로 그린 것으로 보인다. 과부로 수절하며 아들을 벼슬길에 오르도록 키운 노모가 다 닳아 종이처럼 얇아진 동전 한 닢을 아들에게 보여준다. 외로움이 무서운 밤이면 동전을 밤새도록 굴리며 날밤을 샌 날이 얼마였던가, 지난 세월을 회상하며 노모와 아들이 서로 부둥켜안고 통곡한다. 아들이 훌륭하게 성장할 때까지 동전은 노모를 지켜준 부적이었고 이제는 자식을 늘 깨우는 경전(警錢)으로 남는다. 지금으로부터 불과 200여 년 전, 수절(守節)은 있을 수 있어도, 호소사 같은 순절(殉節)은 아니라 말하고픈 실학자 연암의 답답한 심정이 엿보인다. 그러나 연암은 수절마저 백성이 따를 일은 아니라 한다. 경국대전에서 재혼한 여자의 자손에게 벼슬을 주지 말라는 것은 벼슬을 원하는 양반에게나 해당되는 일이지 일반 백성과는 무관한 일이라는 입장이다. 갑신정변과 동학농민운동을 거치며 전반적 개혁은 시대적 과제가 되고, 1895년 갑오개혁을 통해 비로소 조혼이 금지되고 청상과수의 개가는 귀천을 막론하고 자유롭게 허용된다.

산간 연풍에 숨은 순교성지

연풍 주변은 천주교 박해를 피해 신도들이 숨어 살기 적합한 지형으로, 자연스럽게 교우촌이 형성되고 조정의 감시도 따른다. 연풍 병방리에서 부유한 평해황씨 황주면의 3대 독자로 1813년 태어난 황석두(黃錫斗)는 21세 되던 1834년 과거를 보러 떠났다가 사흘 만에 고향으로 돌아온다. 과거도 포기하고 돌아온 것도 못마땅한데 천주교까지 따르는 것을 본 부모는 아연실색해 완강하게 반대한다. 황석두는 실어증에 걸린 벙어리 행세까지 하며 가족들의 포기를 이끌어내고, 그에 감화한 부모와 가족도 모두 신자가 된다. 과거시험에 맞춰 한양에 도착, 주막에서 우연히 천주교인을 만나 감화를 받고 일어난 사흘의 기적이라 아니할 수 없다. 당시 가톨릭 선교를 주도하고 있었던 파리외방전교회(外邦傳敎會) 주교와 신부를 도와 천주교 관련 서적의 번역과 간행을 도와주는 등 많은 일을 함께한다. 1866년 병인박해 때 주교와 신부들과 함께 체포되어 54세에 충남 보령에서 순교, 1984년 로마 교황에 의해 성인으로 시성(諡聖)된다.

넓고 아늑한 터에 자리한 연풍 순교성지에 2014년 세워진 아담한 붉은 벽돌 성당을 중심으로 순교 성인상, 반석, 십자가 예수상, 두 팔벌린 예수상과 성모 마리아상, 순교 현양비, 1982년 이장해 온 황석두 묘소와 성인상, 고문에 쓰이던 석제 형틀 등 조형물이 넓은 마당에 진열되어 성지의 역사를 눈으로 확인하게 도와준다. 서울 절두산 성지에도 보낸 1개를 포함해 3개의 둥근 석재형구(刑具)가 발견된 것으로 보면, 경내 옛 향청이 한동안 포청으로 이용되었던 사실을 알 수 있다.

1801년 순조가 11살 어린나이에 즉위하자, 영조의 젊은 계비로 수렴청정 하던 정순왕후에 의해 대대적인 천주교 박해가 일어난다. 사학(邪學)을 역률로 다스리고 오가작통법(五家作統法)까지 동원해 색출하라는 대왕대비는 비교적 유화적이었던 정조와는 다르게 천주학을 믿는 사람은 곧 반역이라는 초강경 탄압을 이어갔다. 조선은 무슨 이유를 내세워 구교를 탄압했을까. 정치적 갈등의 배경은 가려진 채, 내세우는 죄목은 세상을 어지럽히고 백성을 미혹하게 속인다는 혹세무민이다. 헌종이 김대건의 죄에 대해 묻자, 영의정 안동권씨 권돈인의 대답이 섬직하다.

> 한시라도 용서할 수 없습니다. 인심을 속여 현혹시키고 선동하니 …
> 스스로 사학이라 칭하고, 위험한 말로 두려워하게 공동(恐動)하는 것이 …
> 들으면 모르는 사이에 뼈가 떨리고 쓸개가 흔들립니다

전통문화와 충돌에 놀라고 민심과 권력을 잃을까 두려워 탄압하지만, 이로운 문명을 전하고 어려운 백성에게 도움이 된다는 사실을 깨닫기 까지 권력과 신자 모두 인고의 세월을 보내야 했다.

이여송이 두려워한 마애이불병좌상

　연풍면사무소에서 원풍로를 따라 북으로 달려, 한지체험박물관 입구를 지나면 원풍천변 길가 높은 석벽에 보물 제97호 원풍리 마애이불병좌상(二佛竝坐像)이 장엄한 모습으로 나타난다. 암벽을 깊이 파서 독특하게 좌불상 2구를 나란히 조각해 이체불(二體佛)로도 불리는 마애이불을 고려 중엽의 작품으로 본다. 고려인은 어떤 배경으로 도로에서 가까운 거대한 석벽에 불상을 정교하게 조각해 놓았을까. 학자들은 문경 새재를 넘어 충주로 향하는 국도변에 위치한 점을 중시하고, 조성 배경을 안정적 권력과 위엄을 과시하려는 지역호족과 왕권에서 찾기도 한다. 떨어져서 보아야 제대로 보이는 거대한 마애불은 비를 피하는 닫집을 형상화하려는 듯이 머리 부분을 더 깊게 파서 선명한 윤곽을 만들었고, 하단은 원래부터 얕고 애매하게 조각하려 한 것인지, 아니면 마멸이 심한 상태인지 입체감이 아래위가 다른 느낌이다. 머리 주위 화불과 주변 좁은 공간에도 보살상이 조각되었던 것으로 보아서, 완성 당시에는 전체적으로 꽤 정교한 모습이지 않았을지 추측이 가능하다. 언저리 자연 암벽은 검푸른 색으로 변했어도 비를 가린 덕택에 안쪽 불상은 원색을 유지하고 있어서 먼 데서 보이는 시각적 효과도 훌륭하다. 석벽 아래서 올려다보면 두 불상의 닮은 듯 다른 얼굴에 비치는 신비한 미소가 마음에 평화를 전하고, 기다리면 무슨 말을 해주지나 않을까 굳게 닫은 입을 주시하게 만든다. 다정하게 나란히 앉은 병불에 따스한 행복이 비치고, 보호 신상이 굳이 필요 없을 만큼 건강한 몸체와 근엄한 표정에 위압감도 느껴진다.

연풍리 마애이불병좌상

1593년 임진왜란에 참전했던 명나라 장수 이여송(李如松)이 지나가다 불상의 모습을 보니 예사롭지 않아 보이는 것이, 조선에 혹시라도 큰 장수가 태어날까 하는 걱정에 불상 위의 혈맥을 자르고 부처의 코를 떼어버렸다는 얘기가 전해온다. 그래서 자세히 보니 병불 코에 손을 댄 것도 같아 보인다. 특히 미륵불이 중국에 안 좋다는 생각에 불상의 머리를 자르는 등 문화재 파괴 행위를 여러 곳에서 저질렀다고 한다.

이여송(李如松) 자신도 풍수에 밝았으나 일급 참모 두사충(杜師忠) 또한 풍수지리의 대가로 전장에서 숙영지, 진지 선정 등 지형을 이용한 작전에 중요한 역할을 했다. 이들은 조선의 지세를 보고 작은 나라에 명당이 너무 많아, 영웅호걸이 태어나 명나라에 위협이 될까하는 걱정에 돌아다니다가 도처에 말뚝을 박았다 한다. 고향에 돌아가서 부친 이성량(李成樑)에게 조선의 명산에 못을 박았다고 자랑스레 말하자, 부친은 옛 조상이 묻혔던 곳의 맥을 네가 끊었으니 우리도 이제 망했다며 크게 한탄했다. 그런 탓인가, 이여송은 정유재란이 끝나고 요동총관이 된 뒤 1598년 토만과 전투에서 포로가 되어 처형되었고 그의 형제들도 불행을 피하지 못했다.

이성량이 아들 이여송에게 조선을 조상의 땅이라 말한 근거는 성주 이씨 후손이기 때문이다. 이성량의 세 아들 이여송, 이여백, 이여매가 임진왜란 때 4만여 군사를 이끌고 조선에 들어와서 평양성을 탈환하는 등 조상의 땅에서 공을 세우게 된 인연도 우연은 아닌 듯하다. 14세기 중반 성주이씨 중시조 이장경이 아들 이조년, 이천년 등을 두었는데 이천년의 아들 이승경이 원나라 과거에 급제해 요양성 참지정사와 고려 공민왕 때 문하시랑 평장사를 지냈고, 그의 아들 이영이 아들들을 데리고 심양의 북쪽 철령(鐵嶺)에 정착해 철령이씨가 되어 집성촌을 이루었다. 이영이 명나라 귀화 이유가 죄를 지어 피했다거나, 이승경이 원나라에 살게 되면서 이영도 자연스럽게 자리 잡게 되었다는 등 추정도 갈린다. 그 이영의 4대손이 이성량이다. 이성량은 1560년대부터 용맹으로 이름을 얻고 1570년에는 요동총병관(遼東總兵官)에 올라 요동지역에서 몽고족과 여진족을 통제하는 수장으로 약 20년 군림했다. 1591년 막강한 권력에 따르는 개인적 비리로 면직되었다가도, 그의 부재가 엄청난 힘의 공백을 초래해 10년 후 잠시 복직시키지 않을 수 없었다. 1609년경 요동에서 강력했던 이성량의 은퇴를 기점으로 해서 여진족이 힘을 얻고 결국은 청나라 건국으로 발전했을 가능성도 눈여겨 볼만하다. 이성량이 요동총병관으로 있을 때 여진족의 반란을 진압하면서 누루하치의 조부와 부친이 모두 사망하고, 동정심에 홀로 남은 누루하치를 살려준 것이 결과적으로 큰 화근이 되었다는 비판이 남는다. 요동에서 조부와 부친을 포함해 많을 것을 잃었던 원한에 칠대한(七大恨)을 앞세워 절치부심하던 누루하치가 1616년 후금을 건국하며 명이 멸망의 길에 든다.

시인 두보(杜甫)의 21대손 정도로 추정되는 풍수전략가 두사충은 이여송을 따라 임진왜란에 참전해, 이순신이 시를 지어 '오늘 한잔 술로 정을 나누자(今日一盃情)'할 정도로 소통하던 인물로 알려져 있다. 평양성 전투에서 승전한 조명연합군이 벽제관 전투에서 크게 패하자, 그 책임이 풍수 전략가 두사충에 전가되고, 처형 위기에서 조선의 좌의정 정탁 등이 앞장서서 구원한다. 두사충이 정유재란 때 다시 참전하고 두 아들과 함께 조선으로 귀화한 것은 조선의 은혜에 감사하는 마음이었던지, 아니면 흔들리는 명나라의 운명을 예견하고 살 자리를 찾아 풍수 입지가 좋은 대구에 정착한 것인지 알 수 없으나, 그가 택한 자리가 '하루 천 냥이 나오는 길지'라 했다. 후세에 많은 풍수가들이 풍족한 한양을 제쳐두고 왜 어떻게 그런 자리를 택하게 되었는지 관심을 갖게 되는데, 1601년 대구감영이 들어서고 경북청사가 1965년 이전되기까지 영남의 중심을 유지했으니 그의 예언은 입증된 셈이다. 그 흔적이 대명동(大明洞), 대명역, 수성구 만촌동 무덤 근처에 후손들이 세운 모명재(慕明齋) 등 명나라를 상징하는 이름으로 남아있다.

내일이 마지막이라 해도 나무 심는 마음

일가정에서 멀지 않은 적석리 장암마을 어귀에 있는 큰 바위 장암 위에 한국전쟁 때 소실되어 1971년 재건된 정면 3칸 측면 2칸의 반계정(攀桂亭)이 쌍천 건너 큰 들판을 바라보고 있다. 정철의 현손으로 1684년 36세에 문과 급제한 연일정씨 장암(丈岩) 정호(鄭澔)가 영조 때 영의정을 끝으로 78세에 낙향해 후학을 키우던 곳이다. 송시열의 문하에서 권상하 등과 교유하며 긴 세월 바람 잘 날이 없는 벼슬길을 묵묵히 걸었다. 숙종 때 기사환국으로 인현왕후가 폐출되고 송시열이 사사 당할 때 파직과 유배를 당하고, 갑술환국으로 인현왕후 복위 때 풀려나 복직한다. 대체로 노론의 중심에서 함경도 유배와 파직을 여러 차례씩 당하는 등 환국정치에서 노론과 부침을 같이 했다. 77세에 영의정까지 올랐다가 소론이 득세하는 정미환국에서 물러나고, 최고위직 정1품 영중추부사에 올라 1736년 미수에 세상을 떠난 뒤, 충주 누암서원에 송시열에 이어 추향된다.

주변의 냉소적 시선에 괘념(掛念)치 않고 78세에 배나무를 심어 배 맛을 즐기다가 돌아갔다는 일화는, 비록 내일 지구의 종말이 온다 하더라도 오늘 한 그루의 사과나무를 심겠다는 철학자의 말과 같은 듯 차원이 다른 느낌이다. 엇비슷한 17세기 전후에 살았던 철학자는 흔들림 없는 신념을 말했고, 장암은 실천으로 남을 위한 배려, 사랑, 신념을 보여주었다. 어느 날 후학이 인사차 잠시 찾았을 때, 장암은 마침 밭에서 손수 배나무를 심고 있었다. 살아생전에 먹을 수나 있을지도 모를 나이에 손수 심는 것이 의아했던지, 공연한 수고 아니냐는 의미로 넌지시 물었으나 장암은 그저 빙그레 웃고 하던 일을 계속한다. 훗날 그 후학이 지나는 길에 다시 찾았을 때 장암이 배를 대접하고, 달고 맛있다며 고마워하는 그에게 처음 찾았을 때 심었던 배나무에서 거둔 것이라 말하자, 지인은 매우 부끄러워했다 한다.

처음 찾았을 때 지인은 아마도 60세도 훨씬 넘은 나이에 나무를 심어봐야 부질없는 일이라며 중국 고사 육십부종수(六十不種樹)를 떠올렸을지도 모른다. 공부한 만큼 세상을 잘 알고 있었다고 자긍(自矜)했겠으나 10년 뒤 장암 앞에 다시 서고서야 학문이 부족하다는 사실을 현장에서 체득하지 않았을까. 신은 두뇌가 큰 인간을 만물의 영장으로 선택하고, 책이나 남에게서 얻은 지식도 땀 흘려 얻은 체험과 경험이 쌓일수록 살아 숨 쉬는 지식이 되도록 뇌를 만들었다. 인간은 죽는 날까지 지식을 채워 가야하는 부족한 존재일 뿐이니, 항상 겸허하게 자신을 낮추고 살라는 뜻으로 신이 마지막까지 아끼는 수가 체득인 듯하다. 제 자식을 키우며 힘든 순간을 겪고서 비로소 부모를 이해하고, 정년퇴직하는 날 손때 묻은 사물함을 들고 귀가하며 눈물 글썽이던 부친에게 따듯한 위로의 말 한마디 못한 후회는 정작 자신도 마지막으로 손을 놓는 날에야 깨닫게 되어 새삼 부친을 그리워하게 된다. 실천과 경험으로 얻은 체득은 별의 순간만큼 어느 순간 소리 없이 내려주는 신의 선물인 것이다.

남양홍씨 가문 전성기에 나라의 왕비도 부러워하던 여산송씨 부인이 있었다. 아버지 송질(宋軼)이 중종 때 영의정을 지냈고, 청백리로 이름이 높은 남편 홍언필(洪彦弼)은 인종 때 영의정, 아들 홍섬(洪暹)도 선조 때 영의정을 3번씩이나 지냈다. 영의정의 딸로 태어나 영의정 부인으로 살고, 영의정 아들을 두고 90을 넘겨 천수를 누렸으니 조선 최고의 영화를 누린 행복한 여인이다. 우연이었던지, 혹은 높이 오르려면 거치는 벼슬길이었던지 세 영의정이 모두 평양감사를 거쳤다. 아름다운 대동강 강변에는 버드나무가 많아서 옛날에 평양을 유경(柳京)이라 했고 아직도 별칭으로 남아있는 곳이다. 송씨부인은 아버지의 부임을 따라 아름다운 평양에 살며 복숭아와 앵두나무를 심어, 남편을 따라가서 살며 그 과실을 즐겼고, 아들이 부임해 찾았다가 이제는 50년이 지나 고목이 되어가는 모습을 보고 자신의 일생에 견주어 크게 감회했다 한다. 후대 누군가를 위해 심은 나무의 과실을 자신이 즐기게 될 줄이야, 남을 위한 배려의 결실은 그래서 더욱 달다.

앞의 육십부종수는 가당치도 않다는 듯, 팔십종수(八十種樹)라는 말도 있다. 80세 산수(傘壽)를 눈앞에 두고 지난날의 영화나 회한에 오늘이 발목 잡히는 것도, 내일의 욕망에 오늘을 지배당하는 일도, 모두 아름다워야 할 오늘의 낭비일 뿐이니, 오늘 배나무를 심는 것이야말로 스스로 잡을 수 있는 행복이다. 장암은 또한 환갑이 지난 함경도 갑산 유배 중에서도 책을 읽으며 배움을 얘기했다. "어려서 배움은 해가 떠오르는 것과 같고, 젊어 배움은 중천에 해가 뜨는 것과 같고, 늙어 배움은 밤에 촛불을 드는 것과 같다(老而學之 如夜秉燭)"는 말을 인용해서, 젊어서 배움이 더 없이 좋으나 늙어서 배움도 어둠을 밝히는 빛이고 그

맛은 더 진미(其味愈眞)라고 한다. 환갑을 지나 내일이 기약 없는 유배 중에도 배움을 강조한 장암은 팔십종수에서 보듯, 매순간도 귀하게 받아들이며 삶의 숭고함을 실체로 보여준 셈이다. 나이는 숫자에 불과하니 영원히 살 것처럼 오늘 나무 심고, 배움을 실천하라는 장암의 메시지는 은근하면서도 신념에 넘친다. "내일 죽을 것처럼 살고, 영원히 살 것처럼 배우라"는 명언과도 결을 같이하는 장암의 삶은 '카르페 디엠' '메멘토 모리' 등 젊은이들의 호기심을 자극하는 현학적 경구를 이미 실천으로 보여준 것 아닌가. 고색이 완연한 무거운 돌담 위로 드러낸 팔작지붕 처마의 기세가 발길을 멈추게 하며, 뭐니 뭐니 해도 오늘 실천이 마땅한 길이라 단언한다.

괴산호반 따라 걷는 산막이 옛길

1957년 준공된 괴산댐으로 생긴 긴 괴산호는 맑고 푸른 물빛을 둘러선 아름다운 산세와 어울려 경관이 뛰어나고, 호반 둘레길 또한 많은 사람들이 찾을 만큼 명품이 되어간다. 지금은 큰 호수가 되었지만, 예전에는 맑은 물이 흐르던 아름다운 계곡을 우암 송시열이 걷고 나서 언젠가는 계곡이 막혀서 강이 될 것이라고 했다는데, 신통하게도 댐이 들어서고 괴산호가 되었으니 고향을 사랑하는 만큼 혜안이 되는 것인지 그저 놀라울 따름이다. 산막이 옛길은 칠성면 외사리에서 출발해 산이 막혀서 더 갈 수 없는 산막이 마을에 이르는 약 10리 길을 가리킨다. 칠성면 사은리 주차장에 주차하고 괴산호반의 풍광을 즐기며 걸어서 옛길을 왕복하는 방법과 차돌배기 선착장에서 유람선으로 산막이 마을까지 갈 수도 있다. 사은리 주차장에서 출발해 걸으면 잘 만들어진 데크길, 소나무 출렁다리, 망세루 전망대, 꾀꼬리 전망대, 연화담, 호랑이굴, 매바위, 앉은뱅이 약수, 물레방아간 등 볼거리도 심심치 않다. 호수를 내려다보는 등산로도 적당해, 노루샘에서 올라 450m 내외 높이 등잔봉과 천장봉 능선을 거쳐서 진달래동산으로 하산하는 3km 코스는 경관과 산행도 일품이다. 차돌바위에서 유람선을 타고 새로 생긴 마을이라는 새뱅이까지 1시간 정도 왕복하면서 수월정, 환벽정, 연하협 구름다리 그리고 족두리 쓴 각시바위와 사모 쓴 신랑바위 등, 맑은 물빛에 어울리는 아름다운 기암석벽을 감상할 수 있다.

물에 비친 달이 손에 닿을 수월정

칠성면 괴산호변 산막이 옛길을 따라가면 수월정(水月亭)이 산막이마을 물가에 자리하고 있다. 1543년 문과에 장원해 이조좌랑이었던 광주노씨 소재(蘇齋) 노수신(盧守愼)은 명종 때 소윤의 윤원형이 일으킨 을사사화에 희생되어 1547년 순천 유배로 시작, 양재역 벽서사건이 추가되며 진도에 이배되었다가 1565년 괴산으로 옮겨와서도 2년을 더 지냈으니, 인생 황금기 33세에서 20년간을 유배로 보낸 셈이다. 다행히도 선조가 즉위한 1567년 풀려나 깊은 신뢰를 받으며 홍문관 교리(校理)로 시작, 1573년 우의정에서 영의정으로 마치는 1588년까지 무려 15년간 삼정승을 두루 지낸다. 소윤의 뒷배 문정왕후가 건재한 명종 재위 기간 내내 유배에 처했다가 선조의 즉위와 함께 승승장구하며 정승까지 지냈으니 당시의 극과 극을 달리던 정치 상황을 몸소 겪은 일생이기도 하다.

유배지 진도에서 쓴 시를 보면, '속인 일 없으니 죽이지는 않겠지(免戮爲毋欺)'하며 불안한 심정을 보이다가도 '인생사 관 뚜껑이 덮여야 끝난 것이다(蓋棺悠悠事且了)'라며 희망의 끈을 놓지 않는 집념을 보여주었다. 진도 유배 때 박대했던 반대편 당파의 군수를 복귀 후에 끌어안고 감동을 줄 만큼 원만한 성품과 뛰어난 학문으로 많은 사람이 따랐으며, 불편부당한 처신으로 선조의 깊은 신임을 얻었다. 두보의 '장부는 관 뚜껑 덮이고야 일이 정해진다(丈夫蓋棺事始定)'는 말은 마지막까지 최선을 다하라는 격려이기도 하지만, 마지막까지 혼신을 다하는 과정 또한 결과 못지않게 중요하다는 의미를 담고 있다. 극적인 역전을 이끌어낸 노수신의 76년 일생은 '관속에 들어가더라도 뚜껑에 못질할 때까지는 끝난 것이 아니다'는 메시지가 되어, 후세에 절망적 상황에 이를지라도 인내와 끈기로 끝까지 최선을 다하는 것이 인생이라고 증언한다.

덕망과 학문이 높은 광주이씨 이연경(李延慶)의 문하에서 사위가 되었으나 오랜 유배생활에 딸 하나만 두어 동생 노극신의 아들 노대해를 양자로 들여 부모 봉양을 대신해왔다. 못 다한 모친 봉양을 위해 낙향을 간청했으나 선조는 한양에 모셔와 봉양하도록 했다. 퇴청하면 부엌에 들어가 몸소 따뜻한 밥을 지어 올렸고, 지위가 올라도 이를 게을리한 적이 없었다. 67세에 모친상을 당해 고향 상주에서 삼년상을 하려고 했으나 선조는 그의 건강을 위해 시묘(侍墓)를 면하게 하고 일에 복귀할 것을 명한다. 그러나 어명에 따라 한양으로 돌아와서도 밖에 여

막을 차리고 삼년상을 마쳤으니, 그로 인해 건강도 많이 잃은 듯하다. 누구에게나 예를 다하는 원만한 성격이면서도 대학자 퇴계와 토론을 마다하지 않으며 학문의 폭을 넓혔고, 긴 유배 중에도 주자학파가 금기시하는 양명학이나 휴정과의 교류로 불교도 접하며 성리학의 폭넓은 발전에 기여한 학자이기도 하다.

원래는 연하구곡(煙霞九曲)으로 알려진 아름다운 계곡 연하구곡 맑은 천변에 수월정을 지었으나 괴산호 댐건설로 수몰이 예정되어 지금의 자리로 옮기게 된다. 정면 3칸에 측면 1칸 반으로 가운데 대청 좌우로 방을 배치해 방 앞에 툇마루를 냈고, 방 밖까지 벽장을 달아낸 특이한 구조 등을 보면 부엌 없는 작은 살림집에 가깝다. 연하동 물가에서도 전경이 좋았겠지만 지금의 자리로 옮겨 앉은 수월정도 괴산호와 빼어난 경승을 이룬다. 물가에서 올려다보면 사방을 둘러싼 예쁜 토담 위로 보이는 수월정 팔작지붕 선이 날 듯이 경쾌하고, 안으로 대청 앞마당에 서면 일각문너머 괴산호 물빛도 고와서 둘이 주고받는 눈길이 특히 아름다운 모습이다.

비록 유배 중일지언정 멀고 먼 진도에서 옮겨와 한양과 한결 가까워졌으니 넉넉해진 마음에 수월정과 연하구곡이 이끌어내는 은근한 시흥이 물안개처럼 피어오르지 않았을까. 그래서 우조(羽調) 시조 가락에 얹어 부르던 작자미상의 월정명(月正明)이 제격이겠다. 짧고 간결하면서도 넘치는 서정으로 물과 달을 노래한 것이 해피엔딩이 예고된 노수신의 수월정에 썩 잘 어울릴 만하다.

월정명 월정명커늘 배를 저어 추강(秋江)에 나니,
물 아래 하늘이요 하늘 위에 명월이라.
아해야, 저 달을 건져스라, 완월장취(玩月長醉)하리라

가을밤 괴산호에 달뜨면 배 띄우고, 잡힐 듯 닿지 않는 달을 쫓으며
흥에 취하고 한잔 술에 취해 시어를 쏟아내는 시대의 우상 같은 선비
의 그림자, 이제 돌아갈 한양은 단 하룻길이다.

수월정(水月亭)

수많은 꽃 중에 매화를 심은 뜻은

칠성면 화암서원(花巖書院)은 1622년 창건되어 1871년 서원철폐령으로 철폐된 후, 1956년 재건되어 보수를 거치다가 2006년 지금의 두천리로 이건 되어 단정한 외관을 보여준다. 외삼문 안으로 3칸 대청 좌우에 1칸 방을 둔 정면 5칸의 강당 겸 재실이 있고, 내삼문인 진성문 안으로 정면 3칸의 사당 모현사가 자리한다. 배향된 12현의 면면이 이채롭다. 괴산을 다녀간 이황을 주벽으로 하고, 고향이 괴산이라서 김제갑 유근 전유형, 괴산 군수를 지내서 이신의, 괴산에 유배 와서 노수신, 낙향 퇴거지라서 박지겸과 조부 박세무, 묘소가 있어서 이문건 허조 허후 등 다양한 인연의 배경이 호기심을 부른다.

1604년 괴산군수를 지낸 전의이씨 석탄 이신의(李愼儀)는 형조참의를 지낸 이원손과 정종(定宗)의 고손녀인 모친 사이에서 태어나 임진왜란 때 300명 의병을 일으켜 파주 도라산과 행주산성 일대에서 전투를 벌이고 공을 세웠다. 군수, 목사 등 지방관을 지내면서 정유재란 전인 1596년 충청도에서 일어난 이몽학의 반란 진압에서도 공을 세웠으나, 광해군 때 인목대비 폐비에 반대해 약6년 간 함경도에 유배되었다가 인조반정으로 해배돼 형조참판에 이른다. 어려서 조실부모하고 형의 손에서 성장한 뒤 학행으로 천거되어 벼슬에 나갔고, 일생을 충직과 성실한 처신으로 일관하며 지내다 77세가 되는 정묘호란 때 사망한 입지전적 인물이다. 처가가 있던 고양시에 묘와 기념관이 있고, 행주산성 공원에 세워진 시비는 그의 사우가(四友歌)를 실었다. 함경도 회령유배 중에도 실의에 빠지지 않고 거문고를 벗 삼아 이토록 아름다운 시를 지을 수 있었을지, 그 순수한 인품과 고상한 서정에 감탄이 절로 난다.

> - 동쪽 울타리에 심은 국화 귀한 줄 뉘 아느냐
>   따스한 봄볕을 마다하고 늦가을 서리에 홀로 피니
>   어즈버 맑고 고결한 내 벗이 다만 너뿐인가 하노라
> - 수많은 꽃 중에 매화를 심은 뜻은
>   눈 속에 꽃이 피어 한 빛인 것이 귀함이다
>   하물며 그윽한 향기도 아니 귀하면 어이 하리

자연에 숨어있는 상징적 의미를 영탄적 표현으로 이끌어낸 명시로 대입 수능 준비에 빠지지 않고 오른다.

괴산에 묘소가 있는 하양허씨 허후(許詡)는 좌의정 허조(許稠)의 아들로 29세에 문과에 급제해 1428년 병조좌랑을 시작으로 세종 때 대사헌을 지내고, 문종 때 형조판서, 단종 원년에 이조판서가 되어 김종서 황보인 등과 함께 문종이 명한 고명대신으로 단종을 지켰다. 그러나 1453년 계유정난 때 김종서 처벌의 부당함을 주장하며 수양대군과 거리를 두고 절의를 지키다가 거제도로 유배되어 교살당하고, 동생 허눌(許訥)과 가족들도 연좌형에 처해진다. 그의 사위가 사육신 한산이

씨 이개(李塏)이고 장남은 자결하고, 부인과 남은 자식들은 모두 노비가 되었다. 1438년 허후가 동부승지로 오를 때 당시 우의정이었던 그의 부친 허조는 가문 절정의 시기에 기쁨보다는 '달이 차면 기울 듯이, 가문에 화가 미칠까' 크게 걱정했다 하는데, 계유정난이 그로부터 15년 뒤에 일어나 멸문지화를 당했으니 걱정은 그저 기우가 아니었던 셈이다. 인생 절정의 순간을 즐기기보다는 현신일수록 오히려 앞날을 걱정해야하는 상황에서 보듯, 조선의 왕도정치는 혼란을 거듭하며 많은 희생자를 냈다. 다행히 영조 때 신원되고, 정조 때 부친과 함께 영월에 있는 단종의 장릉 배식단(配食壇)에 이름이 올라 추향된다.

허후의 부친 경암 허조는 고려 공양왕 때 22세로 문과에 급제해 태종 때 경기도관찰사, 세종 때 이조판서를 거쳐 좌의정을 지냈다. 청렴 강직한 대쪽정승으로 자기관리에 철저하며 모든 일에 신중하고 사심이 없어, 태종과 세종 모두 내심으로 싫어할만한 직간에도 미워할 수 없었던 명신이었다. 집에 도둑이 들어도 계속 책을 읽으며 마음의 도둑과 싸우는 것이 더 큰일이라 하며 자신을 다지던 올곧은 성격이 임금을 불편하게도 했지만, 사심 없는 직간이 늘 임금을 깨우고 성군의 꿈을 잃지 않게 하지 않았을까. 70세 좌의정 때 "태평성대에 살다 죽으니 하늘에 부끄러울 것이 없고, 살만큼 살며 재상까지 지냈고, 말 잘 들어주시는 임금을 모셨으니 여한이 없다" 하며 가족들도 눈치 채지 못할 만큼 미소 띤 얼굴로 고이 세상을 떠났다. 하양허씨의 관향인 지금의 경산시 하양읍에는 정조 때 허조와 허후 부자에게 내려진 충렬정려각과 불천위로 모셔진 금호서원이 있다. 삼국유사는 김해김씨의 시조 수로왕의 부인 허황옥이 아유타국 부왕의 현몽을 따라서 배 타고

온 공주라 한다. 금관가야 수로왕은 16살 공주를 맞아 열 아들을 낳았는데, 허왕후에게 내려준 허씨 성을 두 아들 허석과 허명이 잇게 되고, 훗날 김해허씨, 양천허씨, 하양허씨 등으로 분파됐다. 김해시와 인도 아요디아시가 자매결연하고, 기념공원을 세워 교류하며 잊혀가는 하양허씨 역사를 실전으로 이어간다.

화암서원

괴산 출신 평강전씨 학송 전유형(全有亨)은 임진왜란 때 공신 의병장 조헌(趙憲)과 의병을 일으키고 괴산지역 청안현감을 지내다 40세인 1605년 문과 장원급제해 사헌부 감찰을 지냈다. 부모 상중의 의례문제로 사간원의 탄핵을 받고 일시 물러났으나, 광해군 때 다시 등용되어 광주목사, 형조참판 등을 지냈다. 인조 때 이괄의 난에서 반란군과 내통했다는 무고로 억울하게 참형되었으나 4년 후에 신원되어 이조판서에 추증된다. 그는 의술에도 밝아 허준의 노년에 궁에서 의술 교육과 광해군 치료에 참여했다. 의술의 대한 탐구열도 높아서 임진왜란 때 왜군의 시체 3구를 해부해 심장 폐 신장 간장 비장의 오장도(五臟圖)를 남긴 사실이 성호사설로 알려졌지만, 실제 도면이 남아있지 않은 점이 의문으로 남는다. 전유형이 이괄의 난에 연루되어 참형된 까닭이 아무리 왜인이라도 시체에 칼질한 천벌 때문이라는 세간의 풍문을 미루어보면, 신체 해부도 자체를 불길하게 여겼던 일반 인식이 의문의 답일 수도 있다.

1595년 5월 전유형이 상소한 반간계(反間計)를 놓고 선조와 비변사의 진지한 논의가 실록에 등장한다. 명나라 황제가 풍신수길을 국왕으로 봉해 주고 철수시키는 방안을 고려하고 있다면, 차라리 풍신수길에게 그리 충성하지 않아 보이는 가등청정을 국왕에 봉해주고 은밀히 도와주는 편이 낫다는 요지다. "청정의 군사는 소서행장의 두 배나 되므로, 청정을 국왕으로 봉하면 행장의 군대를 호령하게 될 것이고, 그렇게 되면 행장은 틀림없이 그의 군대를 거두어 돌아갈 것이다. 위협을 느낀 수길이 청정의 부모와 처자식을 죽여 없애버릴 것이고, 분노한 청정은 반드시 군사를 끌고 돌아가 수길과 대적할 것이다. 이것은 조개와 도요새의 싸움(付二賊讎於蚌鷸)으로 얻는 어부의 이익이니, 결과적으로 한명의 백성도 죽지 않고 칼에 피도 묻히지 않을 계책"이라는 것이다. 선조는 의외의 상소에 매우 긍정적이었으나 비변사는 반간계 자체는 심상치 않으나 적의 정세가 어떤지 자세히 알 수 없으니 섣불리 시행할 수 없겠다고 한다. 손자병법 중에서도 패전에 몰린 약자가 전황을 역전시킬 수 있는 마지막 패전계(敗戰計) 가운데 미인계, 공성계(空城計) 다음이 제33계 반간계다. 요즘 세상에 소설 같은 계책이라 하겠지만, 당시 의병활동에서 얻은 경험과 왜군 내부 정보를 기초로 상소한 전유형은 여러모로 눈에 띄는 인물이 되었다.

　조선이 오히려 반간계의 피해를 본 것은 아니었을까. 정유재란 해전 중에서 유일한 패배인 칠천량 해전은 매우 미스터리한 정보로 시작된다. 명나라와 왜국의 긴 강화협상이 결렬되고 1597년 1월 정유재란이 시작될 때, 소서행장은 그의 측근 요리사 통역관을 통해 가등청정이 이미 출정해서 대마도에 도착, 곧 부산으로 상륙할 것이라는 정보를 조선에 흘린다. 액면대로 상륙 이전에 막으라는 의도였을 수 있다. 그러나 의심스러운 정보에 근거해, 분산된 해군력을 부산에 집중시키는 것이 녹녹치 않은 상황에서 이순신은 선조의 명령에도 불구하고 출정을 미뤘고, 대노한 선조는 이순신을 파직 후 하옥시킨다. 7월에 원균이 출전해 칠천량에서 대패하고, 이순신이 백의종군 명을 받고 겨우 13척의 배로 싸운 명량해전 승리를 끝으로 왜란이 끝난다. 여기서 행장이 재침정보를 은밀히 알린 이유가 두 왜장 간의 갈등 탓인지, 아니면 조선 내부의 혼란을 야기해 이순신을 제거하기 위한 반간계였는지, 칠천량 패배의 상처는 깊었다.

일곱 마당을 가리는 다양한 벽채 예술

　칠성면 율원리, 국가민속문화재 제136호 김항묵고택은 조선 말 고종 때 참판급 가선대부를 지낸 석연 김항묵(金恒默)이 약100년 된 옛 별감의 집을 1910년경 구입해 안채 외에 사랑채와 행랑채 등을 증축해 지금의 모습을 갖춘다. 김항묵은 뒷장 안동김씨 김시민의 부친 김충갑 오형제 중에서 셋째 김우갑(金友甲)의 11세손으로 대대로 괴산에서 세거했고, 일제의 침탈에 울분해 벼슬을 버리고 낙향해 거주하며 칠성고택 또는 김항묵의 손자 김기응가옥으로도 불렸다. 북두칠성처럼 횡으로 길게 펼쳐진 구릉을 배경으로 여러 채를 자연지형에 맞춰 적절히 기대는 모습으로 앉혔다. 옛 건축양식을 지키면서도 읍(邑)자를 연상케 하는 신비스러운 평면 배치로 여섯 동 모두 50칸에 이르는 대저택이다. 특히 다양한 형태의 담으로 구분되는 여러 마당도 저마다 다른 분위기를 연출, 지방 상류층 신식 사대부의 감각이 놀랍다. 전통 토담, 자연석을 석회로 마감한 돌담, 막돌에 기와편과 붉은 벽돌을 올린 화방벽(火防壁) 등 다양한 재료를 사용한 담장과 벽채는 다른 곳에서 찾을 수 없는 건축미를 소개한다. 같은 화방벽이라도 위치에 따라 무늬에 변화를 주었고, 행랑마당, 사랑마당, 안마당, 샛마당, 중마당 등 일곱 마당에 어울리는 조경 또한 전통 고택에 독특한 멋을 더한다.

문 위에 삼지창을 세우고 좌우에 살대를 꽂은 홍살문 형식의 솟을대문을 중심으로 늘어선 정면 12칸 측면 6칸의 ㄴ자형 바깥행랑채가 보기 드문 규모이고, 밖으로는 긴 외벽을 모두 화방벽으로 둘렀다. 뒤로 역 T자형의 사랑채도 별도의 담장으로 둘러싸여 있고, 사랑채와 연결된 ㄴ자 사랑행랑채가 가운데 사랑마당을 만들고, 다시 정면 4칸 안행랑채 문을 들어가서 안마당 정면으로 ㄷ자형 안채가 나타난다. 종으로 깊은 대지에서도 마당 깊숙이 들어앉은 안채는 정면에 2칸 대청 좌우로 2칸 안방과 1칸 건넌방이 있고, 안방 옆으로 2칸의 넓은 부엌과 찬방이 날개가 되고, 반대편 건넌방에 작은방과 작은 부엌 그리고 광이 반대쪽 날개가 되어 ㄷ자 배치를 보이는데, 마주하는 안행랑채까지 포함하면 안마당을 가운데 두고 ㅁ자형을 만드는 배치이다. 정면 5칸 앞으로 퇴를 둔 사랑채는 왼쪽으로부터 1칸 방, 1칸 대청, 2칸 방 등 도합 4칸에 맨 오른쪽은 퇴 없이 누마루 1칸이 있어 정면 5칸이 된다. 특이하게 가운데 2칸 방 뒤로도 방과 작은 부엌을 두어 T자형 배치가 되고, 안행랑채 뒷벽과 사랑채 사이의 샛마당은 예쁜 꽃담이 가려주어 아늑하고 고요한 분위기다.

조선은 성리학을 앞세워 건국했고, 삼강오륜이 대표적 실천덕목이었다. 부부유별과 장유유서의 개념이 주거 형태에 도입되어 안주인을 위한 안채는 마당 깊은 안쪽에 독립된 공간으로 보호되었고, 바깥어른을 위한 사랑채는 여러 계층의 친지와 객을 위해 개방된 배치에다 권위도 고려한 외관으로 건축되었다. 안채가 노비는 물론 딸, 며느리, 부인으로서 지켜야할 도리의 훈육과 전수가 이루어지는 공간이라면, 사랑채는 남성들의 사회적 사교적 공간이고, 벼슬을 물러난 조부가 어린 손주와 교감하며 훈육하는 곳이기도 했다. 따라서 안채와 사랑채의 적절한 격리와 연접 방식이 전체 건물 배치와 지붕 구조 결정의 핵심이 된다. 김항묵고택은 조선 말기 건축물임에 불구하고 이러한 전통을 기본적으로 지키면서도 건축미적인 요소를 두루 갖춘 명품 고택으로 보인다. 계층과 남녀 차별이 없는 평등사상을 바탕으로 활동하던 선교사들이 서양식 교회와 학교를 열고, 처음 보는 외국공관이 속속 들어서고, 일식 가옥과 개량한옥이 태동하던 시기에 교과서 같은 전통한옥을 지었다는 사실에 더해서, 제 모습까지 온전히 지키고 있는 사실이 반갑다.

각연사

　호기심을 부르는 설화 따라 칠성면 태성리에 있는 각연사(覺淵寺)를 찾는다. 6세기 신라 법흥왕 때 유일(有一)대사가 근처 쌍곡리에 절을 지으려고 목수들이 목재를 다듬고 있었다. 어느 날 한 무리 까마귀 떼가 자주 날아와 나무 조각을 물고 날아가는 것이 이상해 쫓아가 보니 깊은 산골 연못에 나무 조각을 떨어뜨리는 것이 아닌가. 기이한 행동에 연못을 자세히 들여다보니 물속에 불상이 앉아 있어, 불상을 꺼내고 연못을 메운 뒤에 절을 지었다는 전설이 전해온다. 연못 자리에 세워진 비로전에는 보물 제433호 석조비로자나불좌상이 있고, 옆 골짜기를 따라 약 1km 비교적 순탄한 길을 오르면 보물 제1295호 통일대사탑비가 있고, 거기서 또 20분 이상을 부지런히 오르면 보물 1370호 통일대사탑이 기다린다. 연못에서 깨달음을 얻었다는 의미로 세워진 각연사는 경순왕의 원찰이 된 적도 있다. 고려 광종 때 왕사인 통일대사에 의해 창건되었다는 이설도 있으나, 다르게는 중간에 폐사가 되었다가 통일대사 무렵 재건되어 전성기를 보낸 것으로 보기도 한다.

　연못이나 습지를 메워서 세운 절이 적지 않았다. 울진 불영사는 의상대사가 부처의 모습이 물에 비춰진 큰 못에서 용을 쫓아내고 새운 것이라 하고, 익산에는 백제 무왕이 연못을 지나다가 물속에서 미륵삼존불을 보고 메워서 탑과 미륵사를 지었다는 전설이 있고, 포항 보경사 적광전이나 선운사 등도 호수에 살던 용의 전실을 갖고 있다. 용의 우리 옛말인 '미르'와 산스크리트어의 한자 음역(音譯)인 '미륵'과의 상징적 연관성을 배경으로 전설이 구체화된 면도 보인다.

어둠을 쫓아내고 무한한 광명의 빛을 세상에 비추고, 중생을 제도한다는 비로자나불을 모신 전각이 비로전. 대적광전, 적광전 등으로도 불린다. 각연사 비로전 석조비로자나불상은 도드라지지 않은 육계, 작은 이목구비, 어깨까지 내려온 큰 귀, 삼도를 얕게 조각한 짧은 목과 건강한 가슴, 상체에 비해 날렵한 허리선, 왼손 집게손가락을 오른손이 감싼 지권인(智拳印)의 두터운 양손 등이 눈에 들고, 법의는 좌견에서 결가부좌한 다리까지 평범하고 형식적으로 표현되었다. 반면에 사각형 지대석 위에 상, 중, 하대를 고루 갖춘 8각 대좌에는 안상, 구름과 당초무늬, 앙련과 복련, 사자머리, 향로 등 다양한 무늬로 덮여 있다. 특히 두광(頭光)과 신광(身光)의 광배는 한 치의 여백도 남기지 않고, 화려하게 할 수 있는 모든 조각 솜씨로 채웠다. 두광 위로 연화무늬와 불꽃무늬 속에는 3구의 화불이 나란히 있고, 신광 좌우로도 역시 3구씩의 화불을 조각했다. 정교하고 화려한 대좌와 광배와는 대조적으로 최대한 기교를 자제한 비로자나불이 오히려 더 신비스럽게 보이는데, 극적 대비를 통해 불신을 돋보이게 하려는 어떤 의도된 기법에서 나온 것인지 감동스럽다. 불상의 얼굴 표정은 자비란 구한다고 저절로 무한하게 얻을 수 있는 것이 아니고, 깨달음을 찾아 실천할 때에 비로소 얻을 수 있는 것이 아니냐고 묻는 듯하다.

어느 날 드라마 재방송 한 장면을 보고 깜짝 놀라 각연사에 확인하니 맞는다고 한다. 화제의 역사드라마 고려거란전쟁 29회에서 전횡과 모욕을 일삼던 역도무신들을 성공리에 처단한 현종이 저물녘 각연사를 찾아 비로전에서 불공을 올리는 원성황후와의 극적인 해후 장면이었다. 수많은 불상 중에서 석조비로자나불상을 찾아낸 제작진의 안목과 촛불을 좌우에서 은은하게 비추며 석조불상의 인자하고 평화로운 모습을 끌어낸 연출력이 탁월하다.

석조비로자나불좌상

　대부분의 탑비가 사찰에서 멀리 벗어나지 않는 곳에 세워지는 것과는 다르게 통일대사 탑비와 탑은 서로 간에도 멀찍이 떨어져서 탑은 능선 부근에 있다. 죽어서도 사찰을 내려다보는 명당을 염두에 두었던 것인지, 아니면 비보풍수를 감안한 것인지, 흔하지 않은 경우이다. 탑비는 전형적인 구조로, 귀부는 여의주를 물고 있는 용머리, 거북등 위로 안상을 새긴 비좌와 매끈한 비신, 그리고 무거운 머릿돌 이수는 2단 받침에 앙련을 새겼고 섬세하게 조각된 네 마리 용이 보주를 향해 역동적인 자세로 머리를 세운 모습이다. 전체 원형을 잘 유지하고 있는 탑비의 비문은 원래 약3500자로 추정되나 대부분 마멸되어 200여 자 정도만 부분적으로 판독 가능하다. 간간히 파악되는 비문에 따르면 속성 경주김씨로 추정되는 통일대사는 당나라 유학 후 고려 태조가 선방(禪房)을 마련해주는 등 크게 존경을 받으며 왕실에서 불법을 강론하고, 구름처럼 따르는 사람이 많았다 한다. 이후로도 혜종, 정종, 광종에 걸쳐 왕사로 지내다가 입적하자 광종이 958년경 통일대사(通一大師) 시호를 내리고 재상이자 당대의 문장가인 신라 출신 한림학사 김정언에게 비문을 짓게 한다. 김정언은 불교에도 상당한 지식을 갖춰 여주 고달사지 원종대사탑비, 서산 보원사지 법인국사탑비 등 보물급 비문을 여러 곳에 남겼다.

팔각원당형의 통일대사 탑은 지대석, 하대석, 중대석, 상대석의 격식을 모두 갖추어 하대석과 상대석에 안상과 복련 앙련 등으로 화려하게 조각해 팔각 기단을 만들었고, 8각 탑신은 우주만 부각하고 문비장식을 조각해 넣었다. 옥개석은 전각(轉角)을 높이고 끝에 귀꽃을 조각했는데 4개는 떨어져 나가고 나머지 4개도 수리한 듯하다.

고승이 입적(열반)하면 다비(茶毘)를 거쳐 유골이나 사리를 수집해서 승탑(또는 묘탑)에 봉안하고, 옆에는 그 기록을 담은 탑비를 세우게 되는데, 승탑을 부다(부처)를 음차해서 부도(浮屠)라고도 부르게 된 듯하다. 부도의 형태는 화려한 조각의 팔각원당형, 종 모양의 석종형, 사각의 방형 또는 석탑형이 있는데, 그 가운데 조각 없이 단순한 종 모양의 석종형은 불교가 숨을 죽이고 있던 억불의 고려 말에서 조선 시대의 유산이다. 팔각원당형으로는 탑골공원, 경복궁을 거쳐 국립중앙박물관에 전시된 통일신라 때 염거화상의 사리탑이 국보급이다.

조선 최초 육아일기 쓴 할아버지

문광면 유평리 산67, 매죽정(梅竹亭)이 성황천변 석벽 위에 울창한 숲에 파묻힌 듯이 자리하고 있다. 들리는 얘기대로 괴산의 낙화암이라 불릴 만한 곳이다. 정면 측면 각 2칸이고, 파란색 팔작지붕 아래 사방을 개방시키고 평난간을 두른 평범한 모습이지만 주변 경관과 조화를 이룬다. 묵재 이문건의 현손 이해종이 초당 매죽당을 지어 퇴락된 것을 성주이씨 종중에서 1935년 지금의 위치로 옮겨 중건한 것이다. 송시열의 수제자 권상하가 고결하고 곧은 군자를 상징하는 매죽을 예찬하며 "바위 아래 작은 초당을 지으니, 처마가 하늘로 오를 듯하다(簷宇勢如騰)"한다. 석벽 아래서 올려다보니 파란 팔작지붕이 마치 울창한 푸른 숲에 떠있는 신비한 모습이다.

성주이씨 이문건(李文楗)은 8대조가 고려 말 명신 이조년(李兆年) 등 이름난 5형제이며, 조선 개국공신 영의정 이직(李稷)의 5대손이다. 스승 조광조가 사망할 때 문하에서 함께 수학했던 둘째형 이충건과 함께 뒷수습에 관여한 것이 문제가 되어 오랫동안 과거시험에 제한되다가 복권되어 34세 때 문과에 급제해 중종-인종-명종 대에 걸쳐 이조좌랑에서 좌부승지 등을 지낸다. 그러나 조광조의 기묘사화의 연장인 안처겸의 옥사에 연루되어 낙안에 6년 유배되고, 큰형의 아들 이휘가 극형을 받은 을사사화에 다시 연좌되어 52세에 성주로 유배된다.

뒷장에 등장하는 안동김씨 하담 김시양의 증조부 김언묵의 딸과 23세에 혼인해 여러 자식을 낳았으나 병으로 모두 잃고 둘째 아들만 겨우 살아남아 58세에 귀한 손자를 얻었으나, 손자가 7세 되던 해에 아들마저 세상을 떠나고, 묵재의 기대와 사랑은 유일한 혈육인 손자에 쏟아질 수밖에 없게 된다. 유배지에서 육아는 상상조차도 어려운 일이지만, 유일한 손자를 손수 키워야겠다는 의지와 명문을 이어온 폭넓은 인맥과 교유에 힘입어 유배생활 속에서도 손자를 키운다. 73세가 되던 1567년 2월 부인의 장례를 치른 날을 마지막으로 30여년 써왔던 묵재일기도 멈추고, 열흘 뒤 유배지에서 세상을 떠난다. 살아서는 끝내 진정한 자유를 얻지 못하다가 죽어서야 유배가 풀린다.

앞장 화암서원에도 제향된 묵재는 몇 가지 족적을 남겼다. 1535년 41세부터 74세 사망까지 쓴 묵재일기와 1551년 58살에 얻은 손자의 출생부터 16세까지 양육하면서 쓴 조선 유일의 육아일기 양아록(養兒錄)은 시대상을 읽는 귀중한 사료가 된다. 또한 그의 부친 묘에 1536년 세운 이윤탁 한글영비(靈碑)는 한글연구에 중요한 의미를 갖는 최초의 한글체 비석으로, 좌우측면에 한문체와 한글체로 손수 각자한 경고문 내용이 매우 엄중하다. "신령한 비석을 훼손하는 사람은 화를 입을 것이니, 이는 글 모르는 사람더러 알리노라 (이ᄂ글모ᄅᄂ 사ᄅᆷᄃᄅ려알위노라)" 이문건이 어려서 세상을 떠난 부친 이윤탁의 묘소 근처에 태릉이 들어서게 되자, 불가피하게 이장하는 계기로 엄한 경계문을 쓴 것으로 보인다. 묘비는 태릉에서 직선거리로 약2km 떨어진 노원구 하계동 12

번지 영비각에 보물 제1524호 '이윤탁 한글영비'로 건재하고 있는데, 가히 한문을 모르는 사람까지 접근을 엄중히 경고하는 발상과 죽어서도 영원히 조상을 보호하기 위한 결기가 하늘을 찌른다. 12년간의 작업 끝에 완역 묵재일기도 최근 세상에 나와 조선을 증언한다.

묵재는 양아록에서 손자의 첫 이가 날 때의 기쁨, 기어가기와 걷기를 시작하고, 말을 시작하고 책을 읽는 모습을 볼 때의 기쁜 마음을 얘기하고, 학질과 홍역을 앓거나 사고를 당할 때 가슴 졸이던 심정, 13살이 된 손자의 음주에 놀라서 종아리를 때려야 하는 아픈 마음, 엄하게 할수록 빗나가는 손자의 훈육 방식에 대한 후회 등을 시 형식을 빌려 절절히 얘기한다. 불현듯 따듯한 햇볕이 들다가도 한 순간 몰아치는 찬바람에 얼어버리는 할아버지 가슴은 아이가 성장 할수록 누더기 조각이 되어가며 조여 든다. 반면에 묵재일기는 교유 인맥은 물론 소소한 가정사, 부부싸움과 화해 과정, 여종들의 일탈 등, 세세한 내용까지 담고 있어 묵재의 매우 인간적인면도 보여준다.

돌잡이에서 필묵, 투환, 활, 쌀, 인장을 차례로 집는 장면마다 칠언절구 시를 지어 의미를 깊이 새긴다. 첫 번째 잡은 필묵에 대해 붙이는 단어에서도 간절한 소망과 축원의 마음이 배어나온다. 묵재일기와 양아록은 그래서 문학적 가치도 높아 보인다.

첫돌에 장난감 쌓아놓고 지켜보니, 기어와 살피고 붓과 먹을 집어드네

소리 내며 갖고 노는 것 보니, 훗날 글을 업으로 하는 아이가 되려나보네

한 사람의 향기는 또 한 사람의 향기와 섞일수록 깊어지고 진해진다더니, 귀하게 얻은 혈육의 향기에 녹아든 생활 속의 단어가 손자를 향한 외길 내리사랑을 고상하게 승화시킨다. 술 향기는 천리를 가고 사람의 향기는 만 리를 간다는데, 양아록이 내는 혈육의 향기는 진하고도 영원해 보인다.

8대조 이조년(李兆年)은 "이화에 월백하고 은한이 삼경인제"로 시작하는 다정가(多情歌)로 유명하고, 이조년의 증손자로 고려에 대한 충절을 담은 이직(李稷)의 "까마귀 검다하고 백로야 웃지마라"로 시작하는 오로시(烏鷺詩) 또한 익히 알려진 명시다. 선조의 필력을 이어받은 듯, 육아일기 속의 시들도 가슴을 따듯하게 한다. 아명 이숙길에서 성장하며 개명한 손자 이수봉은 44살까지 처가가 있는 괴산에 살면서 다행히 두 아들을 두었고, 임진왜란에서 의병장으로 참전해 공을 세우고도 당연한 일을 했을 뿐이라며 나라의 포상을 사양했다고 전해온다.

묵재일기 뒷면에 감추어진 조선의 금서(禁書) 설공찬전(薛公瓚傳)이 약 30년 전에 우연히 발견되어 국문학계를 놀라게 했다. 홍길동전보다 수십 년은 앞선 한글 언해본 소설은 죽은 설공찬의 영혼이 사촌동생 설공침에게 들어가서 여러 형태로 괴롭히고, 엑소시스트를 연상케 하는 퇴마사 무당이 등장하고, 영혼이 들려주는 이승과 저승의 인과응보를 통해 권선징악을 암시한다. 16세기 초 한문체 소설이 언해본으로 등장해 대중에게 전파되고, 폐기된 금서를 선비가 일기에 감추어 필사 보관한 것을 보면 중종 때 설공찬전이 끼친 파급력을 짐작할 수 있다.

13쪽만 발견되어서 전체 구성과 매듭은 불명하지만 확인된 내용만으로도 당시 조정은 크게 당황했을 것으로 보인다.

피세(避世)란 현실 도피인가.

괴산읍으로 흐르는 성황천의 남쪽 순창조씨 집성촌 송평리에 있는 피세정은 고려 때 피세 조신(趙紳)이 고려가 멸망하고 조선의 개국에 울분해 국자감에서 수학을 포기하고 세상을 피해 은거하며 지내던 곳인데, 후손 조세구가 재건해 조신의 호를 따라 피세정이라 부르게 된다. 정면 3칸 측면 2칸 마루에 낮은 난간을 두르고 사방이 개방된 정자로, 여러 차례 개보수를 거치며 옛 멋은 없어졌지만 정자 앞으로 흐르는 성황천과 송평리의 풍요로운 들녘, 꿈틀거리는 구릉이 어우러져 평화가 넘치는 전경을 만든다. 송재 조세구(趙世球)는 1506년 중종이 반정공신들의 요구를 거부하지 못하고 인왕산 치마바위의 전설이 된 조강지처 단경왕후를 7일 만에 폐비시키자 크게 낙망해 벼슬을 버리고 낙향한다. 혼란을 거듭하는 한양을 피해 은거하면서도 그의 후손들은 조선의 위기에 피하지 않고 맞서 싸워 공을 세운다. 정자가 있는 산자락에 조신을 포함한 순창조씨 7인의 행적을 기리는 사당 칠충사와 칠충각이 있다. 그 중에 조종(趙悰)은 동래부사를 지내고 세조 때 이시애의 난에서 공을 세워 원종공신에 올랐고, 조세구의 차남 조복은 사헌부감찰과 군수를 지내다 임진왜란에 의병으로 참전해 순절하고, 율곡의 조카사위이기도 한 숙부 조덕용(趙德容)과 함께 조기(趙圻)도 인조 때 최여헌 반란에 공을 세워 영사원종공신에 올랐다.

　　조세구의 학우였던 정암 조광조가 피세정에 감회를 남긴다. "이제 맑은 햇빛이 넘치는 것을 보니 옛날에 대인이 있었음을 알겠다(認昔大人居)"하며 피세정 옛 주인을 정자 앞으로 펼쳐진 넓은 들판만큼이나 도량 큰 대인으로 회상한다. 고려가 멸망하는 난세에서 피세가 언뜻 현실 도피의 소극적이고 부정적인 삶을 연상시키지만 굳이 쓰는 사람의 의도는 그렇지만은 않았을 수도 있다. 북송 때 시인 소동파(蘇東坡)는 절강성 아름다운 남계 물가에 있는 죽림에 초당을 지어 피세당(避世堂)이라 칭하고, 세상이 두려워 피하는 마음은 아니라[避世已無心]며 도피라는 소극적 해석에 선을 그었다. 그는 속세의 기준과 가치를 따를 수 없어 피하지만 피세란 지리적 탈출이 아니라 조물주가 내려준 자연으로의 귀의이고, 유배지에서 맞은 역경도 그 자연의 일부로서 잃었던 자신을 되돌려준다고 믿은 듯하다. 친구에게서 얻은 동쪽 언덕땅에서 난생처음으로 농사 지으며 자신의 호를 동파(東坡)라 하고, 강 위에 부는 맑은 바람과 산 사이에 뜬 밝은 달에서 자신을 찾아낸다. 번화한 도시의 사치에 물 들었던 눈으로 고요한 달을 보고, 세상의 온갖 잡음이 괴롭히던 귀로 바람소리를 들으니, 바로 잃었던 자연으로의 회복 아닌가. 자연은 찾아도 막지 않고(取之無禁), 즐겨도 줄지 않는(用之不竭) 조물주의 무진장한 선물(造物者之無盡藏也)이라며 순수하고 초연한 삶 속에서 적벽부라는 명작을 남겼다. 논어에서 도(道)가 땅에 떨어지면 어진사람이 세상을 피한다는(賢者避世)말도 결국 좋은 세상이 오면 다시 나아간다는 전제를 깔고 있으니 피세는 재충전을 위한 소중한 기회가 된다. 작게는 번거로운 일상에서 잠시 벗어나서 자신을 돌아보는 종교적 피정(避世靜念)과 같이, 온전히 자신을 회복하기 위한 성찰이나 묵상은 지치고 불안한 영혼에 명약이 된다.

청안을 지키는 향교와 동헌

　고종 때 청안읍지를 보면, 청안현은 서울에서 280리 떨어진 곳에 위치해 2,705호를 현감이 다스리며 객사, 향청, 작청, 장청, 동헌 등 관청의 규모를 지켰고, 이외에도 사직단, 성황단, 여제단 등 3단도 빠지지 않고 있었다. 연고가 없거나 억울하게 죽은 혼이 위로 받지 못한 채 떠돌아다니며 각종 사고나 역병을 일으킨다 하여, 억울한 여혼(厲鬼)을 달래기 위해 매년 제를 올리고 역병이 크게 돌 때는 수시로 제를 지내는 자리가 여제단이다. 칼에 맞거나, 천재지변과 역병 등으로 비명횡사하고, 후손이 없어 제사를 못 받는 고혼을 포함한다. 임진왜란과 병자호란 참화를 연이어 겪으면서 여혼이 절정에 달해 제단을 늘리거나 추가로 별여제도 지내야했고, 사직단 성황단과 함께 나라의 주요 의례가 되어 어사 활동에서 주요 감사 대상이 되기도 했다.

　조선 초기에 창건된 것으로 추정되는 청안향교는 임진왜란 때 소실되어 중건을 거쳐 1644년 지금의 위치로 이건 되어 몇 차례 중수와 보수를 거쳤고, 한국전쟁에 일부 소실된 것을 중수해 오늘에 이른다. 홍살문과 하마비를 지나 높은 돌계단을 올라 외삼문을 들어가면 가운데 3칸 대청마루 좌우에 1칸 온돌방을 둔 정면 5칸 측면 3칸의 명륜당이 있고, 비교적 큰 5칸 내삼문 안으로 들어가면 대성전이다. 남향 비탈에 전학후묘(前學後廟)의 전형적 배치를 하고 있는데, 명륜당 앞 좌우에 두는 동-서재와 대성전 앞 좌우에도 동-서무가 없는 드물게 간소한 모습이다.

고려 말 좌상시를 지낸 삼척진씨 진의귀가 유배 왔다가 풀려난 후에도 오래 머물며 청안8경을 정했고, 좌찬성을 지낸 강희맹이 찾았다가 팔경에 맞춰 청안팔영을 읊었다. 그 중에 제8영 횡사한음(黌舍閑吟)은 '노란 은행잎이 떨어져 뜨락을 가득 채운 가을날의 청안향교와 미풍을 타고 들려오는 학생들의 글 읽는 소리(好風時送讀書聲)'에 감탄한다. 옛날부터 한문 공부는 소리 내어 읽는 성독(聲讀)을 강조했다. 모르는 낱자가 없는데도 전체문장의 이해가 쉽지 않지만, 반복해서 큰 소리로 읽을 때마다 한 꺼풀씩 벗겨지며 서서히 의미가 드러나는 것이 신통하다. 바른 자세로 꼿꼿이 앉아 마음을 숙연히 모아 함께하는 성독에 운율까지 맞추면 학생들에게는 흥이고, 일상에서 접하는 가장 아름다운 소리와 장면이 되어 멀리서 듣는 마음도 경건하게 만든다. 요즘 세상에 외국어를 배울 때도 모름지기 반복 성독이 제일이라는 선조의 가르침을 새겨들을 만하다.

대과(大科)에 도전하기 위해 반드시 합격해야 하는 소과(小科) 생원시와 진사시를 일괄해 부르던 사마시(司馬試) 이상에 합격한 인원이 50인 정도에 이르면 향교 근처에 사마소(司馬所)를 세우고 친목과 정보교환 및 후학을 위한 강학과 강론의 장소로도 이용했다. 1606년 6명, 1612년에 3명이 동시에 사마시에 합격되는 등 쾌거가 이어지자, 작은 고을 청안에도 1703년 청안사마소가 세워진다. 사마록(司馬錄)에는 서얼이 배제되고 양반만 등재되는데, 죄를 범하거나 권력이 급변하면 일부 변경되는 자정 기능도 있었다. 영조 때인 1728년 이인좌의 난으로 인접 청주가 점령되자 지레 겁먹은 현감이 산으로 도망가고, 텅 빈 동헌에 점령군으로 나타난 인물이 새로 부임된 현감이라며 위세를 부리던 어처구니없는 일이 벌어진다. 현감은 사마록에서 삭제되고, 난의 잔당 세력으로 몰린 진사도 영조의 친국 끝에 처형되자 역시 삭제된다. 돌계단을 올라 외삼문을 들어서 정면 4칸 측면 2칸의 사마소가 있고, 다시 내삼문을 들어서면 제향을 위한 사마사(司馬祠)가 있다.

청안면 청안읍 읍내리, 안민헌(安民軒)으로 불리는 정면 6칸의 청안동헌은 1405년경 세워진 것으로 보는데, 일부 조선 후기 건축양식이 보이는 것은 몇 번의 중수를 거치면서 변화를 거친 듯하다. 앞면 1칸을 툇마루로 물리고 왼쪽은 정면 3칸의 대청, 오른쪽은 정면 2칸의 온돌로 하고, 맨 오른쪽 칸은 누마루 형식의 툇마루에 문을 달았다. 면사무소, 초등학교, 동헌 일대가 관아가 있던 곳으로 추정되는데, 동헌 옆에 300년 회화나무와 초등학교 운동장에 있는 천연기념물 제165호 천년 은행나무가 역사를 증언한다. 은행나무는 고려 성종 때 고을 수령이 청당(淸塘)이라 부르는 연못을 만들고 주위에 심었던 것이라 전해오는데, 은행나무에 귀가 달린 뱀이 살고 있어서 나무를 해치는 사람은 벌을 받는다는 전설 덕인지, 아직도 건강하고 가을에 황금색 단풍도 곱다. 해가 갈수록 더 깊이 뿌리를 내리며 키워내는 잎과 실한 열매는 무진 세월에도 변함없으니, 고목 곁에 선 둔물은 초라할 뿐이다.

함이재(咸履齋)

향교에서 멀지 않은 청안면 효근리, 옥구장씨의 집성촌에 있는 함이재는 고려 말 문과에 급제하고 조선 초 정3품급 당상관 공조참의를 지낸 이암 장윤(張倫)의 묘소 옆에 제향을 위해 세운 재실이다. 건축 연도가 분명치 않지만, 조선 후기로 추정되고, 처음에는 서당으로 사용되기도 하다가 1980년 보수를 거쳐 단정한 모습이다. 외삼문을 들어가면 보이는 정면 4칸 측면 2칸 ㄱ자형 구조의 재사는 오른쪽에 부엌과 3칸 방에서 꺾어 2칸 대청과 건넌방을 배치했다. 재실 위 높은 돌계단으로 올라가서 사당 명현사가 솟을삼문 이은문 안에 있고, 옆 언덕에 여러 석물이 지키는 묘소가 있어, 일대가 격식 있게 보존되고 있다.

송나라 문장가 왕안석의 선시 중에 '장씨네 셋째 아이 바짓단은 좁고, 이씨네 넷째의 모자챙은 길다(張三袴口窄 李四帽檐長)'는 구절은 일상에서 범부들의 사소한 흉을 보는 것은 모두 부질없는 일일뿐이라는 의미다. 장삼이사(張三李四)로 평범하고 흔한 중국의 3대 성씨 중에 절강성 출신 장수였던 장해빈이 정유재란 참전 후 귀화해 절강장씨가 된 경우 등이 있으나, 토착 성씨인 인동장씨, 안동장씨 외에 옥구장씨 등은 소수에 속한다. 괴산군은 17개 오랜 문중에서 옥구장씨가 최고(最古)로 파악하고 있다. 무려 1000년 전 통일신라 때 정착을 시작, 현재도 효근리에만 거의 20가구가 거주하며 집성촌을 이루고 있다. 군산시 옥구를 본관으로 하는 옥구장씨는 기록이 실전되어 판도판서를 역임한 장송에서 시작하는데, 장송의 손자 장화가 판도판서를 지내고, 장화의 아들 장대유가 고려 때 부사, 장대유의 두 아들 중 첫째 장한이 조선 초에 판서, 함이재에 봉안된 장륜(張倫)이 참의를 지내며 옥구장씨가 꽃을 피웠다. 효근1리 경로당 입구에 영조가 장륜의 9대손 장후량에게 내린 효자 정려각이 보인다.

보안사 삼층석탑

청안면 효근리, 보안사(寶安寺) 뒤쪽 민가 마당 한 귀퉁이에 고려 후기 석탑으로 보이는 보물 제1299호 보안사 삼층석탑이 초라한 모습으로 서 있다. 17세기경 수암사 옛터로 추정되는 폐사지에 형체를 잃은 석탑과 석불이 상당 기간 방치되어 오다가, 1957년경 주민들의 불심으로 무너진 석탑 부재를 모아 조립해 세웠고, 석조약사여래좌상으로 밝혀진 석불을 모시고 보호각을 세워 보안사가 된다. 석탑은 보물로 지정된 후 해체 조립이 되고, 그 후 다시 보호처리 되어 오늘에 이른다. 사각 자연 지대석 위에 우주를 새긴 단층 기단을 두고, 다시 위에 민면의 통돌을 사용한 탑신과 옥개석이 3층을 이룬다. 기단은 4장의 판석을 사용해 먼저 우주를 새긴 2장을 세우고 그사이에 2장을 끼워 넣는 간략한 방식을 택했고, 위의 갑석(甲石)은 두툼한 판석으로 했다. 1층 옥개받침은 3단인 반면 2,3층은 2단으로 택해서 모든 주름을 둔하게 처리했고, 기단 각 면에 조각된 기둥을 탑신에서는 볼 수 없어 전체적으로 무겁고 투박한 느낌을 준다. 그러나 뚜껑을 밀어 넣을 수 있는 약12cm 크기의 흔하게 볼 수없는 감실을 만들기 위해 1층 탑신을 높인 특징에 희소 가치를 두는 듯하다. 멀리서 보면 균형감이 떨어져 보여도 탑신의 층별 체감 비율이 극도로 제한적이어서 팔등신의 날렵한 모습이기도 하다.

아름다운 화양구곡에 우암 발자취

아름다운 화양구곡을 찾아들면 조선의 거유(巨儒) 우암 송시열의 자취가 남아 있어 의미 깊은 여행이 된다. 남송 때 주희(朱熹)가 복건성에 있는 무이산 계곡에 무이정사를 짓고 아홉 구비 절경에 각각 이름을 붙이고 무이도가 10수를 읊으며 무이구곡(武夷九曲)을 완성했듯이, 주희를 숭상한 우암이 1666년 화양구곡에 들어와 무릉도원 삼아 제자들과 강학하는 일상은 극히 자연스러운 일이었을 것이다. 주차장에서 걸어 오르면 하늘을 떠받치는 듯한 제1곡 경천벽(擎天壁)으로 시작해서 구름이 맑은 물에 비치는 제2곡 운영담(雲影潭)을 지나면 누구든지 말에서 내리라는 하마비가 보이는데, 대원군이 무시했다가 화양서원 유생들에게 큰 봉변을 당한 사고가 전국적 서원철폐령의 단초가 됐을 것이라는 추측도 분분했다. 효종이 41세 젊은 나이에 세상을 떠나자 송시열이 한양을 향해 엎드려 통곡했다는 제3곡 읍궁암(泣弓巖)을 지나서, 우암이 머물렀던 암서재가 자리한 아름다운 제4곡 금사담(金沙潭)에서 잠시 숨을 고르고, 기암이 아슬아슬 층층이 쌓인 제5곡 첨성대에서 우암의 글씨 대명천지 숭정일월(大明天地 崇禎日月), 만절필동(萬折必東), 비례부동(非禮不動) 암각을 찾는 것도 흥미로운 보물찾기가 된다.

괴산군지가 송시열에 관한 몇 가지 해학적인 일화를 소개한다. 우의정을 지낸 양천허씨 허목은 송시열과 예송논쟁에서 당색이 갈려 극단적인 갈등을 빚었던 사이였지만, 내심으로는 서로 상대를 인정하고 존중했던 듯하다. 송시열이 병이 나서 아들을 시켜 의술에도 밝은 허목을 찾아 처방을 받아오게 한다. 사이도 안 좋은 허목의 처방에 비상이 들어있는 것을 알고 아들이 놀랐으나, 우암은 개의치 않고 복용해 쉽게 회복했다고 한다. 어느 날인가는 허목이 송시열 부재중에 화양동을 찾아 왔다가 짧은 글귀 "보지화양동 불알송선생(步之華陽洞 不謁宋先生)"을 써놓고 떠났는데, 얼핏 들으면 폭소를 자아낼 말이어도, 뜻은 먼 길을 걸어서 화양동에 왔으나 송 선생을 못 보고 떠난다는 정중한 메시지이다. 학문 높은 선비의 격조 있는 감각과 위트가 두 사람 사이의 긴장을 단 숨에 녹여버리는 듯하다. 하룻밤 재워주기를 청했으나 보지도 않고 들어가 버리는 훈장에게 '생도제미십 선생내불알(生徒諸未十 先生來不謁)'하던 김삿갓의 날선 직설과 비교된다.

은진송씨 우암 송시열은 충북 옥천 외가에서 태어나 1633년 27살 때 생원시에 장원하기까지 멀지 않은 은진송씨 집성촌인 회덕 등지에서 성장, 1636년 효종이 된 봉림대군의 사부가 되어 인연이 시작된다. 봉림대군이 청나라 인질로 갔던 10년여 한양을 떠나 있다가 효종 즉위 후 종3품 사헌부집의를 지내고, 1653년 충주목사가 되었으나 곧 사임하고, 1658년에 이조판서에 올랐으나 다음해 효종의 사망으로 벼슬을 떠난다. 1차 예송논쟁이 지난 1671년 우의정을 잠시 지내고, 2년 후 좌의정에 올랐으나 오래지 않아 화양동으로 다시 내려온다. 1674년 2차 예송논쟁으로 인한 시련은 숙종 초까지 계속되어 1675년 함경도 및 거제도로 유배되었다가 1680년 풀려난다. 그러나 태어난 지 3개월에 불과한 장희빈 아들의 원자책봉은 너무 이르다는 상소를 올려 숙종의 분노를 일으켜 죄인의 수괴라는 애매한 죄목으로 제주도에 유배되었다가, 국문을 위해 다시 한양으로 압송되어 오다가 정읍에서 사약을 받고 82세에 세상을 떠난다. 육지에 도착하면서부터 수많은 제자들이 뒤를 따르는 우암의 모습이 한양까지 이어지는 것에 큰 부담을 느꼈던지 남인이 주도하던 조정은 한양에 도착까지 기다리지 않았다. 5년 뒤 무죄로 복권될 일로, 천수에 이른 거유를 국문장도 열기 전에 죽음을 강제하던 당시의 정치는 반목과 비정으로 혼란을 거듭하고 있었다.

벼슬길은 끊길 듯 이어질 듯, 우암의 실제 벼슬 기간은 모두 합산해도 2년이 넘지 않고, 판서 이상 재직도 1년이 못된다고 하니 처음 듣는 사람들은 대부분 어리둥절해지는데, 기록으로는 167번 부름을 받고도 37번 응했는데 그것도 짧게 했을 뿐이라고 한다. 송시열의 보이지 않는 손이 중앙정치에 어떻게 영향을 미쳤기에 조선왕조실록에 3000번 이상 이름이 거론되었을까. 그에게는 800명 이상의 뛰어난 제자가 있었고, 50명이 넘는 제자가 당상관 이상 벼슬을 했을 뿐 아니라, 죽어서도 전국 약50여 곳에 이르는 서원에서 제향 된다. 남인 세력의 허목이나, 오랜 친구였으나 성리학을 비판하며 멀어진 윤휴, 1709년 지어진 논산 명재고택의 주인이며 우암의 제자였던 윤증과의 갈등도 간단치 않았으나 대부분의 인연은 무난한 편이었다. 벼슬과 재물에는 뜻을 두지 않고 오로지 조선의 통치기반인 성리학에 몰두하던 우암의 행적을 대부분 인정하고 따른듯하다.

어린 첫째 딸을 시집보내며 쓴 우암선생 계녀서(尤庵先生戒女書)에서 아버지 우암으로서의 부정이 물씬 풍겨난다. 부모 남편 시부모 등 친족을 대하는 도리, 자식을 가르치고 접객과 제사 받드는 도리 등 20개 항목에 걸쳐 올바른 품행과 지혜로운 처신을 쉬운 한글로 써서 한 달에 두세 번은 읽어 뼈에 새기라 당부한다. 제19장의 일부를 보면 "천한 사람이라고, 추위에 굶는다고 업신여기지 말고 불쌍히 여기며… 남에게 속을지언정 속이지는 말고… 시부모 남편 꾸중에 곧바로 변명 말고 시간이 지난 뒤에 조용히 까닭을 고해도 좋지만, 끝내 말씀을 안 드려도 언젠가는 이해하실 날이 있을 것이다. 잘 못한 일은 즉시 고하고, 미처 말씀 드리지 못했던 일은 꾸밈없이 말씀 드리고… 말을 많이 하는 것은 칠거지악이니 경계하라"는 등, 일상에서 있을 수 있는 매 상황을 가정해 지혜로운 응대를 꼼꼼히 일러준다. 인공지능이 답을 주는 세상에 어울리지 않는 부분도 있으나 대인 처세와 예절교육에 유익한 내용이 상당하다.

60세경에 화양계곡에 5칸 초당을 지어 화양계당(華陽溪堂)이라 칭하며, 넉넉지 못한 생활에도 학문에 전념해 화양동주 별칭을 얻으며 20여년을 한양과 유배지 등을 오가며 지냈다. 중화의 햇볕이 드는 곳이라는 화양(華陽)에서 많은 제자를 곁에 두고 주자대전(朱子大全) 등 어려운 성리학을 연구했고, 죽음에 이르러 권상하를 비롯한 제자들에게 임진왜란 때 나라의 위기를 무릅쓰고 조선을 도운 명나라 신종과 자결한 마지막 황제 의종을 위한 사당 설립을 유언한다. 제자들이 두 황제의 신위를 모신 사당을 1703년 지금의 위치에 짓고 만동묘(萬東廟)라 했다. 만동묘의 존재가 훗날 청나라에 알려져 내심 매우 못마땅했던 듯,

청의 불만이 불거지자 조선이 낸 대답이 걸작이다. 남편이 죽고 재가한 여인이 죽은 남편을 위해 제사 올리는 것과 망한 명나라에 제사 지내는 것과 크게 다르지 않으니 신경 쓸 만한 일이 못 된다는 변명으로 오해가 풀렸다고 하나, 위기를 벗어나기 위해 조선을 과부로까지 빗대야했을지 씁쓸하게 들린다.

명나라 마지막 황제를 칭송한 만동묘정비

1747년 영조 때 만동묘 창건 내력을 적은 묘정비를 세우고, 정조가 친필로 만동묘 사액을 내리기도 했지만, 대원군 때 화양서원과 함께 철폐됐다. 일제강점기에 훼손되어 버려졌던 묘정비가 1983년 홍수 때 극적으로 발견돼 지금의 자리를 찾게 된다. 영조 때 대제학, 공조판서 등을 지낸 우봉이씨 도암 이재(李縡)가 쓴 묘정비는 명나라 마지막 두 황제를 길이 칭송함이 마땅하다 한다.

> 화양 골짜기 파수 절벽 가에 그윽한 궁이 있으니 천자의 사당 …
> 빛나는 의종 예가 아니면 움직이지 않고 　(赫矣 毅宗非禮不動)
> 군주의 바른 죽음 백대에 칭송하리 　　　(君死之正百代攸誦)

우암은 명나라가 망하고 만주족에 의한 청나라 개국으로 중국의 성리학은 끝난 것이나 진배없으니 조선이 맥을 이을 수밖에 없다고 생각하고, 조선에 의한 성리학 계승을 만동묘에 고한 것이 제향의 시작일 수도 있다. 청나라의 위압에 불구하고 만동묘을 세우고 명나라 마지막

황제 칭송을 과연 사대주의라고만 할 수 있을지, 끈질긴 생명력으로
되살아난 비문이 잠시 발길을 거두게 한다.

황하는 중국에서도 서쪽 끝에서 발원해 만 번을 꺾어 흘러도 반드시
동쪽 서해로 향한다. 순자가 인용한 공자의 만절야필동 사지(萬折也必東
似志)는 목적을 향한 군건한 의지와 변함없는 지조를 강조하는 의미로
자주 사용되며 만동으로도 축약되기도 한다. 숙종 때 이조판서를 지
낸 노론의 중신 송상기는 우리 물은 밤낮으로 중국을 향해 흐른다(日夜
朝宗向漢流)했는데, 동고서저의 한반도 지형에서 맞는 말이긴 하지만 혹
시 만절필동에 대한 화답은 아닌지 묘한 어감이다.

화양서원

화양서원은 우암 사후 7년인 1696년 권상하 등 제자들의 주도로 청
천면 도원리에 세워져 숙종의 사액을 받았고, 1709년 지금의 만동묘
곁으로 이건된다. 원래 사우와 강당은 물론이고 거인재, 유의재 등 모
두 15동 60여 칸 규모에 이르렀고, 중앙정치에도 영향을 미칠 만큼 권
위가 있던 서원으로 숙종 영조 정조 3대에 걸쳐 우대를 받기도 했다.
그마저 부족했던지 서원은 고지서 형식의 자체 묵패(墨牌)를 발행해 인
근의 군과 현에 봉납을 강요하거나 유생들이 직접 나서서 재물을 거두
어 민원도 이어졌다. 고종 때 서원철폐령을 빗겨가지 못하고 철폐되
었다가 대원군 실각 후 1874년 재건됐으나 일제강점기에 다시 철폐
되었다. 2000년대 초 만동묘 일원이 재정비되었으나 옛 규모에는 미

치지 못한다. 삼문 안으로 정면 3칸 화양서원을 별도의 담으로 구분됐고, 오른쪽으로 풍천재와 존사청 증반청이 마주하는 마당을 지나, 외삼문 양추문으로 들어가면 우측에 만동묘정비가 있고, 유난히 가파른 계단을 올라 내삼문 안으로 정면 5칸의 만동묘가 자리하고 있다. 혹자는 계단이 가파른 이유가 주의 깊게 오르면서 생기는 경건한 마음을 주문하기 위해서라는데, 일단 주의는 필요해 보인다.

암서재

물 맑은 화양천 건너 우람한 암반 위에 암서재(巖棲齋)가 울창한 숲을 배경으로 고고하게 앉아 있다. 앞의 얘기대로 화양동에 들어와 계당(溪堂)을 짓고 지내다 3년쯤 지나서 주자의 무이정사를 연상한 듯 정면 3칸 측면 2칸의 암서재를 세운다. 아마도 그때까지는 당호를 정하지 않고 지내다 우암 사후 퇴락되어, 1715년 중수한 뒤에 권상하가 기문과 함께 '암반 위에 머무는 집'이라는 의미로 암서재로 정한 듯하다. 몇 번의 중수를 거친 암서재는 중앙 대청 좌우로 방을 두고 방 앞에 반 칸을 툇마루를 냈다. 쪽배를 타고 건너며 무릉도원을 찾던 우암의 모습은 한편의 동양화가 될 만하다.

송시열은 부름을 받고 '내키지 않는 속세[風塵]' 한양으로 떠나며 어두운 앞날을 예견이나 한 듯, 떨어지지 않는 무거운 발걸음에 우울한 심정을 '부경(赴京)'에 실었다.

녹수는 화난 듯 소리 내고	綠水喧如怒(녹수훤여노)
청산은 찡그린 듯 말이 없네	靑山默似嚬(청산묵사빈)
조용히 산수의 뜻을 헤아려보니	靜觀山水意(정관산수의)
풍진으로 향하는 나를 미워하누나	嫌我向風塵(혐아향풍진)

암서재

송병일 고택

청천면 청천초등학교 뒤 국가민속문화재 제147호 송병일고택은 충청감사를 지낸 우암 송시열의 후손 송시현(宋時顯)의 별당으로 시작해서, 송종수(宋宗洙)의 아들로 공조판서를 지낸 우암의 8대 봉사손 송병일(宋秉一)이 짓고, 이후로도 증축되며 후손들이 6대에 걸쳐 살았다 한다. 건국훈장 독립장에 추서된 송병문의 둘째 아들로 태어나 송병일에 입양된 송세헌(宋世憲)이 고종 때 문과 급제해 이조참판과 충청도관찰사 등을 지내며 고택의 연을 이어갔다. 송병문 이외에 의병활동을 한 후손으로는 송면수의 아들로 을사늑약에 분개하고 자결해 건국훈장 독립장에 추서된 송병선 송병순 형제가 같은 길을 걸었다. 송면수의 동생인 송근수가 좌의정을 지내고 아들 송병서도 1894년 형조판서를 지내는 등 구한말까지 활발하게 활동했다.

3칸 대문채를 들어서면 정면으로 사랑채이고, 좌측 담으로 난 협문을 들어서면 7칸 광채가 ㄷ자형 안채가 마주해 ㅁ자형 배치를 이룬다. 안채는 정면 7칸 측면 4칸에 좌우로 3칸 날개를 달아 ㄷ자형이 되고, 사랑채는 정면 6칸에 측면 4칸이고 좌우로 2칸 날개를 달고 우측날개를 누마루 형식을 취했다. 안채는 팔작지붕과 합각 맞배지붕을 연결했고, 사랑채는 팔작지붕에 좌우 날개는 우진각지붕으로 만들어 변화가 멋지다. 제일 뒤로 4칸 사당을 두고 남향의 ㅁ자형 안채와 사랑채를 동서로 나란해 배치해 낮은 담으로 구획해서 분리를 했는데, 남아있는 마당의 규모로 보아 사랑채 앞으로도 행랑채 등 몇 채는 더 있었을 것으로 추측된다. 1944년 지역 부호가 사들여 무의탁 불우 노인을 위한 양노원으로 사용되다가 비워지고, 지금은 옆에 현대식 건물이 실버요양원으로 운영되고 있다.

송시열 신도비

　송병일 고택에서 서쪽으로 약 200미터 떨어진 공터에서 돌계단을 오르면 남향 기슭에 문인석과 석등이 좌우로 마주하고 있는 우암의 묘소가 있고, 영조 때와 순조 때로 시기를 각기 달리하는 2기의 묘비석도 보인다. 묘소 아래 정면 3칸 측면 2칸의 비교적 큰 비각 안에 있는 송시열신도비에 정조 어필 표기가 있다. 1779년 세워진 신도비에서 정조는 "공의 뜻을 따라서 묘에 비석이 세워지지 않았으나, 옛날 제왕들이 공로가 있는 옛 신하를 기려서 친히 전자(篆字)를 하였다는 간언에 따라, 직접 비석머리에 전자를 하고 글을 쓴다" 했다.

　정조는 세자 때부터 우암문집 등을 통해 주자학을 공부했고, 정조 11년에는 주자대전에 비견되는 방대한 분량의 송자대전(宋子大全)을 목판본으로 간행한다. 우암의 호칭을 송자로 격을 높이고, 숙종 때 금속활자로 간행된 우암집에서 누락된 글을 찾아내가며 송자대전을 간행한 사실을 보면 정조가 우암의 학문을 어떻게 평가했는지 짐작이 가능하다. 이외에도 1795년 발간되고 1856년 중간된 양현전심록(兩賢傳心錄)은 정조가 수집한 주자와 우암의 문집에서 핵심 사상이 추려져 양현 각기 4권씩 모두 8권으로 간행되었는데, 권두에 정조가 쓴 어제서문도 실렸다. 주희와 우암을 양현(兩賢)으로 비교하며 우암에 대한 비평은 주자를 비평함과 같다고 단언하고, 주자를 연구 계승하는데 그치지 않고 우암에 의해 더욱 발전했으니, 이제 지긋지긋한 사대주의 족쇄를 벗는다는 통쾌한 선언 같기도 하다. 송자대전을 찍어낸 방대한 목판이 화양서원에 보관되던 중 1907년 일제에 의해 소실되자, 1927년 후손과 유림에 의해 무려 5천장이 넘는 목판으로 복제되어 대전시 우암사적공원에 있는 남간정사 장판각에 보관된다. 국보 제239호 송시열 초상 또한 작품성은 물론이고 1778년 정조의 찬시와 우암의 글이 씌어 있어 가치를 더 하는데, 생시 때의 초상인지 여부를 두고 이견을 부르기도 한다니 유명세의 대가는 치러야 하는 모양이다.

　송시열이 살던 집터의 흔적으로 증자와 주자의 학문을 익혀 그 사상을 이어가겠다는 친필 암각 '曾朱壁立(증주벽립)'이 서울 명륜동 1가 5-99에 남아있고, 인근 옛 보성중학교(현 서울과학고등학교) 운동장 서쪽 천년바위로 불리는 큰 바위 머리에 암각된 '今古一般(금고일반)' 또한 송서열의 글이라고 한다. 앵두꽃이 도성에서도 유명했던 옛 송동(松洞) 뒷동산 바위에 올라 아름다운 경치에 시가 저절로 떠올랐던지 '詠磐(영반)'이라는 각자도 보인다. 송시열과의 연유를 배경으로 불리던 송동(宋洞) 계곡에는 항상 맑은 물이 흘러 지금은 복개된 대학로를 지나서 청계천에 합류하고, 주변으로 아름다운 기암, 꽃과 수림이 무성한 장안의 명소로 알려져 정약용, 박지원 등 많은 문인들이 찾았던 기록도 보인다. 학문적 성취에도 불구하고 실체 불명한 북벌론, 거침없는 중화숭상 등에서 보인 정치적 행보에 비판도 남는다. 금고일반이 예나 지금이나 변함없는 절의와 신념을 뜻하겠지만, 사후에도 송시열에 대한 칭송과 비판이 이어지는 것을 보면, 금고일반 네 글자가 던지는 의미 또한 묘한 느낌이다.

달천과 동진천 따라 흐르는 역사

진주대첩의 영웅 김시민(金時敏)은 천안 병천에서 태어나 안동김씨 집성촌 괴산 능촌리에서 성장하고 24세에 무과 급제한 무관이다. 1546년 문과 급제해 사헌부 지평을 지내다 을사사화의 연장인 양재역 벽서 사건에 연루되어 21년간 유배되고, 선조 원년에 복권되어 안악군수 등을 지낸 김충갑(金忠甲)의 아들이다. 1591년 진주판관이 되어 임진왜란 때 진주, 사천 등지에서 왜군을 물리쳐 진주목사가 되고, 9월에 진해 등에서 전과를 올려 경상우도 병마절도사에 오른다. 10월에 진주대첩으로 유명한 1차 진주성 싸움에서 약 3800 병력으로 3만 왜적에게 큰 피해와 치욕을 안기며 물리쳤지만 장열하게 전사한다. 그는 심리전, 첩보전, 위장전술, 재래전술 등을 적절히 활용하는 지장과 덕장으로서의 면모를 보여주었다. 진주성 밖의 백성을 모두 성안으로 들어오게 하고 여자도 남복을 입혀 싸움에 임하도록 하는 등 눈물겨운 전투에서 승리를 거두었으나, 예상 못한 곳에서 날아온 총탄에 머리를 맞고 쓰러진다. 왜군 퇴각 후 현장이 수습되고 겨우 출상이 이루어질 때서야 병마절도사 임명 교서가 도착, 승진과 승리의 짧은 기쁨도 누리지 못하고 세상을 떠나 더 안타까움이 남는다.

부친인 장남 김충갑의 5형제는 둘째 김효갑, 셋째 김우갑, 넷째 김제갑, 다섯째가 김인갑이다. 김시민의 숙부인 원주목사 김제갑이 임진 왜란 때 원주 영원산성에서 왜군과 처절하게 싸우다가 아들 부인과 함께 순절해 충열사에 봉향되고 있었는데, 1652년 진주에 세워졌던 김시민의 충민사가 1866년 고종 때 훼철되자 김제갑의 충열사에 합사하게 된다. 그러던 중 충주 무릉리에 있던 김시민의 묘소가 충주댐 공사로 수몰하게 되자, 1976년 괴산으로 옮겨오며 새롭게 충민사를 세우게 된다. 주차장에서 충무교를 건너면, 외삼문 안으로 왼쪽에 김시민과 김제갑의 신도비가 나란히 있고, 내삼문 안으로 정면 3칸 측면 2칸의 충민사, 그리고 제일 높은 언덕에 묘소가 차례로 자리하고 있다. 옛 사당 충열사는 오른쪽 떨어진 자리에 있고, 달천을 낀 전체 부지가 넓고 쾌적한 분위기이다.

　임진왜란도 끝나고, 1604년 10월 선무공신 2등에 봉해지며 내려졌던 선무공신교서가 일제강점기에 일본으로 반출되었다가, 2006년 국민의 눈물겨운 성금으로 돌아와 보물 제1476호로 지정되어 영원한 기쁨이 된다. 길이 3m 가까운 교서는 "교(敎), 가선대부 경상우도 병마절도사 겸 진주 목사 … 김시민 서(書)"로 시작해 김시민장군의 활약과 공적을 기술하고 1등 공신 이순신, 권율, 원균 3인을 비롯한 전체 공신 18명의 명단이 올라있다. 교서는 또한 "자손을 등용한들 어찌 족하다고 하겠는가…" 순절을 애도하는 문구로 이어지며 부모와 처자에 작위는 물론, 자손에게 벼슬을 내리고, 죄를 지어도 사면하고, 상으로 노비와 토지 하사 등 혜택이 들어있다. 그것만으로도 충분하지 않다고 판단한 듯, 숙종 때 영의정으로 추증되고 충무공 시호도 내려졌다.

　　충무공하면 이순신을 떠올리나, 조선에서 충무공 시호는 이순신, 김시민 이외에도 남이, 정충신 등 모두 9명이 있다. 이들 중에 광주목에서 태어난 금성정씨 정충신은 흙수저로 태어나서 여러모로 눈에 띄는 생애를 보냈다. 1576년 광주목 향교동에서 노비 모친에게서 태어난 노비임에도 광주목사 권율의 눈에 들어 휘하에서 소년 병사로 종군해 신임을 얻고, 권율의 사위 이항복의 도움으로 노비가 면천되고 충신(忠信) 이름을 얻으며 배움을 계속해 무과에 합격해 무관이 된다. 인조반정에는 참여하지 않았으나 이괄의 난을 진압한 공으로 도원수 장만과 함께 진무공신에 올랐고, 친명보다 후금과 화의를 주창하다가 유배됐으나 곧 풀려나 정묘호란 때 부원수를 지내고 경상병마절도사를 지내다 병자호란 직전에 병사한다. 그가 후금에 사신 일행으로 갔을 때 후금 장수가 조선이 후금을 어떻게 보느냐는 질문에 대도(大盜)로 생각한다고 담담하게 대답한다. 후금 장수가 이를 듣고 매우 화를 냈으나, 천하를 훔치는 자를 달리 뭐라 부르겠냐는 부연 설명에 오히려 웃고 말았다는 일화를 보면, 무관으로서의 기개는 물론 촌철살인의 지혜를 갖춘 문인의 자질도 갖추었음을 보여준다. 지와 덕을 겸비한 장수로 임진왜란, 정유재란, 이괄의 난, 정묘호란을 거치고 병자호란 직전까지 조선의 난세를 고스란히 겪은 그에게 숙종이 잊지 않고 충무공 시호를 내렸는데, 약40년 무관직을 청렴으로 일관했던 생활은 부인이 살림을 걱정할 정도로 빈한했다. 광주 금남로와 금남로 공원은 인조에게서 받은 군호 금남군(錦南君)을 인용한 것이고, 인조가 하사해 실제 전투에서 착용했던 갑옷, 활, 화살과 향합, 숙종이 내린 충무공 교지와 영정 등의 유물이 국가민속문화재 제36호로 보호된다.

억만 번을 읽은 책벌레 시인이 되다

충민사 왼쪽으로 난 나무 계단을 따라서 나지막한 산허리를 돌아가면 깨어있어도 "술에 취해 있어도 침묵"하라는 취묵당 정자가 능촌리 산4번지 달천강가 언덕에 앉아 있다. 39세에 진사에 합격하고 만학의 끈기로 20년 뒤 1662년 59세에 과거 급제해 사헌부장령, 강원도사와 군수를 지내고 가선대부에 이른 대기만성의 선비 백곡 김득신(金得臣)의 자취를 찾는다. 백곡은 김시민의 손자이고 경상도관찰사와 부제학을 지낸 김치의 아들이다. 부친이 60세까지는 과거에 도전하라며 남긴 유언은 노둔한 자식에 대한 부친의 무한사랑이었고, 자신의 노둔함을 알면서도 부친의 유언을 무한노력으로 실천한 아들은 부자의 정을 아름답게 완성한 효자다. 어려서 천연두를 앓아 노둔한 편이었으나, 노자전 등을 포함해 만 번 이상 읽은 36권의 독수기(讀數記)에서 특히 사마천의 백이전(伯夷傳)을 일억일만일천번을 읽었다고 표기했다. 옛날에 억 단위를 지금의 10만으로 계산하더라도 10만 번, 그쯤 되면 잠잘 때는 책이 베개이고 밥상머리에서는 반찬일 것이니, 헛되이 보낸 순간이 없었다는 얘기다. 그의 이야기는 초등학교 5학년 국어 교과서에 공부의 귀감으로 소개되고, 기억력이 더 떨어져 자신이 쓴 시도 못 알아보고 애써 암송했다는 등의 여러 일화도 남아있다.

"공부하는 사람이 재주가 남만 못하다고 스스로 선을 긋지 말라. 나보다 노둔한 사람도 없을 텐데 마침내 이루었다. 모든 것은 단지 노력하는데 있다(莫鲁於我 終亦有成 在勉强而已)"는 묘비명은 인내심이 재주보다 중요한 자산이 되어가는 젊은 세대에게 보다 더 좋은 말도 없을 듯

하다. 또한 "세상 사람들은 술에 취했어도 깨어 있어도 침묵을 모른
다. 말로 재앙을 맞지 않도록 경계할 줄을 모르니, 어찌 걱정스럽지 않
은가… 취해 있어도 깨어 있어도 입을 다물고…" 취묵당기가 던지는
한 마디 한마디가 준엄하다. 시문에 뛰어나고 명망이 높았으나 80세
때 집에 침입한 도적떼 명화적의 약탈에 목숨까지 잃고 말았다. 말을
탄 두목의 뒤를, 많게는 수십 명이 쫓아다니는 무리가 밤에 횃불과 칼
을 들고 들이닥쳐 금품을 탈취하고, 증거를 남기지 않기 위해 사람까
지 죽이고 방화한다 해서 명화적(明火賊)이라 했고, 다르게는 화적떼라
고도 했다. 백곡의 참혹한 죽음이 조정에 알려져 숙종이 신속한 체포
와 처형을 엄명하고 위로와 장의물품을 내린다.

취묵당

김득신은 시문에도 밝아 백곡집(栢谷集)에 감상적인 오언절구를 남겼
는데, 특히 효종이 보고 당시(唐詩)에 비교해도 부끄럽지 않다고 칭찬
한 '용호(龍湖)'는 서정이 넘치는 한편의 산수화를 보는 듯한 느낌이다.

> 고목은 찬 구름 속에 가려 있고,　가을 산에 하얀 빗줄기 내리네,
>
> 해 저문 강에 풍랑이 일어나니,　어부가 서둘러 배를 돌리네
>
> (古木寒雲裏　秋山白雨邊　暮江風浪起　漁子急回船)

용호건너 숲이 한순간 찬 구름에 잠기는 가 했더니, 늦가을 눈 같은 비가 내리기 시작하고, 해 저문 강에 바람 일어 풍랑이 높아지자 어부는 서둘러 그물을 걷고 뱃머리를 돌린다. 먹구름과 함께 비, 바람이 갑자기 밀려오며 펼쳐진 스산한 풍경 속, 돌변하는 날씨에 조용히 물러서는 어부의 쓸쓸한 모습을 그려냈다.

효종이 백곡의 시를 평가한 사실에 의미가 있는 이유는 효종 또한 100여 수의 감상적인 시를 남길 정도로 시재(詩才)가 뛰어났기 때문이다. 보물 제1628호 효종어필 칠언시 외에도 '추사(秋思)' 또한 긴 여운을 남긴다.

> "만리 먼 땅에 가을바람 불어오고,　찬 하늘에 기러기 한 마리 나는데,
>
> 나그네는 한시름에 애를 끊나니,　떠돌이 신세 어느 때나 돌아가랴"

효종(봉림대군)이 친형 소현세자와 함께 청나라 땅 심양에 붙들려 있으며 기약 없이 기다려야 하는 처량한 신세와 고향을 그리는 애절한 마음이 넘친다.

선조들은 시를 주고받고 감상을 공유하며 서로를 존중했고, 혼자되어서는 아름다운 자연과 소소한 일상에서 시상을 찾아 소통하면서 마

음의 평화와 위안을 얻었다. 독일 철학자는 잡담과 호기심이 일상이 되어버리는 궁핍한 존재를 벗어나기 위해 시인이 되어보라 한다. 그가 얘기하는 시는 문학적 감상과는 조금은 다른 듯, 통찰과 깊은 사색으로 시인의 눈과 가슴을 갖게 되면 마음의 고향을 찾을 수 있다는 뜻이기도 하다. 한국에도 시를 세상 무엇보다 소중하고 귀하게 여긴 세기의 여인이 큰 감동을 남겼다. 궂은일 마다않고 천금을 모은 여인은 성북동 엄청난 재산을 스님에게 맡기고 홀연히 떠나며 '자신의 재산은 (평생 마음에 묻었던) 시인의 시 한 구절만한 가치도 못 된다'는 말을 남겨, 어떤 시인이나 철학자보다도 위대한 울림을 주었다. 이렇듯 아름다운 시는 천금으로도 못 채우지 공허한 가슴을 행복으로 채워주는 묘약이 된다.

우리의 조상은 소과에 합격하고 대과를 통해 벼슬길에 나서지 않아도 고향을 지키며 시문을 담은 문집 한 권쯤은 대부분 남겼다. 배움의 빛을 쬐면 민족의 피에 숨어있는 시인의 유전자가 살아나며 샘솟는 창작으로 위안과 행복을 찾았다. 궁핍한 후손들에 의해 문집이 헐값에 팔려나가고 벽지로 휴지로 불쏘시개로 찢겨 사라졌어도, 어렵게 고향에 남은 선조의 자취를 접할 때마다, 주인의 고상한 품격과 자연을 읽는 감성을 배우는 것이 큰 위안이다.

명나라 사신이 남긴 우정의 전시장

괴산호를 거쳐 흘러온 달천이 굽이치는 암벽 제월대에 앉아있는 고산정(孤山亭)에 오르면, 물 건너 벌판에서 불어오는 시원한 바람이 거칠 것 없이 가슴에 밀려든다. 1596년 진주유씨 서경 유근(柳根)이 충청도 관찰사로 있을 때 풍광에 반해 만송정과 고산정사를 세우고 고산구곡을 읊었다. 광해군 때 낙향해 은거하던 고산정사가 1695년 화재로 소실되어 복원되지 못하고 정자만 남아 고산정이 된 듯하다. 정면 측면 각 2칸에 사방이 트이고 낮은 난간을 두른 소박한 정자, 만송은 비록 사라졌어도 몇 그루 장송이 남아 멋진 배경을 만든다.

유근은 1572 별시 문과에 장원급제하고, 이조정랑 때는 학문을 장려하기 위해 정3품 이하 문신을 대상으로 실시한 정시(庭試)에서도 장원한 수재다. 좌승지 때인 1591년 정철이 광해군 세자 책봉을 주청하다가 강계로 유배되는 건저(建儲)의 사건에 연루되어 탄핵을 받았다. 그러나 국외에도 알려진 그의 문장력을 높이 평가한 선조의 두둔으로 살아남아 임진왜란 때 선조를 의주까지 호종하고 예조판서, 좌찬성 등을 지낸 뒤, 1613년 광해군의 인목대비 폐비 등 폭정에 실망해 괴산으로 낙향한다. 낙향이 폐위에 반대한 까닭이었던 것이 알려져 삭탈관직 됐으나 1619년 복권되고, 1627년 정묘호란 때 강화도로 인조를 호종하던 중 지금의 김포에서 사망한다. 71세인 1619년에 그려진 그의 초상화가 보물 제566호로 지정된 후, 소수면 사당에 개인 소장되고 있다가 도난당한지 20여 년이나 되어간다니 실로 안타까운 일이다.

명나라 사신은 북경에서 출발해서 만리장성 동쪽 끝의 철옹성 산해관을 지나 압록강을 건너고, 평안도 황해도를 거치는 긴 여행 끝에 한양으로 들어오게 되는데, 의주에서부터는 조선 원접사(遠接使)의 안내로 한양까지 오고, 귀국 때는 반대로 압록강까지 반송사(伴送使)의 환송을 받는 약5개월 긴 여정 끝에 북경으로 돌아간다. 유근이 원접사로 맞은 첫 번째 사신은 1606년 주지번(朱之蕃)과 부사 양유년(梁有年)이었고, 1609년에는 부사 대동 없는 웅화(熊化)를 맞았다. 고산정에는 두 차례 원접사 수행을 통해 맺은 이들 사신과의 친분 관계를 보여주는 자취가 남아있는데, 고산정과 주변의 경관을 그린 '고산은거승도'를 보여주고 받은 시, 기문, 편액, 암각 등이 있다. 명나라 친조선파 두 사신은 인덕과 청렴을 갖추고 시서화에 모두 능해, 한문학과 문장의 대가로 좌의정을 지낸 월사 이정구, 시문에 뛰어난 허균 등 조선의 사신이나 원접사들과 소통하며 아름다운 일화를 남겼다. 특히 조선 시에 관심이 많았던 주지번은 허균에게서 그의 누이 허난설헌의 시를 전해 받고 중국에 소개, 중국의 시성들과 비교할 정도로 뜨거운 반응을 얻었다. 이에 힘을 얻었는지 1608년에는 허균이 정식으로 난설헌집을 간행, 중국은 물론 일본에서도 찾는 등 큰 관심을 끌게 된다.

주지번은 명에서 장원급제 후 한림원에 들은 인재로 한양에서만 약 10일을 머물렀다. 당시 주지번은 악양루, 동정호, 적벽 등을 그린 화첩에 이백과 두보 등의 명시를 실은 천고최성첩(千古最盛帖)을 선조에게 선사하고 유근에게는 부본을 주고 떠났다. 값으로 따질 수 없는 기품 있는 선물이 아닐 수 없다. 또한 그는 조선 체류 중 성균관의 명륜당과 과거를 치르던 비천당(丕闡堂), 전주 객사의 풍패지관, 영주 소수서원, 익산 망모당 등 여러 곳에 현판 글씨를 기꺼이 남겼다. 강소성 풍패(豊沛)는 한고조 유방의 고향으로 제왕의 고향을 상징, 전주가 곧 이태조의 고향이라는 의미를 담고 있으나 혹자는 사대사상에 비추기도 한다.

두 번째 사신 웅화도 유근과의 인연을 회상한다. "기유년에 내가 사신으로 조선에 오니 회부 유근이 새 임금의 명으로 나를 강 위에서 맞이하였다. 회부의 재주와 명망이 알려진 지는 오래되었다, 내가 임무를 마치고 귀국할 때 회부가 다시 국경까지 배웅하였는데 회부와 놀던 곳을 지나면서 지난 자취를 되돌아보니 떠나기가 서운하여 쉬 가지 못하겠더라" 한다. 학식과 덕망이 높은 학자들의 개인적 소통이 나라 간의 우호로 연결되면 더할 나위 없이 좋으련만, 조선 초기에는 탐욕스럽고 무례하기 짝이 없는 환관을 보내 조정을 난감하게 한 세월도 있었다.

명나라는 조선 개국 초기부터 통제 감시하려는 의도에서 조선 내부를 잘 아는 조선 출신의 환관들을 자주 보냈는데, 이들이 황제를 뒷배로 내민 요구와 횡포는 외교적 의례를 뛰어넘는 수준이어서 조정을 매우 어려운 처지에 빠뜨리기 일쑤였다. 결국 명나라 황제도 환관들의 지나친 횡포를 알게 되었는지 세종에게 칙서를 보내서 "환관 등이 도달하거든 예의로만 대접하고 물품은 주지 말라. ㈜조정이 원하는 모든 물건은 오직 어보를 찍은 칙서에 의거해서만 보내고, 짐의 말이라며 요구하는 것은 다 들어주지 말라" 한다. 이렇게 개선된 상황에서도 세종은 고심을 거듭하며 손님을 맞는 예의상 타당한 명분인 경우에는 요구를 들어주며 실리를 추구해야 했다.

한가해서 한가한 것은 한가함이 아니다

괴산청소년수련원 숲속에 애한정(愛閑亭)이 달천을 향해 자리하고 있다. 함양박씨 박지겸이 임진왜란 때 선조를 의주까지 호위한 공으로 5품급 별좌에 올랐다가 광해군 때 낙향해 정자를 세우고 여유 있는 생활 속에 후학을 키웠다. 처향에 내려와 처갓집 옛터에 자리 잡아 자그마한 집과 밭을 사들이는 것으로 시작해 살림을 늘리며 애한정을 세웠고, 효심 깊은 후손들에 의해 몇 차례 중수를 거친다. 토석 담장에 낸 솟을삼문 안으로 보이는 정면 6칸 측면 3칸 애한정은 중앙에 2칸 대청의 좌측으로 방과 부엌, 우측에도 방을 배치하고 전면 툇간 마루는 통로가 된다. 부엌 위로 마루방을 둔 큰 건물로 정자라기보다는 별서에 더 어울리는 규모와 모습을 보인다. 어린이들을 가르치는 서당으로도 이용되었고, 정면3칸 측면 2칸의 별채는 초기에 정자로 이용되었을듯하다. 앞을 가로지르는 괴강교가 옛 정취를 가리기는 해도 주변 노거수 느티나무 세 그루가 세월의 엄연함을 지키고, 후손 박상진의 효행에 고종 때 내려진 정효각도 곁에 있다.

박지겸의 조부 소요당 박세무는 1531년 중종 때 문과 급제해 승문원 사관, 예조정랑, 몇 곳의 군수를 지냈다. 사관 때 중종의 외척 김안로를 직필로 비판하면서 생긴 갈등으로 약10년 만에 물러나 낙향한다. 아들 김희가 중종의 장녀 효혜공주와 혼인한 배경으로 권세 부리던 김안로의 사후에 다시 등용되어 명종 때 정3품급 군자감정을 지내다 다시 낙향한다. 박세영 박세무 박세옹 3형제가 입(立)자 돌림의 여덟 아들 박대립, 박소립, 박정립, 박지겸의 부친 박응립 등을 두었는데 모두 한양에 살면서 뛰어나게 현달해 경8립(京八立)으로 불리며 가문이 번성했다. 박지겸은 조부 박세무와 함께 앞장 화암서원에 배향되었고, 고양시에 있는 박세무 묘소의 묘갈명은 문하에 있던 앞장 괴산호 수월정의 주인 노수신이 지었다.

소요당이 낙향해서 1544년 지은 동몽선습은 문중의 어린이를 가르치는 교재로 시작되어 입소문을 타고 점차 전국적으로 알려지게 된다. 천자문을 떼고 소학(小學)에 들어가기 전의 아동 교육에 필수 교재로 인식될 정도로 인기가 높아서 왕세자도 배웠고, 영조가 어제동몽선습 서문(御製童蒙先習序)을 표시하고, 정조 때 한글 언해본으로까지 간행 보급되었다. 동몽선습은 "사람을 귀하게 여기는 까닭은 오륜을 귀하게 여기기 때문"이라며 삼강오륜을 깊이 다루고, "신인(神人)이 있어 태백산 박달나무 아래 내려오자 그를 임금으로 세워 조선이라 하니 이분이 단군이시다… 땅이 협소해도 문화는 중국에 견줄 수 있으니(侔擬中華) 기자가 끼친 교화 때문 아닌가. 너희 어린이는 의당 이를 알고 분발해야 할 것이다"하며 중국과 우리 민족의 역사를 간결하게 설명하며 민족의 자긍심도 심어준다. 지금 세상에 손자 위해 짧은 옛날이야기라도 지어내거나, 우화라도 읽어 주는 할아버지가 얼마나 있을까. 손자 사랑의 깊이와 방식은 퇴보하고 있는 듯하다.

애한정의 주인 박지겸은 한가로움을 사랑하면서도 당대의 문장가 월사 이정구에게 의견을 묻는 등, 그 의미를 두고 고심한 흔적이 보인다. "물가에 홀로 서 있는 백로가 우리 보기에 한가로이 보이지만 스스로 한가함을 알겠는가, 스스로 한가함을 사랑한다면 한가함을 깨닫지 못하는 경지에 이르는 것이니, 애초 한가함에 뜻을 두는 것은 진정한 한가로움이 아니다" 한다. 선뜻 이해가 쉽지 않으나, 채근담에서 내린 고요함과 즐거움의 정의와 비교해보면 안개가 걷히는 느낌이다. "고요한 곳에서 고요한 마음을 얻는 것은 참다운 고요함이 아니고(靜中靜非眞靜) 부산한 움직임 속에서 얻는 고요함이 참다운 경지에 이르는 것이다. 또한 즐거운 곳에서 얻는 즐거움은 참된 즐거움이 아니고(樂處樂非眞樂) 괴로움 속에서 얻는 즐거움이 진정한 것이다"

중국의 옛 시는 "이생에서 충족을 기다려본들 언제나 채울 수 있을까, 늙기 전에 한가로움을 얻어야 진정한 한가로움 (此生待足何時足 未老得閑方是閑)"이라 한다. 늙어 얻은 한가로움은 한가로움이 아니라는 얘기지만, 바꿔 말하면 늙어도 부지런한 생활 가운데서 한가로움을 구하라는 뜻이기도 하다. 고향으로 돌아와 잃었던 자신을 찾아 후학에게 배움의 길을 이끌어주고, 작은 노동에서 수확의 기쁨을 얻어 보고, 시서화에서 창조의 길을 찾고, 자연과 교감하며 순수함을 회복하는 가운데 얻는 한가로움을 사랑하라는 뜻이기도 하다. 수원 화성 행궁의 후원 육모정에 걸린 미로한정(未老閑亭)도 위의 고시와 같은 뜻을 함축하고 있는 것으로 보이는데, 당호를 정한 1794년 정조는 과연 어떤 한가로움을 꿈을 꾸고 있었던 것일까. 늙기 전에 아들에게 왕위를 물려주고 얻고 싶었던 '미로한'은 한갓 백일몽이었는지, 50세도 안 돼 급히 떠나며 잃어버린 성군의 꿈은 후대에 아쉬움과 그리움으로 남겨졌다.
정조의 사람 김홍도의 한정품국(閒亭品菊)에도 미로한정이 선명하다.

애한정

　7호선 사가정역 근처 용마산 아래 사가정공원을 찾으면 사가정(四佳亭) 서거정의 시비 '한중(閑中)' 또한 평범한 일상 하나하나가 마음먹기 따라 한가로움이 된다 한다.

> 홍진에 묻혀 백발이 되도록 세상을 살아보니, 세상살이에 어떤 즐거움이 한가함만 같으랴. 한가로이 시 읊고(閑吟), 한가로이 술 마시고(閑酌仍), 한가로이 거닐고(閑步), 한가로이 앉아있고(閑坐), 한가로이 잠자고(閑眠), 한가로이 산을 사랑(閑愛山)하면 그것으로 족하다.

　세종부터 성종까지 여섯 임금을 모시고 6조의 판서를 두루 지내며 45년을 열심히 일하고 물러난 석학의 해석이다.

영국 철학자는 근로자의 희생 위에 자본가와 상류층만이 누리던 한가함(idleness)을 산업혁명 후 근로자들도 누릴 수 있게 되었다며 찬양했다. 높아진 생산성 혜택으로 이전의 반만 일해도 남은 시간을 즐길 수 있다는 계산에 근거하지만, 한가함을 얻는다면 생각 없이 낭비하지 말 것을 강하게 권한다. 은퇴 등으로 막상 한가함이 현실화되면, 무엇을 어떻게 누려야 할지 그 방법에 무지한 것이 돈만큼이나 중요한 문제가 되는데, 그렇다고 대책 없이 잡다한 영상물 등으로 대리만족하는 소극적인 자세는 한가함의 낭비라는 것이다. 생업에 한정되었던 지식의 폭을 넓혀가며 지적활동과 관심사를 늘리면 흥미가 일어나고, 흥미는 또한 집중을 일으켜 날개를 단 사고와 사색을 통해 정신적 기쁨에 이른다는 의미다.

미국의 뇌 과학자는 생업의 모든 과제 수행을 위해 뇌가 바쁘게 가동될 때는 쉬고 있다가, 한가해지면 활성화되어 가동을 시작하는 신비하고 똑똑한 뇌의 특정 부위(DMN)를 밝혀냈다. 보통 때는 뇌의 한쪽에서 존재감을 보이지 않다가도, 한가해져 목적 없이 멍때리기라도 하면 관련이 없는 듯 서로 떨어져 있던 다양한 정보들을 조합해 생각지도 못한 창조물을 만들어낸다는 것이다. 의식적 노력으로도 얻지 못하던 것들이 무의식적인 한가함으로 살아나면서 반짝이는 생각이 탄생하고, 그렇게 이 세상도 끊임없이 발전해 오지 않았을까. '나는 찾지 않고 발견할 뿐이다'하는 입체주의 화가의 명언은 목적에 매달리는 두뇌 활동보다는 한가로운 가운데 우연히 찾아든 기회를 놓치지 않는 직관이 바로 창조에 이르는 길이라는 의미로 보인다. 사과가 수직으로 땅에 떨어지는 현상의 우연한 발견이 위대한 법칙이 되고, 아름다운 비엔나 숲을 걸으며 장엄한 교향곡이 완성되고, 매일 오후 3시 반이면 어김없이 산책을 나서는 철학자에 의해 근현대 독일철학은 크게 발전했다. 우리의 조상들도 소박한 정자에서 자연을 관조하며, 창공 산 물 바위 바람 매화 대나무에서 삶의 이치와 지혜를 찾고 시화를 탄생 시켰다. 그런데 알고 보니 이 모든 것들이 고향에 있는 것들이 아닌가, 고향을 찾는다는 것은 잠자던 한쪽 뇌에 창의를 불어넣는 일이 된다는 것이다.

왜란과 호란 양란의 증인 김시양(金時讓)

여행 중에 평범한 비각을 들여다보다가 가끔은 의외의 사연에 기꺼이 놀라며 즐거움도 얻는다. 괴산읍 능촌리 마을 능촌로를 따라 들어가면 능촌리 산24, 길가에서 안동김씨 김시양신도비각을 만난다. 높이 2미터 넘는 비신은 보존 상태가 좋아서 비문 대부분이 판독 가능하고, 신도비 전면의 전서체도 선명하다. 비각 왼편 능촌리 산26번지 능선에는 문중의 묘소 백현능원이 있고, 다시 비각에서 오른쪽 밭길을 따라 나지막한 남향 능선으로 잠시 오르면 김시양의 묘소와 아들 김곡의 묘소가 나타난다. 백현능원은 김시양의 부친 김인갑과 백부 김충갑, 조부 김석(金錫), 증조부 김언묵(金彦默)으로 거슬러 올라가는 문중의 묘역으로 완만한 경사지에 단차를 두고 조성되었다.

앞장 충민사에서 김충갑의 5형제에 대해서 언급했듯이 장남 김충갑의 아들이 김시민이고, 비안현감을 지낸 다섯째 김인갑의 아들이 김시양이니, 김시민과 김시양은 사촌 간이 된다. 괴산에서 태어난 김시양은 24세에 문과 급제해 예조좌랑을 지내고, 1611년 전라도에서 주관했던 향시의 시제가 광해군의 실정을 비유한 것이라는 죄목으로 함경도 종성에 유배되었다가 5년 후 영덕군 영해로 옮겨진다. 인조반정으로 12년간의 유배에서 풀려나 병조정랑을 지내고, 1627년 정묘호란이 임박해 평안도 관찰사와 병조판서를 지내다가 정묘호란 후, 잠시 유배되었다가 호조판서 등을 지낸 명신이고 재물은 멀리한 청백리이다. 향시 시제가 종종 문제가 되는 것을 보면, 급제를 향한 험난한 여정의 첫 관문인 지역 향시에서조차도 출제자나 응시자들이 얼마나 많은 책을 읽어야 했을지 조상들이 새삼 존경스럽다. 양반걸음이 어색한 최진사나 꽁생원의 헛기침도 공연한 허세만은 아니었을 것이다.

정묘호란 4년 전인 1623년 그가 의주부윤으로 있을 때, 의주는 후금이 낮에 쳐들어오면 성문도 잠그기도 전에 공격 받을 거리에 있으니, 청천강 주변 안주(安州)로 방어선을 물려야 한다고 했으나 크게 관심을 끌지 못했다. 이 같은 주장에 오히려 겁쟁이라는 비난을 받았으나, 과연 그의 말대로 병자호란 때 의주는 순식간에 돌파되었다. 조나라(趙)가 진시황제에 의해 허무하게 멸망당하듯이 종이위에서 병법을 논하는(紙上談兵) 것이 얼마나 위험한 일인지 고사에서도 경고하건만 당시 조정은 공론(空論)이 공론(公論)되고 있었다. 1633년 인조는 후금의 과대한 공물 요구를 받고 감축 협상을 위해 사신 김대건을 보낸다. 북방 사정을 잘 알고 있는 김시양과 앞장에 기술된 충무공 정충수는 무리한 요구일지라도 대비책 없이 세공 감면을 요청하는 것은 오히려 화를 부를 일이라는 상소를 올리고 사신을 평양에 억류시켰다. 이에 크게 노한 인조가 김시양을 영월, 정충신은 장연으로 유배 보냈다. 상소를 준비할 때 주위에서 걱정을 많이 하자, 점쟁이가 귀양 화가 있다 하더라며 웃어넘기는 대인 기질을 보였다. 그러나 결국 김시양이 예견한 대로 사신이 뜻을 관철하지 못하고 오히려 억류를 당하게 되고, 인조는 유배를 풀어주게 된다.

오랜 유배 기간에 독서는 물론 훌륭한 저서를 남기는 경우가 많은데, 하담 김시양도 하담문견록, 하담집, 하담파적록 등을 남겼다. 대개 임진왜란에서 병자호란까지의 역사, 일화를 통한 인물평, 기상이변과 재난, 복잡한 파당의 분파와 변화를 거듭하는 정치상 등이 담겨있다. 제목처럼 심심풀이로 쓴 것 같지는 않아 보이는 하담파적록(破寂錄)은 특히 불안정한 북쪽 변방의 적정과 이괄의 난 등 나라 안팎의 정세는 물론, 출세를 위해 점괘를 보고 은밀하게 권력 실세를 찾아다니는, 겉과 속이 다른 인물의 일화 등을 담담한 수필 형식으로 담았다.

파적록을 통해 선조 임종에 임박해 어의 허준(許浚)이 "주상의 병환이 위급하여 손을 쓸 수가 없다"고 고개 떨구며 전하던 절망적 상황과 이원익 이덕형 이항복 등 대신들이 급히 모여드는, 당시 긴박하게 돌아가던 조정 분위기를 실감나게 전한다. 김시양은 또한 임해군의 언행이 광패(狂悖)해서 인심이 그를 따르지 않으므로, 그를 제쳐두고 동생 광해군을 세운 것이 인심을 따른 바른 선택이라는 견해를 보이기도 했다. 선조는 2장의 유서를 남겼다. 광해군에게 "동기간 대하기를 내가 있을 때처럼 하고, 남이 참소하더라도 삼가 듣지 말라, 감히 이것을 부탁한다"며 영창대군을 부탁하고, 유영경 한우상 신흠 등 소위 일곱 대신(遺敎七臣)들에게는 "어질지 못한 내가 임금 자리에 오른 후 신민(臣民)에게 죄를 지어 마치 연못과 골짜기에 떨어지는 것 같았는데, 이제 갑자기 큰 병을 얻었소… (영창)대군이 어린데 성장을 미처 보지 못하니, 이것이 마음에 사무칠 뿐이오. 내가 죽은 후에 사람의 마음을 헤아리기 어려우니, 만일 간사한 말이 있거든 공들은 대군을 보호해 줄 것"을 당부한다. 일본, 명, 후금의 누루하치가 등장하는 동아시아 격랑 속에서 어린왕자를 걱정하는 보통 사람으로 떠나는 모습이 보인다.

파적록에는 또한 공조참의를 지낸 창녕성씨 성세녕이 임진왜란 때 딸을 왜장 평수가(平秀家)에 시집보내고 편하게 살았다는 이야기가 나오는데, 실록에는 기생첩의 양녀가 평수가의 총애를 받은 덕택에 피난해 있던 양주 산중에서 집으로 돌아와 왜인들의 존대를 받으며 지냈다고 한다. 평수가에 대한 이야기는 실제로 더 이어진다. 한양에 침입했을 때 궁궐이 모두 파괴되어 묵을 곳이 없어 종묘에 머물게 되었는데, 밤이면 병사가 죽어나가는 괴변이 계속되자, 불을 지른 후 찾아 나선 곳이 태종의 둘째 작은 공주가 살던 소공동 별궁(지금의 조선호텔 자리)로 옮겼다는 얘기다. 선조에서 인조까지, 임진왜란에서 병자호란까지 약 50년 간 조선은 모든 분야에서 변할 수밖에 없었다. 그를 지켜보며 남긴 하담파적록 등 문집은 시대의 증언이고, 김시양 신도비는 그를 증언한다.

이태조가 삼 세 번 찾아 삼방리

　성산배씨 필암 배극렴(裵克廉)은 성주에서 태어나 공민왕 때 문과 급제해 진주와 상주목사 등을 거치고, 고려 우왕 때 경상도 원수로서 경남지역을 침략한 왜적과의 전투에서 여러 차례 승리를 거둔, 문무를 겸한 문신이다. 이후로도 이성계와 여러 전투에 참전하고 위화도 회군에도 참여했다. 1392년에는 대신들과 함께 왕대비로부터 교서를 받아 공양왕을 폐하고 국새를 이성계에 전달하는 등 조선개국의 1등 공신에 오르고, 조선 최초의 영의정에 올랐으나 얼마 지나지 않아 67세에 세상을 떠난다. 1등 공신으로 세금을 거둘 수 있는 식읍(食邑)이 1,000호(戶)가 내려졌으니, 정조 때 괴산지역 가구 총3,275호를 감안하더라도, 태조가 어떻게 세 번이나 삼방리를 찾게 되었을지 배경을 짐작할 수 있다. 태조는 그의 죽음을 크게 애도해 3일간 조회를 열지 않고 식음을 줄이며 식읍에 속했던 지금의 증평읍 송산리에 예장(禮葬)을 다하도록 했다. 그러나 이태조의 계비 신덕왕후의 소생 이방석을 세자로 세우는데 관여했다는 사실이 태종에게는 큰 불만으로 남아, 훗날 그의 학식과 인물됨이 비하되는 일면도 전해진다.

　삼방리 산55, 어래산 자락에 있는 갓돈[冠錢]마을에서 잠시 걸으면 약3.5m 자연 암석에 전면을 평평하게 다듬고 새긴 삼방리 마애여래좌상이 나타난다. 양각이라고 하기도 모호한 선각에 가까운 조각으로, 어느 시기였던지 배극렴이 은거하던 곳을 태조가 세 번 방문한 사실을 기리기 위해 고승이 조각했다는 전설이 있다. 삼방리 61번지, 삼층석탑은 3층 탑신과 상륜부의 훼손이 보수된 채 고려 초기 양식으로 균형미를 갖추고 안정된 모습을 보인다. 특히 일층탑신 4면에 보이는 두광과 신광을 갖춘 석가여래, 약사여래, 아미타여래, 대일여래상 조각이 오랜 세월에도 선명하다. 삼방리에 배극렴이 머문 자취가 지명으로 몇 군데 남아있는데, 훗날 왕이 된 이성계가 찾아왔다고 해서 어래산(御來山)이 되고, 세 번을 찾았다 해서 삼방리(三訪里)가 되고, 부인이 베를 짜던 굴이 베틀굴, 배극렴이 땔나무 감을 찾던 골짜기가 배나무골이 되었다는 전설의 무게감이 느껴진다. 고향 성주에도 그의 성씨를 인용한 배천(裵川- 白川)과 배리(裵里)가 있다고 전해온다.

삼방리 삼층석탑

처음 찾아 못 만나고, 두 번 찾아 또 못 만나서, 세 번째 겨우 만나 뜻을 이루는 것이 삼고초려, 그만큼 인재의 귀함을 알고 먼 길을 찾았으니 노력과 끈기는 알만하고, 누추한 초옥까지 찾아 몸을 낮추는 인품도 지녔으니 지도자로 그만 하면 됐으니 종내(終乃)는 모두의 승리다. 도덕경에서 '도는 1을 낳고(道生一), 1은 또 2를 낳고, 2가 3을 낳으면, 3이 만물(三生萬物)을 낳는다' 하여 3을 중시하며, 1이 양이고 2가 음이니 둘이 합해진 3은 새로운 탄생이라는 해석도 있다. 중세 유럽 최고의 걸작 신곡(神曲)은 9살 때 첫사랑을 평생 잊지 못하고 있던 단테가 33살에 시작하는 지옥여행으로 시작된다. 지옥, 연옥, 천국 3편의 여행은 각기 9단계로 구성됐고. 각 편은 또한 압운을 맞춘 3행시 33절로 각각 구성, 전 과정과 작품 구성에 삼위일체를 의도하는 듯, 3과 그 배수가 엄격히 지켜진다. 당신을 처음 만나 사랑에 빠졌고, 아기를 가슴에 품은 두 번째 당신을 사랑했고, 무지개 끝에 선 지금의 당신까지 세 번 사랑한다는 팝송이 세계인의 가슴을 두드렸듯이, 서양인의 사랑도 삼세번이 정답인 모양이다.

우리민족에게 석 삼자는 생활 속에서 접하는 익숙하고도 매력적인 숫자다. 의식주 3대 요소에서도 하루 삼시세끼가 행복이고, 절은 세 번해야 숭모(崇慕)가 되고, 삼년상을 치러야 효가 완성되고, 술도 세잔은 올려야 정성이 전해진다. 만세는 삼창을 해야 뜻이 모아지고, 경기도 삼세판은 해야 져도 덜 억울하고, 방망이도 세 번 두드려 합의와 승복을 확인한다. 상대가 권해도 처음은 예의상 예사(禮辭)하고, 두 번째는 굳이 고사(固辭) 한번 더하고, 세 번째 종사(終辭) 끝에 받아들이면 절도 있는 인간미를 갖췄다 한다. 이렇듯 셋은 하나 둘로 끝내는 허전함도 채워주고 세상을 사는 맛과 멋에 잘 맞는 듯하다. 살며보니 부모의 보살핌 아래 제1막에는 내가 없었고, 가정을 꾸린 제2막에서는 나를 잃었고, 3막 빈 둥지에 남겨지니 비로소 내가 있어, 늦게나마 새로 채워지는 것들이 오롯이 내 것인 것을 깨닫게 된다.

선대의 친일 몰수 재산을
독립유공 자손이 찾아 나선다면

괴산읍 동부리 개심사(開心寺) 언덕 아래 동진천을 앞에 두고 홍범식 고가가 있다. 전형적인 배산임수 지형에 자리 잡은 고옥은 금산군수를 하다가 경술국치에 분개해 스스로 목숨을 끊은 홍범식이 성장하고, 그의 아들 홍명희가 태어난 곳이다. 풍산홍씨 일완 홍범식(洪範植)은 17세에 소과에 합격하고 내부주사 등을 거쳐 36세에 태인군수를 지낸 뒤 1909년 금산군수가 되었으나 다음 해 한일 병합 조약으로 대한제국이 망하자 울분으로 금산군 객사 뒤 조종산에 올라 소나무에 목을 매고 39세에 세상을 떠난다. 군수를 하면서도 의병들을 은근히 보호하고 선정으로 군민들의 칭송을 들었고, 1962년 건국훈장 독립장에 추서되었다. 태인(정읍)군민은 군수 홍범식의 선정을 2차례나 황성신문에 광고까지 내어 칭송했고, 군수를 지냈던 금산군에서도 금산읍 상옥리 산46-1 조종산에 "군수홍공범식순절비"를 세워 뜻을 기리고 있다. 죽음에 남긴 글 "나라가 망하고 임금이 없는데 죽지 않으면 어쩌겠는가(國破君亡 不死何爲)"로 마지막 길을 알리고, 아들 홍명희에게 죽어도 친일하지 말라는 유언을 남긴다.

아들 홍범식과는 극히 다른 벼슬길을 걸은 부친 홍승목(洪承穆)은 1875년 과거에 급제해 병조참판 등을 지내고 1910년 한일합병 후 일본정부의 훈장도 받고 1921년 총독부 중추원 찬의를 지내 친일파로 분류된다. 극진한 효자였던 홍범식이 부친의 친일 행적에 표현은 못했겠지만 극심한 부담으로 오래 남았을지도 모를 일이다. 친일파 부친 밑에 정반대의 길을 택한 애국지사 홍범식이 있다면 그의 맏아들 벽초 홍명희(洪命憙)는 또 다른 바람을 일으킨다. 부친의 자결 소식을 듣고 일본 유학을 포기한 채 귀국해 괴산 독립만세운동에 앞장서다가 체포돼 징역을 살고, 일부 지식인들의 친일행위에 비판적이었던 점은 부친 홍범식의 영향이 컸을 것이다. 동아일보 편집국장, 오산학교 교장 등을 지내고, 1928년부터는 조선일보에 10년 이상 장편 대하소설 "임꺽정"을 연재하는 등 활동도 적극적이었다. 해방 후에는 자신이 주도한 군소정당을 이끌다가 1948년 김구 등과 함께 평양을 방문해서 홀로 잔류를 결심, 후에 두 아들의 일가족이 모두 뒤따라 월북한다. 국문학과 역사학에 밝아 교육과 언론 등에서 활약하던 위당 정인보(鄭寅普)의 한국전쟁 중 납북에 사위인 홍명희 둘째 아들 홍기무의 개입이 있었다고도 한다. 2004년 12월 북한에서 활동하는 홍명희의 손자 홍석중이 소설 '황진이'로 만해문학상을 수상, 금강산에서 남북 간에 기념비적인 수상식까지 열린 것을 보면 할아버지 홍명희의 뛰어난 필력을 이어받은 모양이다. 철종 때 이조판서를 지낸 명신 홍우길(洪祐吉) - 친일 홍승목 - 반일 홍범식 - 반한 홍명희로 이어진 풍산홍씨 4대의 극적인 반전의 반전은 거대한 풍파에 떠밀려 방향을 잃고 헤매던 한 가문의 몸부림이고 민족의 비극이 아닐 수 없다.

친일 조상의 죄를 항일 독립유공 후손이 씻어낼 수 있을까. '아니올시다'가 답이다. 친일파로 분류된 홍승목의 괴산읍 제월리 약15만 평 땅이 친일 재산으로 국가에 귀속이 되자, 후손이 해당 땅은 조상 대대로 물려받은 선산이고 아들 손자 등 후손들이 독립운동을 한 만큼 친일 반민족에 해당되지 않는다는 명분을 들어 귀속 취소를 요구했다. 그러나 재판부는 일제가 준 작위를 반납했다거나 본인이 직접 독립운동에 참여하지 않은 이상, 후손들의 독립운동을 이유로 예외가 될 수 없을 뿐더러, 선대로부터 이어졌다는 명확한 근거가 또한 없다며 국가의 귀속 결정을 유지했다.

홍범식 고택 전경

개심사가 앉은 푸른 야산자락에 1730년경 세워진 고택은 시원스레 자리한 넓은 터 앞으로 동진천이 흐르는 경관에 어울린다. 7칸 솟을대문채를 들어서면 왼쪽으로 빗겨서 담을 둘러 구분한 아랫사랑채, 옆으로 난 중문을 들어서면 벽초 홍명희가 괴산 만세운동을 준비했던 사랑채가 있고, 대문채에서 직진하면 一자 광채에 ㄷ자형 정면 5칸 측면 6칸의 안채가 ㅁ자 배치를 만들고, 뒤로 ㄱ자와 一자 광채가 더 깊은 마당에서 마주하고 있다. 사랑채는 안채 본채와 같은 선상에 있고, 마당은 대문채 안으로 큰 마당, 아랫사랑채와 사랑채가 만드는 사랑채 마당, 안채 마당, 뒤로 광채 마당 등이 있어 넓은 대지를 구성한다. 굴뚝을 드러내지 않고 마루 밑 등으로 연기를 배출시켜 이웃을 배려했다는 얘기도 있다. 홍명희가 월북하고 주인이 바뀌었으나 괴산군에서 매입해 당장 살림집으로도 손색이 없을 정도로 원상이 잘 유지되어 구석구석이 흥미롭고 돌아보기도 편하다.

괴산 향교와 동헌

　괴산향교는 조선 초에 창건되어 중종 때 지금의 위치로 이건 되고, 선조와 숙종 때에 중수되고 1980년대에 크게 보수되었다. 홍살문에서 바로 보이는 정면 5칸 측면 2칸의 명륜당은 서쪽 1칸을 온돌로 하고 나머지 4칸은 대청마루이다. 강당 옆의 사주문(四柱門)으로 들어서면 마당에 동-서 양재가 마주하고 있고, 내삼문으로 들어 정면 3칸 측면 2칸의 대성전과 앞으로 동-서 양무를 배치해, 언제 멸실된 것인지 외삼문이 없는 것을 제하고는 일반적 형식을 갖추고 있다.

　상부에 화살 모양의 나무 살을 세운 붉은색 홍전문(紅箭門)이 편하게 홍살문으로 불리고 간략히 홍문 또는 정문(旌門)으로도 활용된다. 동짓

날 붉은 팥죽을 먹는 관습에서 보듯이 붉은색과 화살은 잡귀와 액의 기운을 막아내는 것을 의미하고, 비록 문짝이 달리지는 않았지만 이로부터 신성한 공간으로 들어가고 있으니 복장과 마음가짐을 바로 하고 예를 갖추라는 주문이다. 보통은 옆에 하마비도 세워서 경의와 엄숙을 강조하기도 한다. 지붕 없는 일주문에 꽂는 화살의 숫자에 정해진 규칙은 없으나 보통은 9개 이상의 화살을 꽂고 가운데는 언제부터인지 모르지만 태극문양도 붙인다. 태극은 홍청황 3색을 보이기도, 홍청 2색으로 보이는 곳도 있고, 태극 위에 3지창을 꽂아 특히 태극을 강조하는 모양도 보인다. 삼국시대부터 홍살문이 나타나기 시작해 향교 왕릉 이외에도 나라의 귀감이 되는 충효열을 표창하는 정문(旌門)으로 활용되기도 했고, 사찰 입구에는 지붕 있는 일주문이 역할을 대신한다.

　팔작지붕 홑처마 지붕 아래 정면 4칸 측면 2칸 동헌은 오른쪽 2칸 대청마루와 왼쪽 2칸은 온돌방을 꾸몄고 전면에 툇마루를 두었다. 관아 여러 건물의 중심에 있었겠지만 지금은 돌담으로 사방 둘러싸인 채 홀로 남아 옛날을 대변하고 있다. 관아의 여러 건물 중에서 수령이 정무를 보던 중심 건물이 동헌인데, 살림 공간인 내아(內衙)의 동쪽에 위치해서 그리 불렸다. 수령(守令)이란 군단위의 군수(郡守)와 현을 다스리는 현령(縣令)의 통칭으로 중앙에서 파견된 부사 목사까지 포함한 모든 지방관을 가리키며, 존대 호칭으로 사도(使道)가 된소리에 의해 사또가 되고, 또 다른 존칭으로 원님(員)도 혼용되어 불린 듯하다.

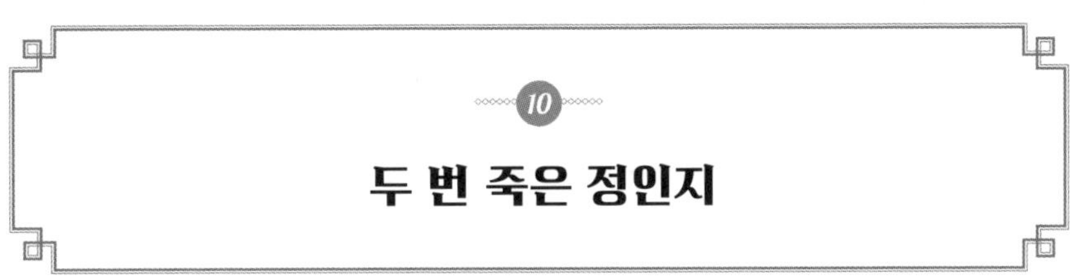

두 번 죽은 정인지

하동정씨 정인지 묘소가 불정면 외령리 능현마을, 넓은 들이 내려다보이는 언덕에 밝은 햇살을 받고 있다. 풍수에도 밝았던 정인지는 현감을 지낸 부친의 묘를 부여에 정했으나 자신은 충청관찰사를 지내며 미리 정해놓았던 외령리에 묻히는데, 명당의 덕이었을까 비교적 한미한 가문은 그의 사후에 더 크게 빛을 본다. 태종 때 문과에 급제하며 시작한 벼슬길은 성종 때까지 승승장구하며 주요 관직을 두루 지냈다. 세조 때 영의정이 되고, 단종 처우에 냉혹한 태도로 일관하며 세조의 신임을 이어갔다. 계유정난에서 세조를 지지한 공으로 좌익공신에 오르고, 일찍 사망한 세조의 장자 의경세자의 두 아들 중에 장남 월산대군을 제치고 성종이 등극할 때는 둘째아들 정현조와 함께 좌리공신 1등에 오른다. 뛰어난 두뇌와 능력으로 예종과 성종 대까지 승승장구하며 조정의 원상 지위를 누리다가 1478년 81세에 생을 마감한다. 5남 1녀 중에 장남 정광조가 세종의 딸 정의공주의 사위가 되고, 차남 정현조가 세조의 장녀 의숙공주와 혼인해 세조의 사위가 되는 등, 형제들이 직간접으로 왕실과 혼맥을 맺었다.

명당에 자신의 묘 자리를 잡아 후세에 명문으로 번성했음에도 막상 자신의 앞날은 예측을 못 한 것일까. 일곱 임금 아래서 5차례 공신에 오르며 자연히 재산도 늘어났겠지만 소작 등으로 땅을 늘려 만석꾼에 이르렀고, 음서로 벼슬에 오른 그의 3남 정숭조는 부친보다 더 욕심을 보인 듯, 호조판서 때 수뢰문제로 파직되기도 했다. 죽어서는 연산군의 친모 폐비윤씨 죽음에 정인지도 관련이 있었다는 이유로 부관참시되어 두 번 죽게 되었으나, 중종반정으로 명예가 회복기는 했다. 단종 복위 거사 계획이 실패해 선왕의 충신과 사육신 등이 처형되고 가족 식솔이 모두 노비로 내쳐질 때 정인지는 김종서의 맏며느리와 두 딸, 그리고 한 때는 같이 일했던 집현전 박팽년의 부인 옥금(玉今)을 노비로 받았다. 하루아침에 노비가 되어 가슴에 비수를 품은 한(恨)의 여인들을 곁에 두고 보낸 세월은 과연 행복이었을까. 전왕의 충신들과 일족이 씨를 말리듯 처형되고, 많은 부인 딸 며느리들을 논공행상에 따라 노비로 나누어주는 잔인함은 조선사에서도 가장 비인간적이고 부끄러운 장면의 하나였다.

중종과 후궁 창빈안씨 사이에서 태어난 서자이자 명종의 이복형 덕흥군은 12살 때 20살 정인지 증손녀와 결혼해 훗날 선조가 된 하성군(河城君)을 포함해 3남1녀를 낳고 29살에 세상을 떠난다. 아직도 운경고택으로 흔적이 남아있는 사직동 도정궁에서 태어난 아들 하성군이 선조가 되며, 덕흥군은 조선 최초의 대원군인 덕흥대원군으로 추증되고, 정인지 증손녀는 선조의 즉위를 보지 못하고 세상을 떠났으나 후에 하동부대부인(大夫人)에 오른다. 선조의 즉위는 방계의 혈통으로 왕위에 오르는 최초의 사례로 조선 왕실의 순혈은 선조 이후부터 덕흥대원군과 하동부대부인의 혈통으로 이어지게 된다. 대체로 학자들이 조선의 전후기를 선조가 겪은 임진왜란을 기준으로 구분하는데, 묘하게도 혈통으로 보는 조선의 전후기도 선조가 기준이 되는 셈이다. 선조는 재위 내내 이러한 콤플렉스를 이겨내려는 듯, 남양주 별내의 덕흥대원군과 하동부대부인의 묘역을 덕릉으로 하고 근처 흥국사를 원찰로 정하려고 했으나 신하들의 심한 반대로 뜻을 이루지 못했다. 덕릉이 공식적인 능이 될 수 없게 되자 실질적인 능으로 불리기 위해 무덤이 있는 고갯길을 넘나드는 장사꾼들을 이용해 덕릉 명칭을 세간에 퍼트리게 했다는 얘기가 전해온다. 그런 연유인지 지금의 상계동 당고개역을 지나면 덕릉고개, 덕릉터널, 덕릉마을, 덕릉로 등의 이름이 남아있다.

이성계의 맏아들 이방우

불정면 목도리에 있는 청덕사(淸德祠)는 태조 이성계의 장자 진안대군 이방우(李芳雨)와 그의 아들 봉녕부원군 이복근(李福根)을 모신 사당으로 1831년 중건되었다. 원래 황해도 해주에 있던 지청사(至淸祠)를 괴산으로 옮겨오며 청덕사로 변경했다는 얘기도 신빙성이 있어 보인다. 외삼문을 들어서 작은 연못 사이를 걸어 계단으로 오르면 내삼문, 그리고 정면 3칸 측면 1칸 반의 겹처마 맛배지붕의 사우가 있다. 이방우는 함경도 영흥에서 태어나 고려 말 문과에 급제해 예의판서 등을 지낸다. 이성계가 개경에서 영향력을 키우기 위해 신덕왕후 강씨를 계비로 맞았듯이 이방우도 공민왕 때부터 활약한 문하찬성사 충주지씨 지윤(池奫)의 첫째 딸과 결혼했으나 고려 말 혼란기 이인임 최영 등과의 권력싸움에서 지윤이 패하고 만다. 그럼에도 지윤의 둘째와 셋째 딸은 화를 면하고 정종의 후궁 성빈과 숙의에 이르렀다. 어려서부터 효행과 형제간 우애로 장자의 품성을 보였던 이방우는 고려의 충신으로 태조의 위화도회군을 반대하고 철원에서 은거하다 함흥으로 낙향한다. 태조의 부름에 응하지 않고 음주로 마음을 달래며 지내다가 조선건국 불과 1년여 지난 1394년 1월 40세에 사망, 정종 때 진안대군(鎭安大君)으로 진봉된다.

적장자로서 왕위를 잇지 못하고 술병이 나서 사망했다는 일부 주장을 정조가 바로 잡아준 계기가 있었다. 1789년 정조가 능행에서 돌아오는 길에 이방우의 15대 후손 이국주가 나타나서 망실된 묘소 복원을 소청하자 오히려 감격해 청을 들어주고 비문까지 남긴다. 어제시(御製詩)에서 적장자 이방우는 효자이며, 형제애가 돈독한 맏형으로 충성을 다했고 술을 좋아하면서도 성실한 성격에 시서를 즐겼다고 한다.

> 가정에 있어서는 효자요,　　　　신하로서 충성을 다하고(爲臣也蓋) …
> 북산 고향으로 돌아가시니,　　　바로 오나라 태백이시네(即泰伯吳)

사마천의 사기를 인용, 이방우는 동생이 왕좌를 지키는 것이 더 나은 일이라는 지덕을 보여주며 물러나 고향에 돌아간 것이라고 사실을 살짝 비켜서 모두의 명예로 정리해 주었다. 춘추시대 주(周)나라 고공단보가 왕위를 막내아들 계력에게 물려주려는 뜻을 눈치 챈 장남 태백은 동생 중옹과 함께 멀리 떠나 자취를 감춘다. 훗날 이런 성군의 재목을 보고 백성들이 따라오자 태백은 춘추5패로 꼽히는 오나라의 시조 오태백(吳太伯)이 되고, 아들이 없어 동생 중옹이 뒤를 이었다. 형제간

의 왕위 다툼이 참극으로 정리되지 않은 경우를 거의 찾을 수 없는 동
서양 역사에서 진안대군 이방우의 지덕을 오태백에 버금가게 정리한
정조의 지혜와 배려가 돋보이는 장면이다.

청덕사

피 묻은 춘추직필(春秋直筆)

감물면 이담리 계담서원은 인종 때 문과에 급제해 예문관 검열을 지
내며 시정기(時政記)를 작성했던 젊은 사관 순흥안씨 안명세(安名世)를
기리기 위해 1824년 창건되었다. 대원군의 서원 철폐령 때 훼철되어
신주를 옛 망선암으로 옮겨 모시던 중, 순흥안씨 양도공파의 노력으로
1991년 세워졌고 증축을 지속하며 배향 인물의 추배를 계속해 근대
인물로 김구와 앞장의 홍범식까지 포함해 모두 18위가 배향되고 있어

잊히지 않으면 언젠가는 살아서 역사가 된다는 사실이 실감나는 곳이다. 토정 이지함의 추배는 아무도 감히 나서지 않았던 안명세의 주검을 수습한 우의를 상징한다.

전형적인 외척세력 소윤과 대윤 사이의 권력싸움에서 발단한 을사사화의 희생양이 안명세다. 안명세는 사관으로 을사사화의 전말과 관련 인물들을 시정기(時政記)에 사실대로 빠짐없 작성했는데, 을사사화의 중심인물이었던 우의정 온양정씨 정순붕(鄭順朋)과 좌의정 이기(李芑)가 당연히 비중 있게 기술된다. 자신들에게 불리한 내용을 전해들은 두 사람은 끔찍한 보복을 감행한다. 사람됨이 단정하고 과묵한 사관으로 평을 받는 안명세가 1548년 2월 처형장으로 떠나는 길에 눈물을 흘리지 않은 사람이 없었고, 당고개 처형에 임해서도 안색이 조금도 변치 않고 평소와 같아서 사람들이 모두 장하게 여겼다 한다. 그의 처자는 종이 되고, 재산은 몰수되는 30살 젊은 사관의 끝은 그토록 처참해도 그가 남긴 직필은 역사가 되었다.

반정으로 왕위에 오른 중종은 조강지처 단경왕후 신씨가 폐위된 후, 산후병으로 사망한 장경왕후와 문정왕후를 차례로 두었다. 두 왕후는 세조비 정희왕후의 부친 윤번의 후손으로 서로 먼 인척이며 각각의 아들이 인종과 명종에 올랐다. 장경왕후의 아들이 인종이었을 때는 반정공신에 오른 오빠 윤임(尹任)이 있었고, 문정왕후의 아들인 명종 때는 동생 윤원형이 실세였다. 인종이 왕위 8개월 만에 사망하자 권력을 잃게 된 윤임의 대윤(大尹)이 명종의 등극과 함께 세력을 쥐게 된 윤원형의 소윤(小尹)에 의해 밀려난 참화가 1545년 을사사화로 요약된다. 사화에서 윤임과 세 아들 이외에도 인종 때 좌의정을 지낸 문화유씨 유관(柳灌), 우찬성을 지내고 아들 사형제까지 모두 잃게 된 진주유씨 유인숙(柳仁淑) 등이 모두 끔직한 멸문지화를 당했다.

사화를 지핀 불씨는 엉뚱한 곳에 숨어있었지 않았느냐는 냉소적인 실화가 야사에 나온다. 중종 때 과거 급제해 이조판서를 지내고, 선산 임씨 집성촌인 칠성면 사은리 종중산에 묘소가 있는 임백령이 주인공이다. 재색이 뛰어난 평양기생 옥매향을 임백령이 가까이 하고 있었는데, 어느 날 우연히 윤임이 옥매향을 발견하고 한눈에 반해 첩실로 들어앉히게 된다. 분개한 임백령이 보복할 방법을 찾던 중 윤원형이 일으키는 사화에 가담해 윤임을 몰아내고 옥매향을 되찾는다. 윤임의 국문장에 함께 끌려온 옥매향에게 임백령이 고개를 들라했을 때의 장면은 춘향전의 한 장면과 겹쳐져서 박수를 받을 수도 있었겠으나, 야사는 옥매향이라는 기생 때문에 온 나라가 피로 물든 사화가 시작되었다고 비웃는다. 그러한 임백령(林百齡)은 을사사화 다음해인 1546년 명나라 사은사로 갔다가 귀국길에 이름의 반값도 못 살고 48세에 병사하고 만다. 을사사화에서 1등 공신에 오른 임백령은 5형제 중에 넷째로 위에 임천령(千齡) 임만령(萬齡) 임억령(億齡)이 있고 막내가 임구령(九齡)이다. 임억령은 문과에 급제해 금산군수로 있을 때 동생 임백령이 사화에 가담해 파란을 일으키자 한탄하며 벼슬을 물린 후 해남으로 낙향하고, 임백령이 뜬금없이 보내온 공신녹권도 불태워버린다. 청렴하고 문장에 밝았던 그는 을사사화가 지나고 다시 등용되어 1553년 강원도관찰사 담양부사를 지내고, 사위 김성원이 세운 가사문학의 산실이 된 담양의 식영정(息影亭)에서 고경명, 정철 등과 함께 어울렸다. 반면에 막내 임구령은 임백령을 도와 을사사화 위사공신 2등에 오르고 광주목사까지 지냈고, 임천령과 임만령은 기묘사화 때 조광조의 제자였다는 이유로 함경도에 유배된 후 생사 불명이다.

　야사는 또 이어진다. 정순붕은 사화에서 삼흉으로 희생된 유관의 가족을 노비로 들였는데 그중에 예쁜 여종을 첩으로 앉혔다가 화를 입는다. 속마음을 감추고 일체 순종하는 모습을 보이며 복수의 기회를 엿보던 여종 갑이(甲伊)가 전염병으로 죽은 시체의 뼈를 구해다가 정순붕의 베갯속에 몰래 넣어, 정순붕은 사화 3년 만에 병사하고 만다. 강직한 품성의 충숙공 유관을 충(忠), 죽음을 무릅쓰고 양부의 주검을 지킨 아들 유광찬을 효(孝), 이들 두 부자의 시신을 수습하고 가산몰수로 어려워진 살림에도 제사를 지킨 자부 평산신씨는 열녀(烈女), 그리고 여종 갑이의 주인을 위한 충비(忠婢) 등을 모두 기려서 네 사람을 위한 4정려가 영조 때 내려진다. 중종 때 명신 유관은 잊히지 않고 선조 때 신원과 재산반환을 받았고, 정조는 묘소 정비를 명하기도 했다. 서울 방배동 신동아 아파트 자리에 있었던 정문(旌門)이 개발로 인해 안산시 와동 산9-4 문화유씨 묘역에 세워진 사정문각(四旌門閣)으로 이전되었는데, 묘역 아랫단에는 여종 갑이의 충비갑지묘(忠婢甲之墓)도 함께한다. 갑이의 활약이 TV에서 '가시를 숨긴 장미, 첩이된 갑이의 이중생활'로 소개된바 있다.

　한 사관을 떠나보내도 정순붕은 살아있는 직필을 언제까지나 피하지는 못했다. 세간의 비판과 부친에 실망한 정순붕의 장남 정렴과 차남 정작은 현감과 좌랑 벼슬을 각기 물러나 은거하며 세월을 보낸다.

정순붕을 적극 도왔던 넷째와는 달리, 선한 성격의 장남이 울면서 부친에게 간청하자 정순붕은 어쩔 수 없이 아들의 제안대로 상소를 올려 "윤임의 죄상은 실로 용서할 수 없으나, 두 사람은 위세에 눌려 따른 사람이니 일률적으로 사사를 논하는 것은 불가하다(不可以一律論也)"고 간언했지만 이미 늦은 상황이었다. 이런 이중적인 태도에 대한 사관의 직필이 날카롭다. "정순붕은 이미 소를 올려 죄를 꾸미고 유관과 유인숙을 멸족의 지경으로 빠뜨렸으니 흉악 참혹함이 이루 말할 수 없다. 그런데 짐짓 구원한다며 상소를 올렸으니 소위 병 주고 약주는 자라고 하겠다(正所謂加刃而撫之者)". 정순붕은 사후 선조 때 우의정 등 관작과 훈작을 삭탈 당했다.

계담서원

공자의 역사서 춘추(春秋)는 노나라 때인 기원전 722년부터 240여년을 기록했다. 춘추시대는 5패로 일컬어지는 대국과 노나라를 포함한 30여 소국이 저마다 군웅할거하던 시대여서 기울지 않은 시각으로 역사를 기록하는 것은 실로 어려운 일이었을 것이다. 노나라 사관의 기록에 기초해 간결한 문체로 공자가 직접 편수, 역사적 사실을 비교적 객관적 시각과 엄격한 기준으로 쓴 것이 후세에 모범이 되어 춘추를 이상적이고 명예로운 필법으로 여겼다. 대의명분에 반하는 통치나 처신은 권선징악을 기준으로 비판 또는 차별화했고, 경우에 따라 누락시키기도 했다. 단순한 역사 기록을 벗어나 인간사회의 선악과 살아있는 왕도정치의 다양한 유형을 보여줌으로서 여러 어려운 경전에 등장하는 역사적 사실의 이해를 돕는 부록 같기도 한데, 실제 그런 상황을 염두에 두고 썼을 수도 있다. 직필로 쓴 후대의 평가와 비평이 살아있는 권력에게는 죽어서까지 꼬리표로 붙어 다닐 위협이 아닐 수 없고, 자신의 언행이 빠짐없이 기록되어 후세에 전해진다는 사실에 초연할 수 있는 군주는 없을 것이다.

그림자처럼 따라다니며 일거수일투족을 기록하는 사관을 매우 못마땅해 하던 연산군이 유자광의 고발을 빌미로 사관 김일손을 처단하며 확대된 사건이 무오사화다. 끝없이 따라오는 그림자와 발자국을 떼어내려고 뛰어다니다가 지쳐 숨진 사람의 이야기가 장자의 어부편(漁夫篇)에 나오는데, 연산군도 그림자 같은 사관을 떼어내려고 폭주(暴走)하다가 결국은 폭망한 셈이다. 그림자를 늘 자신을 깨어있게 하는 반면교사로 삼거나, 멈춰서 함께 쉬어가는 지혜와 인내는 없었다. 그러나 과연 직필은 언제나 정의인가. 곡필과 직필의 경계선을 긋는 것은 쉽지 않은 듯, 대학자 율곡과 퇴계의 윤임에 대한 평가도 온도의 차이를 보이니, 현실은 실로 녹녹치 않은 일이기도 하다. 춘추직필 네 글자를 책상머리에 붙이고 다짐해도 복잡다단한 현세에 때마다 공자에게 길을 물을 수도 없고, 어떤 길을 택할지는 가슴속 잠자고 있는 또 다른 자신에게 끊임없이 물어보는 수밖에 없을 듯하다.

　을사사화의 주역인 윤원형이나 정순붕, 이기 등은 조선 정치사에서 자주 보이는 권력의 위협(威脅)과 위력(威力)을 모두 체험한 인물들이다. 권력에서 내려오는 것을 두려워하는 사람들의 속성에 대한 근대 학자들 연구와 고찰을 보면, 한마디로 성공하면 사람이 변한다는 것이다. 권력 자체가 매우 강력한 약물이라서 마약에 중독된 상태처럼 되기 때문이라 한다. 권력에 취하면 공감능력이 약화돼, 자기만의 목표와 만족에 몰입해 진실을 무시하게 되고, 다른 사람의 두려움에 힘을 과시하면서 쾌락을 느낀다고 한다. 한발 더 나가서, 절대 권력은 절대로 부패하고, 권력 상실에 대한 두려움이 부패를 만든다는 말로 확대된다. 불행하게도 조선에서 견제의 역할을 하던 장치와 견제의 한축을 맡았던 사림이 오히려 필요에 따라 견제되었고, 직필이나 직간(直諫)도 시대에 따라 크게 화를 입었다.

韻書□□　得於聲則□　□者在初聲之□

□書已。ㅗ ㅛ ㅜ ㅠ ㅡ ㅣ ㅏ ㅑ □ 是也。□腭。□□吞□

○□齒□故疑□，ㄷ別爲都，□不□。

脣音之下，則□紙大如□，如川□，爲穀。□如□，爲親。□如□，爲隔鵑□。

脣作合而喉□。舌□□，□如口爲□。○如口□爲□。ㅇ如□。

○□。舌縮而聲深，□□□□。○如ㅁ爲山，·마爲薯藇。○如□爲□。

字。舌縮而聲□。

之圓象乎天□。□如□，ㅁ爲□，ㅿ爲□，△爲□，巳。□。

深不淺。地闢□□也，□爲身，□小豆。巳。引□。

地也。一□。

영광

한줄기 신령스러운 빛(一點靈光)이 비치는 영광 땅에서도 백수해안에서 맞는 노을은 환상적이고도 신비한 광경으로 알려져 있다. 구수산에서 뻗어 나온 아흔아홉 봉우리(白岫)의 암벽해안을 따라 달리는 백수해안도로가 수평선도 삼켜버린 거대한 노을에 휩싸이면, 온통 붉은 장막이 드리워진 천상의 길로 변한다. 노령산맥의 끝자락 고성산, 불갑산을 경계로 동쪽에 장성군, 북쪽에 고창군, 남으로 함평군과 이웃하고, 동쪽 광주광역시청은 영광읍에서 백리 거리다. 이웃 고창군 남쪽에서 발원한 물이 흘러들기도 하지만 대부분의 물길은 불갑산 등 동쪽에서 발원해 서해로 흐르는 수계를 지킨다.

소금, 쌀, 목화, 눈이 많은 4백(白)의 고장으로, 역사적으로 백제의 땅으로 무시이군, 신라 때는 무령군, 고려 때 정주와 오성으로 불리던 때가 있었고, 조선 때 잠시 영광현이 되기도 했다. 영광 역사에서 정유재란은 재앙이었다. 임진왜란이 호남을 빗겨갔으나, 정유재란 초기 영광은 왜의 수군과 육군의 양면 공격을 받고 큰 피해를 입었다. 영광을 본관으로 하는 성씨로 영광정씨(丁氏), 영광김씨, 영광류씨, 영광전씨(田氏), 토착 영광국씨(菊氏) 등이 있고, 집성촌으로 월평리에 영광김씨, 백수읍과 영광읍 계송리에 영광정씨, 군남면에 연안김씨와 창원황씨 등이 마을을 이루었다.

　지리적 이점으로 영광 법성포는 조선 초기 조세를 관할하는 큰 조창이 자리해서 만호(萬戶) 규모의 수군 법성진이 구축되고, 첨절제사진으로 승격되는 등 호남에서 중요한 위치에 있었으나 19세기 말 수군진이 폐쇄되며 역할은 축소된다. 백제 때 인도의 승려 마라난타가 중국의 남방을 거쳐서 상륙했던 법성포에 백제불교 최초도래지 공원이 넓게 자리하고 있고, 천상천하 부처가 으뜸 혹은 불사의 으뜸 갑(甲)이라는 불갑사도 으뜸의 상징처럼 불갑산 아래 전설을 지키며 자리한다.

　법성포가 내려다보이는 언덕에 펼쳐진 국가명승 법성진숲쟁이는 옛 성터를 따라 늘어선 고목과 꽃동산으로 이루어져 사계절 경관이 뛰어나고, 숲쟁이 언덕 아래 바닷물이 꼬리를 길게 늘이며 깊숙이 들어오는 법성포구의 한시랑 들녘은 가을이면 온통 황금색으로 물이 든다. 한가을이 되면 놀라운 기적이 불갑사 계곡에서 일어난다. 화려한 붉은 꽃무늬 양탄자가 끝도 없이 펼쳐진 듯, 꽃무릇 천지가 되어 곳곳에 즐거운 웃음과 탄성이 넘친다. 남쪽 향화도항에 있는 높은 칠산타워(111m) 전망대에 서면 칠산 앞바다에 떠 있는 섬들이 눈에 들어오고 발아래 길이 약2km의 아름다운 칠산대교가 무안군으로 안내한다.

　'참조기가 법성에 오면 깨달음을 얻고 보리굴비가 된다'는 재치와 간수를 뺀 천일염에 절여 통보리에 숙성시키면 '보리굴비가 되어 사흘만 일해도 일 년은 먹고 산다'는 익살이 법성포에 넘쳤다. 영광굴비에 맛을 들이는 천일염은 이름만으로도 짠맛이 도는 염산면(鹽山面) 넓은 갯벌에서 생산, 전국 생산비중도 높은 편이다.

　대형 천년(물레)방아를 앞세운 불갑저수지를 지나서 만나는 불갑사는 인도 승려 마라난타가 백제에 최초로 설법을 시작하던 침류왕 때 작은 법당에서 출발했겠지만 명확한 기록은 전해지지 않는다. 그 후 8세기 신라 때와 고려 후기 1350년경 각진국사(覺眞國師)가 머물며 크게 중창되고, 정유재란 때 전화를 입고 재건될 때는 영광인 강항의 권선문(勸善文)도 보인다. 1870년경 초의선사와 같은 시기에 활동했던 설두선사에 의해 부분적으로 중창되는 등 긴 역사 속에 수난과 재건을 거치며 오늘에 이른다. 금강문을 지나 천왕문, 그리고 만세루와 대웅전이 일직선으로 배치되어 중심축을 이루고, 제일 뒤로 무량수전, 조사전, 칠성각, 팔상전, 향로전이 좌우 횡축으로 자리한다. 대웅전 앞마당을 중심으로 맞은편에 만세루, 좌우에 일광당과 설선당이 ㅁ자로 배치되어 핵심 공간이 된다. 30여개 암자를 포함해 수백 명의 승려가 머물던 고려 말 규모에는 비교되지 않겠지만, 아직도 넓은 공간에 문수전, 명부전, 성보박물관을 포함해 많은 전각과 선원 등을 두루 갖추고 있다. 대웅전, 석가여래삼존상, 불복장전적, 지장보살삼존상 등의 보물급과 다수의 유형문화재를 품고 있는데, 1359년 공민왕 때 세워지고 어느 때인가 멸실되어 탁본으로 전해오고 있는 각진국사탑비가 대웅전 뒤에 온전치 못한 모습으로 영원히 잊히는 것은 아닌지 걱정되기도 한다.

불갑사에는 인도에 유학을 다녀온 스님과 인도 공주의 아름다운 인연이 얽힌 참식나무와 상사화가 세월을 잊은 듯 오랜 생명을 지키고 있다. 절 뒷산 오솔길을 따라서 잠시 오르면 참식나무 군락지가 나타난다. 상록 활엽교목 참식나무는 난대성이어서 자생으로 자랄 수 있는 북방한계선이 불갑산 부근이다. 특이한 것은 늦가을에 암수가 다른 나무에서 꽃을 피우고 다음 해에야 전설의 붉은 열매를 맺는다.

5세기 초, 마라난타의 고향, 인도 북부 지방으로 떠나는 불갑사 스님들의 유학길에 정운 스님도 함께 한다. 정운 스님이 머무는 곳에서 열린 법회에 마침 왕족들이 참석, 공주와 스님의 운명적인 만남이 이루어지고 사랑으로 발전했지만 그 사실을 알게 된 왕은 두 사람을 떼어놓기 위해 정운 스님을 먼저 떠나게 한다. 공주는 자주 만나던 장소에 있던 아름다운 나무의 빨간 열매를 이별의 징표로 주고, 두 사람은 다음 세상에서라도 다시 만날 것을 약속하며 이별의 슬픔을 나눈다. 스님이 귀국해 가져온 씨앗을 심고 정성으로 가꿔 참식나무가 군락을 이루게 되었고, 지금은 천연기념물로 지정되어 보호받고 있다.

세월이 어느 듯 흘러서 스님은 참식나무 아래서 '이역만리 떨어져 있어도 마음은 늘 함께 했음'을 회상하며 열반에 들고, 신비하게도 이듬해 가을 참식나무 아래에서 붉은 꽃무릇이 피어난다. 이루지 못한 슬픈 사랑을 지켜본 여러 스님들이 꽃과 잎이 서로 만나지 못하는 꽃에 붙여준 이름 상사화(相思花), 아름답고 화려하게 태어났어도 이별의 슬픔이 꽃그늘에 꽃잎 지듯이 허공을 맴돈다. 가을이면 불갑사 초입에서 불갑산 등산로 주변까지 붉은 상사화가 지천으로 피어 숲속을 온통 황홀하게 물들이고, 어디서도 볼 수 없는 장관에 환호와 탄성을 지르는 인파로 넘친다. 여인의 종아리처럼 미끈한 꽃대 끝에 대여섯 꽃송이가 달린 꽃다발은 붉은색이 진하고 화려하다. 꽃받침도 없이 달린 꽃송이는 속살을 내보이려는 듯, 둥글게 말린 꽃잎과 미인의 속눈썹같이 길게 뻗어 나온 꽃술이 어우러져 절세의 요염이 넘친다. 꽃이 지고서야 잎이 나고, 그렇게 겨울 지나 늦봄 되면 잎은 지고 꽃대가 올라와 한가을에 꽃을 피운다. 꽃과 잎이 만나지 못하고, 열매도 맺지 못해 줄기로 번식하는 상사화는 아름답게 군락을 이루어 불갑사를 붉은 환상의 세계로 이끈다.

상사화 바다

뜨거웠던 심장이 헤져서 핀 상사화가 공주님 머리에 장식이 될까, 그리움을 태울 불꽃으로 피어나 공주님 방을 밝힐까. 공주를 애타게 그리는 듯 상사화 꽃그늘에 그렁그렁 눈물방울이 비친다. 비슷한 전설 속 이야기가 있어 심금을 자극한다. 춘추시대 송나라 강왕에게 절세미인으로 소문난 부인을 빼앗긴 남편이 절망해 자살하자, 부인도 남편을 뒤따라 자살하며 강왕에게 남편과 합장해 줄 것을 간청한다. 화가 난 왕은 부부를 오히려 두 무덤으로 떼어놓고, 그렇게 사랑한다면 죽어서라도 한번 맺어보라 냉소한다. 그러나 기적같이 두 무덤에서 빨간 열매를 맺는 홍두(紅豆)가 덩굴로 자라며 합해져 상사자(相思子)로 불리게 된다. 홍두는 당나라 시인 왕유의 시[相思]가 되어 사랑과 그리움의 상징이 되었고, 당나라 여성 시인 설도(薛濤)의 춘망사를 번안한 우리 가곡 동심초도 슬픈 상사화를 연상시키듯 가슴 절절하게 울린다.

꽃잎은 하염없이 바람에 지고	風花日將老
만날 날은 아득타 기약이 없네	佳期猶渺渺
무어라 맘과 맘은 맺지 못하고	不結同心人

　　같은 수선화과에 속하면서도 피는 시기와 모양이 차이를 보인다고 하여 상사화와 꽃무릇 명칭에 이견이 있기도 하지만, 영광군은 슬픈 사연을 기려서 9월 하순이면 약 열흘간의 상사화축제를 연다. 무리를 지어 피어난다 하여 지어진 이름 꽃무릇은 돌 틈에서 자라는 마늘 같아서 석산이라고도 하고 일본에서는 피안화로 불리기도 한다. 때 맞춰 찾은 행운의 관광객들이 드넓은 산자락 이리저리 흩어져 터뜨리는 탄성과 행복한 웃음이 있어 상사화 축제는 오감 만족이다.

　　불갑사 여러 불상 속에 봉안된 불복장전적(佛腹藏 典籍)이 발견되어 조선 전기 불교문화를 연구하는데 소중한 자료로 평가되어 보물 제1470호로 지정되었다. 명부전에 있는 지장보살상과 시왕상, 팔상전

석가삼존상 그리고 천왕문 사천왕상에 숨겨졌던 금강경, 법화경, 월인석보, 부모은중경 등 모두 250여점과 조성발원문 등이 포함되어있다. 거대한 목조사천왕상은 멀리 떨어진 폐사지에 버려진 것을 옮겨온 것으로 보물로 지정된다. 1876년경 불갑사 중수에 몰두하던 설두선사 꿈속에 나타났던 사천왕상을 터만 남은 고창 연기사(煙起寺) 근처에서 발견하고, 어렵사리 배에 싣고 법성포를 통해 옮겨온 것이다. 비파, 칼, 용과 구슬, 창과 탑을 들고 있는 모습은 어느 사찰에서나 비슷한 모습인데, 눈에 띄는 것은 거대한 사천왕상의 발아래 제압당하고 있는 작은 악귀들의 특히 창의적이고도 희화적 모습이다. 긴장 속에서 익살이 느껴지는 것이 혼자만의 상상인지 모르겠다.

보물 제830호 대웅전은 정면 측면 각 3칸의 화려한 조각 솜씨가 돋보이는 건물이다. 화려한 문양의 조각이 가득한 다포계 공포, 연꽃과 국화 등 다양한 꽃살문, 대웅전 내부 모서리의 용머리 장식, 아자(亞字)형 지붕의 닫집, 우물정(井)자 천장 등, 손이 가는 모든 부분에서 한껏 멋을 부린 장인의 솜씨가 보인다. 특이하게도 건물 안 서쪽에 불단을 두고 본존불이 동쪽을 바라보고 있는 것이 부석사 무량수전과 같은 형식이다. 팔작지붕 용마루에 올라앉은 단층석탑 형태의 작은 용마루보탑은 다른 사찰에서 볼 수 없는 독특한 모습으로 여러 전각 중에 으뜸이라는 사실을 알리는 듯한데, 아마도 남방 사원의 영향을 받은 것이 아닌지 추측해본다.

대웅전 불단에 모셔진 목조석가여래삼존불좌상은 보물 제1377호로 지정되어있다.

  석가모니불의 좌우로 아미타불과 약사여래불이 협시하고 있는 삼존
불좌상은 1635년 경 무염(無染)스님과 승일 등 약10인의 조각승이 참
여해 완성, 당 시대를 대표하는 수작으로 본다. 이들의 작품은 넓고 단
정한 무릎을 보이는 안정적 자세를 기본으로 건강하고 양감이 풍부한
얼굴과 몸체, 부드럽고 사실적인 손가락 표현, 법의 옷 주름 등을 양각
과 음각을 최대로 활용해 입체감을 살려냈다. 남양주 불암사 관음보상
좌상, 설악산 신흥사 지장보살삼존상 등과 함께 무염 일행의 전성기
작품으로 앞의 불복장전적에 이들의 활동 내용이 들어 있다. 사천왕상
발아래 악귀에서 보이듯, 형식을 깨는 조각이 대웅전 안에서도 보인
다. 석가모니불 대좌 난간을 물고기가 선 채 온힘을 다해 이빨로 받치
고 있는 반면에 힘센 사자는 가볍게 손을 뻗어 난간에 얹고 있는 모습
이 대조적이고, 닫집을 받치는 왼쪽 기둥 상부에는 용이 입을 벌리고

달아나는 족제비를 쫓아내려오고, 반대편 우측 기둥에 매달린 족제비는 그 광경에 놀라는 모습이다. 멀리서 보면 눈에 들지도 않는 작은 부분에 감춰진 장인의 솜씨는 보일 듯 말 듯한 익살로 불전에 들어서며 긴장된 가슴에 온기를 불어넣으려는 배려에서 나온 것일까. 해학을 넘어 어떤 신중한 의미를 전하려는 것일지, 처음 접하는 조각에 이런저런 상상이 조심스럽다.

충 효 열 삼강의 고흥류씨

불갑면 녹산리, 1876년 후손들에 의해 지금의 자리에 중건된 침류정(枕流亭)과 고흥류씨 삼강여(三綱閭) 정려각이 있다. 침류정은 정면 측면 2칸의 사방 개방형이고 날렵한 지붕선과 균형 잡힌 팔작지붕을 한 단아한 모습이다. 지금은 불갑저수지 시멘트 제방에 가려져 답답한 전망이지만, 예전에는 불갑천 물가에서 멋진 경관에 어울렸을 만하다. 내부 천정의 굽은 대들보에는 푸른색으로 용의 단청을 화려하게 그린 충량을 얹어, 정자 안에서 보아도 제멋이 두드러진다.

고흥류씨 침류정 류익겸(柳益謙)은 임진왜란 때 의병활동을 하며 군량미를 거두어 전장에 보내고, 영광의 임진수성에도 참여 하는 등 많은 활약을 했으나, 정유재란 때는 왜군의 공격 앞에서 포로가 되어 의롭지 못하게 생명을 구하는 것보다 절의가 옳은 길이라고 죽음을 택한다. 부인과 첫째 아들 류집과 셋째 류약의 부부 등 모두 여섯 명을 함께 묶고 칠산바다에 뛰어들어 순절하고, 둘째 아들 류오는 부친의 유언대로 가문을 지키기 위해 살아남아 조상의 뜻을 이었다. 당대에 밝혀지지 않았던 이들의 충(忠)-효(孝)-열(烈) 삼강(三綱)을 기리는 삼강정려가 조선말 1877년 내려지고 후에 정면 3칸 정려각이 세워진다.

이에 더해서 부친의 뜻을 눈물로 받아들이고 따랐던 둘째 류오 또한 부위자강(父爲子綱)에 해당, 모두 7인이 삼강을 굳게 한다. 나라에서 뒤늦게 내려준 삼강여가 한 가문이 무너진 슬픔과 통한을 씻어주었을지, 그래도 후손들은 반듯한 정려각을 세워 조상의 순절을 위로하고 자긍하는 듯하다. 인근에 지은 지 오래지 않은 인산사(茵山祠)는 류익겸과 부친 압청당 류호(柳壕)와 아들 세 사람을 봉안한다.

계룡산 동학사 숙모전에
생육신과 함께 모셔진 젊은 재목

영광읍 계송리, 영광정씨 집성촌에 1966년에 세워진 계송서원에 영광정씨 미산 정예손(丁禮孫)이 배향되고 있다. 정예손은 단종 원년 1453년 22세에 과거에 급제해 단종이 왕위를 빼앗기자 벼슬을 버리고 산속으로 들어가 은거한다. 절의의 상징으로 추앙받는 백이숙제가 수양산에서 고사리로 연명하며 읊던 채미가(采薇歌)를 따르며, 울분의 날을 보내다 단종이 승하하자 통곡하며 절의로 삶을 마쳤다 한다. 조선에서 과거시험 합격 연령은 30대 중반이 평균이었고 이이나 이황의 경우도 30세 전후였는데, 미산(薇山)은 이른 나이에 그것도 병과 1등, 상위권의 우수한 성적으로 급제한 영재임에도 꽃을 피우지 못하고 말았다. 비슷한 연배의 영재 김시습이 과거시험을 단념하고 사육신의 은밀한 수습, 단종의 삼년상, 동학사에서 초혼제까지 지내는 등 많은 일화를 남기며 생육신으로 추모되는 것과 비교된다. 다행히 미산의 고독한 절의도 잊히지 않고 추모되고 있다.

　계룡산 동학사에는 사찰에서 볼 수 없는 사당이 셋 있다. 삼국사기, 일본서기에도 등장하는 비운의 신라 충신 박제상을 모신 동계사(東鷄祠), 고려 말 정몽주 등 삼은을 모신 삼은각(三隱閣), 세조가 일으킨 계유정난에서 희생된 단종, 사육신, 생육신 등의 위패를 봉안한 숙모전(肅慕殿)이 각각 있다. 숙모전에는 단종과 정순왕후를 모신 정전(正殿)이 있고, 사육신 등 48위을 모신 서무, 그리고 동무에는 안평대군 금성대군 등 종실, 생육신 김시습, 앞의 미산 정예손을 포함 47위를 배향한다. 김시습이 삼은각 옆에 단을 쌓고 곡을 하며 1457년 초혼제를 지냈던 자리다. 업보를 깨닫고 사찰을 찾아다니던 세조가 들렸다가 세운 초혼각이 1864년 중건 때 동무와 서무가 추가되어 위패를 분산시켰고, 1904년 숙모전으로 명명된다. 산사에 자리한 사당에서 올리는 봄가을 두 차례 제사가 불교와 유교의 소통과 공존을 보여주는 따듯한 모습이다. 1452년 단종 원년에 두 번의 과거시험이 열렸는데, 즉위를 경축하는 증광시(增廣試)와 3년마다 치르는 식년시(式年試)가 겹쳤기 때문이다. 같은 연고의 영광정씨인 정예손이 증광시에 합격하고, 뒷장에 등장하는 정극인은 식년시에 합격한다.

왜구에 끌려가서 피눈물로 쓴 간양록

이국땅 삼경이면 밤마다 찬 서리고, 어버이 한숨 쉬는 새벽달일세,

마음은 바람 따라 고향 가는데, 선영 뒷산에 잡초는 누가 뜯으리 …

피눈물로 한 줄 한 줄 간양록을 적으니 …

포로로 정처 없이 끌려 다니던 왜국의 새벽은 냉기가 뼛속까지 찌르 듯 차갑고, 새벽달을 바라보며 아들의 무사 귀환을 빌고 계실 어버이 생각에 가슴 에이는 아픔이 파고든다. 간양록(看羊錄)에 실린 시를 토대 로 드라마 주제곡을 만들어 부른 간양록의 첫 구절이 당시 강항의 애 타는 심정을 실감나게 그려낸다. 살아 돌아온 자신은 부끄러운 죄인 일 뿐이라는 자책으로 책의 제목을 죄인이 탄 수레라는 뜻의 건거록(巾 車錄)이라 했지만, 후에 애제자였던 윤순거가 한나라 고사 소무목양(蘇 武牧羊)을 인용해 외로운 양치기를 의미하는 간양록(看羊錄)으로 바꿨다. 흉노족에 의해 추운 동토에 끌려가서 19년 양치기하면서도 지조를 지 킨 한나라 장수 소무의 이야기는 '고귀한 사람은 품위를 희생하면서까 지 살려하지 않고, 목숨을 걸고 품위를 지킨다(志士仁人, 無求生以害仁, 有殺 身以成仁)'는 뜻을 강조한다. 실로 뛰어난 제자가 있어 목숨을 걸고 품위 를 지킨 훌륭한 스승의 험난했던 삶이 다소나마 위로 받는 듯하다. 간 양록은 일제강점기에 소실되어 현재는 필사본을 근거로 하던 중, 다행

히도 초간본이 일본 도서관에서 발견되었다 한다. 처음 끌려갔던 일본 오주시에 현창비가 세워져 강항을 일본 주자학의 아버지로 소개한다.

강항은 영광군 불갑면 금계리에서 태어나 1593년 별시 문과에 급제해 공조와 형조 좌랑을 지냈다. 정유재란 때 마침 고향 영광에 내려와 있던 중, 의병활동에 참여했으나 뜻을 이루지 못한 채 영광이 함락되자 가족과 함께 이순신이 있는 곳으로 가려고 바다로 탈출하다 붙잡혀, 눈앞에서 아들과 딸을 잃고 두 형과 함께 왜의 포로가 되어 끌려간다. 뒷장의 도도가 이끄는 수군에 의해 강항이 잡혀 끌려간 곳이 휘하의 사도(佐渡)가 성주로 있었던 오즈성(大洲城)이었고, 탈출하다 붙잡혀 처형 위기에서 살려준 장본인이기도 하다. 피로와 굶주림 속에 대마도를 거쳐 오사카, 교토에 이르는 길은 열 걸음에 아홉 번을 넘어지는 피눈물과 수치의 길이었다. 별난 대책도 없이 무작정 탈출을 시도하다가 잡히는 등 천신만고의 죽을 고비도 여러 번 넘긴다. 다행히도 왜국 승려의 관심과 도움으로 일본에 조선 성리학을 소개하다가 도요토미 사후, 2년8개월 만인 1600년 부산을 통해 귀국한다. 그러나 오히려 살아 돌아온 것을 내내 부끄러워하며 약20년 간 후학 양성에 여생을 보내다가 왜국에서 고생한 탓인지 52세 이른 나이에 사망하고 만다.

불갑면 쌍운리 내산서원은 진주강씨 수은(睡隱) 강항(姜沆)을 기리기 위해 1635년 건립되어 용계사로 편액을 받았고, 성혼의 문하에서 동문수학하고 영광군수와 사간원 대사간을 지낸 파평윤씨 윤황과 그의 둘째 아들 윤순거(尹舜擧)를 추가 배향했다. 고종 때 철폐되었다가 1974년 지금의 자리로 옮겨 복원되며 내산서원이 된다. 방 2개를 둔

외삼문간채를 들어가서 정면 5칸의 강당 내산서원, 다시 왼편 협문을 나가면 경장각이고, 강당 뒤 계단을 올라서 내삼문 일성문을 들어가면 정면 3칸의 사우 용계사가 있다. 수은이 일본에서 귀국해 영광에서 말년을 보낼 때 윤황이 영광군수로 부임해 더욱 가깝게 지냈고, 아들 윤순거는 강항 문하에서 공부했다. 윤순거는 문장과 글씨에 뛰어나 인조 때 대군의 사부가 되며 늦은 벼슬을 시작, 영월군수와 정3품급 군자감정과 상의원정 등을 지냈다.

임진왜란 때 피해가 없던 영광 땅은 대부분의 호남이 그러했듯이 정유재란 때 큰 피해를 입는다. 왜군은 1597년 8월 남원 함락 이틀 후에 전주를 점령하고, 군대를 둘로 나눠 좌군이 본격적으로 영광을 포함한 호남을 유린한다. 깃카와(吉川)가 이끄는 육군이 영광과 장수 등 지역에서 만 명 이상의 코를 베어가는 만행을 저지르고, 영광의 바다는 이순신이 백의종군하며 수군을 재건할 때까지 도도(藤堂)가 이끄는 수군이 막고 있었다. 1592년 옥포해전에서 이순신에게 패하고, 1597년 칠천량해전에서 원균에게 참패를 안긴 인물이다. 임진왜란 때는 귀를 잘라 보내서 전공을 확인 받더니, 정유재란 때는 주로 코를 베어 소금에 절여 보내는 끔찍한 만행에 조선은 경악했다. 눈감으면 코 베어간다는 말이 생기고, 어린이에게 아무것이나 못 만지지게 주의를 주는 말 '에비'는 소금에 절인 이비(耳鼻)를 가리키고, '이비야(耳鼻爺) 온다'는 말은 울던 아이도 영문 모르고 뚝 그치게 하는 공포였다.

3년 가까운 포로 생활에서 체득한 일본 실정을 치밀하게 정리해 남긴 간양록은 류성룡의 징비록과도 비교된다. 왜국으로 끌려가 겪어야

했던 절망적 포로생활, 탈출 자금을 마련하기 위해 왜국 승려에게 글씨품팔이(傭倭僧書)로 은전(銀錢五十餘)을 구했던 절박한 상황 등, 전체 기조는 차라리 죽느니만 못한 조선 관리의 수치심과 충정을 피로 토해내는 절규로 넘친다. 그중에 적중봉소는 오사카는 평양에 해당하고, 교또에 복견성을 지어 새로운 수도(伏見者倭之新京)가 된다는 등, 1598년 7월17일 풍신수길의 사망 후의 급변하는 왜국 적정을 전한다. 또한 왜국의 지리, 군사체계, 풍습, 정세를 기술한 적중견문록은 재침을 대비하는 유용한 자료가 되고, 가혹한 포로 생활을 적은 절절한 일기와 간간히 소개되는 31수의 시로 구성된 섭란사적(涉亂事迹) 또한 간양록의 문학적 가치를 보여준다.

어디선지 들려오는 죽지사 노래	(何處竹枝詞)
밤은 삼경인데 달빛도 하얗다	(三更月白時)
이웃 배 사람들 모두 눈물 짓는데	(隣船皆下淚)

이국 땅 한밤중 삼경은 달도 유난히도 밝은데, 어디선지 들려오는지 느리고 처량한 죽지사조(竹枝詞調) 노래에 인근 배에 붙들려 있는 사람들까지 모두 소리 없이 눈물 짓는 슬픈 장면이 선명하게 떠오른다.

다음 장에 서술되는 강희맹(姜希孟)의 5대손인 강항이 7세였을 무렵, 책장수가 불갑면 안맹리 마을을 찾아 판매하는 책을 보고 맹자를 읽고 싶다고 청한다. 어린애가 맹자를 찾으니 놀랍기도 하고 귀찮기도 해서 내기를 제안한다. 한번 읽어보고 암송을 한다면 7권 전질을 모두 주겠다고 약속, 강항이 단숨에 읽고 암송하니 놀란 책장수는 약속대로 주려한다. 그러나 어린 강항은 담담하게 이미 머리에 들어있어 필요 없으니 다른 곳에 가서 팔라하며 도망치듯 사라진다. 그래도 어린 신동과의 약속이 마음에 걸려 인근 정자나무에 책을 걸어놓고 떠난다. 마을 사람들은 이 정자를 맹자정이라 부르게 되고, 맹자정전설로 남은 기적비가 불갑면 사무소 근처 안맹리 252-3번지에 세워졌다.

내산서원

세종 대의 명신 강희안, 강희맹 형제

영광읍 학정리 이흥서원(驪興書院)은 진주강씨 강석덕과 그의 아들 강희안과 강희맹 그리고 강희맹의 아들 강구손과 강학손 형제 등 3대에 걸친 5위를 모신 사우 이흥사와 정면 8칸의 규모가 큰 강당 모현당, 3칸 팔룡당으로 구성된다. 강당은 1800년 이흥재로 건립되어 몇 차례 중수를 거친 것으로 보이는데, 1940년부터 약10년 동안 이흥학원으로 운영되다가 지금의 영광중학교 전신인 영광동중학교 개교에 이용되기도 했다. 사우에 모셔진 5위는 태종부터 중종 때까지 명망 높은 문신들로, 강석덕(姜碩德)은 세종의 소헌왕후 여동생과 혼인해 동서인 세종의 신뢰를 얻으며 호조참판, 대사헌 등을 지냈고, 그의 큰아들 강희안은 세종 때 문과에 급제해 세조 원종공신으로 집현전 직제학과 황해도관찰사 등을 지냈고, 둘째아들 강희맹도 세종 때 급제해 세조 원년에 원종공신, 예종 때 익대공신, 성종 때 좌리공신에 연이어 오르며 병조와 이조판서, 좌찬성 등을 두루 지냈다. 강희맹의의 아들 강귀손은 연산군 때 이조판서, 우의정 등을 지냈고, 동생 팔룡정 강학손은 장예원 사평 등을 지내다 연산군 때 영광으로 유배되었다가 중종 때 한성부판윤에 올랐다. 강학손의 현손이 간양록의 강항이고, 강항을 포함한 영광 일대의 진주강씨 후손들이 임진왜란 때 의병으로 적극 활동했다.

강희안(姜希顔)은 훈민정음 해석 등 언문 주석 작업에 참여했고, 시서화(詩書畵)에 모두 뛰어나서 삼절(三絶)로 불리며, 같은 시대 몽유도원도로 유명한 안견과 화법이나 작품구성에서 비교된다. 그의 대표작 고사관수도(高士觀水圖)에서 느껴지듯이 조용한 성격에 자연을 풍미하며 은일하는 처사로 살았다. 서화에 뛰어났으면서도 모두 미천할 뿐이라며 드러내기를 꺼렸던 탓인지 전해오는 작품도 많지 않다. 좋아하는 화초를 가꾸며 펴낸 양화소록(養花小錄)은 조선 최초의 전문 원예서라 해도 충분한 수준이다. 소나무 향나무 귤나무를 비롯해 국화 매화 난초 석류 모란 작약 치자 등 18종의 재배 양식은 물론이고 화목이 주는 기쁨과 깊은 의미까지 탐구한다. 어린이 도서로, 꽃을 키우는 별난 선비 '강희안의 양화소록'과 시집 등 관련 서적이 출판되어 있다.

 "꽃은 대체로 응달과 볕을 고루 좋아하고, 말똥을 우려낸 물을 주어 단 하루 만에 꽃을 피게 할 수 있고, 상을 당했거나 임산부를 싫어하니 멀리해주는 것이 좋다" 한다. 상당히 구체적인 면도 있어서, "국화는 물을 가장 싫어하므로 한지의 한쪽 끝을 물에 꽂고 다른 끝은 국화 뿌리에 연결하는 정도로 수분을 보충하며. 난은 언제나 반 응달에 두어 수분이 마르지 않게 하고, 사람의 훈기가 닿지 않게 하는 것이 좋다" 한다. 키우는 방법 뿐 아니라, 그 가운데서 아름다움도 찾아 즐긴다. "치자(梔子)나무 꽃은 네 가지 아름다움이 있는데 첫째로는 희면서도 윤기가 있고, 둘째는 향기가 맑으면서도 진하고, 셋째는 겨울에도 잎이 지지 않고, 넷째는 천을 아름다운 노란색으로 물들이는 것"이라 한다. 그의 말대로 새하얀 순백의 꽃이 아름다운 치자는 향수에 쓰일 정도로 향이 강하고, 황금색도 낼 수 있는 염색에 최적이다.

 형과 비슷한 길을 걸었던 강희맹(姜希孟)은 은퇴해 '농자천하지대본'을 실천하며 만년을 보낸다. 지금의 시흥시와 금천구 일부에 해당하는 금양현(衿陽縣)에 거주하며 주변의 농부들과 어울려 몸소 농사를 실천한 경험을 바탕으로 금양잡록을 저술했다. 일대는 척박하고 물이 부족한 땅인데다가 약100호 농가에 소를 키우는 곳이 10여 호에 불과할 정도로 일손이 부족했고, 그마저도 들끓는 소도둑에 잃기 십상인 실정이어서 농사기술과 농부들의 협농이 어느 곳보다 중요하다는 사실을 절감한다. 소 한 마리가 하는 일을 농부 아홉이 힘을 모으면 해결할 수 있다며 농부들을 격려하는 한편, 토질과 품종에 따라 파종하는 시기를 달리하고, 계절 따라 바뀌는 바람까지 분석해 농사에 활용하는 등, 상당히 진전된 방식으로 소출을 늘려갔다. 요즘 기준으로도 과학적이라 할 정도로, 벼 보리 수수 조 팥 콩 등 각각의 품종별 종류를 다시 세세하게 분류하고, 특히 지금 들어도 생소한 27종 벼의 특성을 분석하고 농법은 물론 조리 방법까지 설명한다. 지역 맞춤형이라 해도 좋을 만큼 세밀하고 특화된 내용을 포함시킨 것이 농학자의 연구서라 해도 전혀 손색없을 수준이다. 가뭄과 수재가 빈번했던 세종 때 어명으로 지역별 우수 영농기술을 수집해서 1429년 편찬 간행된 농사직설이 있었고, 그 후에 성종 때 강희맹의 금양잡록이 등장한 것이고, 효종 때는 두 책을 보완해서 농가집성이 간행되어 조선 후기 농서에 영향을 주었다.

강희맹이 채집해 정리한 농요[農謳] 14장(章)의 마지막 탁족(濯足)은 한여름 고달픈 농부의 일상에서 발을 씻어도 깨끗이 씻을 것 없다[濯足不用十分濯]고 노래한다.

발을 씻어도 깨끗이 씻을 것은 없네	濯足不用十分濯
집에 돌아와 졸려서 자려니 닭이 울고	還家瞌眼鷄咿喔
닭이 우니 호미를 또 잡아야 하나	鷄咿喔鋤還握
하루 12시간 언제나 되어 다리 뻗고	十二時何時可伸脚
여름밤도 짧은데 얼마나 쉬리오	夏夜短休幾刻
발을 씻어도 깨끗이 씻을 것은 없네	濯足不用十分濯

생물을 괴롭히고 유전자 변형까지 해가며 수확을 늘리는 과학기술 농업에 비하면 하늘, 땅, 물, 바람 등 자연과 소통하며, 생명의 씨알을 정성으로 키워 소출을 늘리는 농부의 마음이 얼마나 순수하고 아름다운가. 고된 하루의 농사를 끝내고 석양을 배경으로 감사 기도를 올리는 부부의 모습이 명화가 되는 까닭이다. 일본 박물관에서 돌아오지 못하는 독조도(獨釣圖)에서 보듯이 서화에 뛰어나고, 세종 때부터 40년 가까이 높은 벼슬을 지낸 인물이 흙 묻은 발로 농부들과 함께 어울리며, 습득하고 연구한 지식으로 농부들에게 용기와 희망을 주었다면, 개인적으로는 더할 나위 없이 훌륭한 여민동락(與民同樂)의 품격이고, 넓게는 애국애족의 실천이다. 낙향해서 짧은 순간도 허송하지 않고 여생을 가득가득 채우고 떠나는 그 길이 바로 꽃길이 아닌가. 현세에도 만년을 어떻게 보내야 하는지 고민하는 세대에 또 다른 길을 열어 보여준 조상은 과연 위대하다.

강희맹이 1463년 명나라 사신으로 가서 귀국할 때 남경의 전당지(錢塘池)에서 가져온 연꽃씨앗을 지금의 시흥 관곡지에 심어 재배에 성공한다. 꽃잎이 뾰족하고 꽃잎 끝에 붉은색이 옅게 띠를 두른 종전에 볼 수 없던 아름다운 백련의 일종으로 전당홍(錢塘紅)이라고 부른다. 시흥시는 이러한 연유를 배경으로 연꽃테마파크를 넓게 조성해 매년 7월이면 연꽃 축제를 열어 다양한 종류의 연꽃까지 소개한다.

숙부 이성계와 사촌 이방원의 공신

태조 이성계에게는 이복형 이원계가 있었는데, 문익점의 딸과 사이에서 낳은 세 아들 중에 둘째가 양도공 이천우(李天祐)이다. 양도공은 고려 말 이성계를 도와 참전한 황산대첩 등에서 공을 세우고, 4촌인 이방원을 끝까지 도와 제1차 왕자의 난에서 정사공신(定社功臣), 제2차 왕자의 난에서는 좌명공신에 오르고, 종묘 태종의 묘정(廟庭)에 배향된다. 병조와 이조판서를 지내고 완산부원군에 봉해지는 등 조선 초기 조정 내 주요 인물의 한 사람이었다. 공으로 내린 토지를 사양하자 태종은 1416년 키우던 매 두 마리를 그림으로 하사, 이응도(二鷹圖)가 목판으로 남아있고, 고양시 일산 성석동에 격식을 갖춘 합장 묘소와 신도비가 있다.

양도공의 여흥민씨 부인은 태종비 원경왕후 민씨의 언니였고, 그의 장남 이굉(李宏)의 부인은 제2대 정종의 왕비 정안왕후 김씨의 동생이었다. 이굉이 사망하자 김씨 부인은 아들 4형제를 데리고 친정이 있는 담양으로 들어갔고, 훗날 양도공의 증손자 중에 이효상이 처향인 영광으로 이주해 양도공파의 영광 시대가 열린다. 태종은 장인 민제(閔霽) 사망 후, 왕자의 난에서 공을 세웠음에도 불구하고 원경왕후의 남동생 민무구 민무질 등 네 형제를 대신들의 상소에 불구하고, 외척 세력을 제거하는 명분으로 사사한다. 멸문지화를 당한 양도공의 민씨부인과 원경왕후 민씨 두 자매의 슬픔이 어떠했을지, 태종과 소원해진 원경왕후는 아들 세종이 즉위 후 55세에 태종보다 2년 먼저 세상을 떠난다. 태종은 또한 같은 의도로 영의정이었던 세종의 장인 청송심씨 심온도 제거한 바 있는데, 외척 제거가 왕권강화라는 명분이라 해도 일련의 과정을 보면 근저에 사심이 전혀 없었을지 석연치 않아 보이는 비극이었다.

　　매사냥은 삼국시대부터 기록에 등장하는데, 고려 때는 충렬왕과 공민왕이 즐겼고, 조선에 들어서는 태조와 태종이 즐겼고, 세종도 사냥에 나섰던 기록이 있다. 이외에 사냥터를 만들기 위해 민가까지 강제 철거시킨 연산군도 빠질 수 없다. 태조 이성계는 한강변 성동구 응봉산에 매를 사육하고 길들이기 위해 응방(鷹坊)을 설치했고 궐내에도 내응방을 두었다. 응봉산에서 중랑천을 건너는 보물 제1738호 살곶이 다리는 세종이 상왕으로 물러나 매사냥을 즐기던 태종을 위해 1420년 짓기 시작했고 훗날 완공돼 한양으로 들어오는 다리로 요긴하게 이용되었다. 해동청(海東靑)으로도 불리는 송골매는 일본이나 중국에도 알려지며 동아시아 최고의 인기를 누렸다. 낙하 시속 300km이상의 빠른 속도로 공격할 정도로 강인함과 용맹성이 뛰어나고, 조련을 통해 인간과 소통하는 능력은 물론 고고한 자태 또한 일품이다. 갓 태어나 1년 정도 조련되면 보라매로 불리며, 새의 특징과 소유주가 표시된 시치미와 소리로도 추적되도록 작은 방울도 함께 부착됐다. 일종의 꼬리표인 시치미를 떼어 감추면 주인이 찾을 수 없다하여 소위 '시치미 떼다'는 말이 일상에서 흔하게 통용된다. 매사냥과 관련해 생활 속의 단어가 계속 생겨나는데, 매의 날카로움을 상징해 '매섭다'하거나, 매가 사냥감을 매섭게 몰아 부치는 모습을 보고 '매몰차다'하고, '바람 맞다'는 매가 공중에서 갑자기 돌변한 바람 탓에 사냥감을 놓치는 모습을 말한다. 이외에도 매서운 모습에도 불구하고 깃털은 유난히 부드러워서 - 매끄럽다, 매를 길들이느라고 - 매만지다하거나, 평소에는 도망가지 못하게 줄을 달아서 - 매달다, 높은 콧등의 매부리코가 있고, 옹골지다거나 옹고집도 매 응(鷹)에서의 활음조로 본다.

이규헌 가옥

묘량면 영양리 이규헌 가옥은 전주이씨 양도공파 종가로, 양도공 이천우의 증손 이효상이 정착한 이래, 20대에 걸친 길고 긴 세월 종택으로 옛 멋을 잃지 않고 여전히 잘 지켜지고 있다. 임진왜란 때 70대 고령에도 불구하고 영광의 수성장(守城將)으로 추대되어 동생은 물론 두 아들과 임진수성 활동을 함께 한 양도공의 6대손 사매당 이응종이 태어난 곳이기도 하다. 모친의 병환에 대변까지 입으로 확인하던 양도공의 11대손 이상호의 효자정려가 걸린 솟을삼문을 들어가서 사랑채가 있고, 중문으로는 특이하게 높은 솟을삼문을 다시 들어가면, 앞과 좌우로 퇴를 둔 정면 6칸 측면 2칸의 안채가 나타난다. 안채는 2칸 대청, 큰방과 건넌방 각 1칸, 부엌과 머리방 각 1칸 등으로 구성되어있고, 1895년경 중건된 사랑채 상선당은 정면 4칸에 앞뒤 각1칸 대청과 2칸 방으로 구성된다. 사랑채에 걸린 상선(相善)이라 함은 세상의 인간관계에서 저마다 적합한 처신의 기준을 제시한 삼강오륜도 결국은 서

로 간에 선(善)함을 바탕으로 해야 가능하다는 의미로 보인다. 이외에
도 주로 하인들이 거주하는 정면 3칸의 초가지붕 호지(護持)집이 눈에
띄고, 양도공의 사당 부조묘가 있다. 22대 종손 이규헌은 1983년 제
2회 미전에서 김기창 화백이 분과위원장을 맡았던 한국화 부문에서
"동화사의 늦가을"로 특선에 오르고, 화조도와 향원정 같은 풍경화나
영정 모사 등의 전시회도 갖으며 고독한 종손의 숙명을 지킨다.

안채, 사랑채, 사당에 검정 바탕에 흰색 글씨의 주련이 걸려있는데,
안채 여덟 기둥에 걸린 주련의 글귀가 도연명의 귀전원거(歸田園居)의
일부로, 일찍이 벼슬을 접고 돌아온 고향이 기대만큼 만족스럽지는 않
았던 것으로 보인다.

남산 아래에 콩을 심었더니,　　잡초만 무성하고 콩은 드물구나,

이른 새벽 거친 밭을 매고,　　달빛 따라 호미 메고 돌아오는데

길은 좁고 초목은 무성해,　　저녁 이슬이 옷을 적시네

옷 젖는 것 아깝지 않으니,　　다만 농사 잘 되기 바랄 뿐이라네

언뜻 새벽에 나가서 달빛을 지고 돌아오는 선한 농부의 고단한 심사
를 담담하게 펼친 것만 같아도, 숨겨진 의미는 지난 벼슬살이에 대한
회한과 다 내려놓고 찾은 현실도 생각만큼 녹녹치 않음을 말하는 듯하
다. 그래도 떨어진 자신의 위상이야 대수겠는가, 다만 나라가 잘되면
되는 것이라고 스스로 위안을 찾는다.

조선의 경국대전은 품계 6품 이상의 관료는 3대까지, 그 이하 관료

는 2대까지, 서민은 부모 제사만 권장했으나, 주자가례의 영향을 받아 4대 제사가 흔하게 늘어나는 경향을 보였다. 그러나 4대조가 지나도 신주(神主)를 옮겨 묻을 필요 없이 영원히 사당에 봉안하는 것을 나라에서 허락받고, 불천위(不遷位)로 모사는 사당을 부조묘(不祧廟)라고 한다. 양도공 경우에서 보듯이 원칙적으로 나라에서 공훈을 인정받은 사람에 내리는 특전에 속한다.

이규헌 가옥

묘장서원

전주이씨 양도공파 집성촌 묘량면 운당리, 영당마을에 있는 묘장서원(畝長書院)은 사촌동생 태종이 내린 양도공 이천우의 영정을 위해 1616년 세운 영당(影堂)이 전신이다. 홍살문을 지나 정면 5칸의 대문채를 들어가서 2칸 대청 좌우로 지경실과 양덕실을 둔 정면 4칸의 묘장서원이 있고, 뒤로 솟을내삼문을 들어서면 정면 3칸의 영당사가 있다. 이천우의 영정이 후손들에게 전승되어 오다가 이천우의 증손 이효상이 담양에서 영광 묘량면으로 옮겨오며 부조묘를 건립해 영정과 유물을 보관해오던 중, 1616년 지역 유림의 총의로 현 위치에 영당사가 세워졌다. 사우는 이천우 외에도 임진왜란 때 고령으로 임진수성의병을 이끌었던 이응종, 정철의 기축옥사에 억울하게 연루되어 스승 최영경과 함께 처형된 만취당 이황종, 황산도 찰방을 지낸 이홍종 삼형제 등 5위를 배향한다.

서원은 크게 강학공간인 강당과 조상을 향사하는 사우로 나뉜다. 가끔은 둘 중에 무엇이 우선일지 생각해 보지만, 마치 닭이 먼저냐 계란이 먼저냐는 식의 의미 없는 추론에 혼자 웃고 만다. 선조들은 강학에만 치우쳐 자칫 글쟁이 양성이라는 기울어진 교육을 우려해, 강당보다 높은 자리에 사우를 세워 조상을 거울로 삼아 인성 함양에도 힘쓰도록 했다. 그렇게 조상의 향사는 무언의 가르침을 의도했어도 상위 목표는 아니었을 것이다. 그러나 서원이 숙종 때 전국적으로 거의 1000개소에 이르자, 남설이 문제로 떠오르며 규제되기 시작해 300여 곳이 닫히고, 1871년에는 서원철폐령에 의해 어필 현판을 받은 사액서원 47개소만 남고 모두 훼철됐다. 조정이 기대하던 향촌교화 역할이 일부에서 부작용으로 나타나고, 강학보다는 조상 봉향에 우선한다는 판단으로 내려진 철퇴는 사림이 숨죽일 수밖에 없는 강력한 통제였다. 그럼에도 오늘날 서원이 전국적으로 600여 곳에 이른다하니, 지역유림과 문중에서 얼마나 신속하게 복원시켰는지 그저 놀라울 다름이다. 훼철되지 않고 남아있던 서원중에 도산서원, 소수서원 등 9곳이 세계문화유산으로 등록되었으나, 철폐령이 없었다면 훨씬 더 많은 사원이 등록되어 세계를 놀라게 하고 있을지도 모를 일이다.

정조 때인 1800년 3월 창경궁에서 이틀간 열린 왕세자 책봉 기념 별시에 약21만 명이 응시한 기록이 있고, 역대 합격 최고령은 85세인 반면에 최연소는 13세였으니, 응시생 외에도 얼마나 더 많은 준비생이 대기하고 있었을지 짐작도 쉽지 않다. 당시 조선 추정인구 약800만 명에 비하면 놀라운 비중이다. 오늘의 교육열이 이시대가 만들어낸 병폐라고만 할 수 있을까. 만일 그렇다면 오늘날 세계 속에서 주목되는 케이 문화 위상에 대한 설명도 궁해질 듯하다. 교육은 후손을 위한 조상의 대계(大計)이고, 자손으로는 조상에 대한 효(孝)의 실천이었다. 벼슬을 끝내고 낙향하면 천하의 영재를 얻어 가르치는 것을 군자의 낙으로 아는 스승이 있어서 열기는 식지 않았고, 한 때 조정을 이끌던 스승과 미래에 조정을 이끌 재목이 함께하며 서원과 향촌이 발전해 왔다. 병아리가 알을 깨고 나올 때 어미가 밖에서 쪼아서 도와주듯(啐啄同時)이 제자가 스스로 채울 수 없는 부족함을 스승도 연구해가며 도와주는 사제동행을 통해 고향과 나라가 함께 발전했다.

신천리 삼층석탑

묘량면 신천리 신흥마을, 남쪽 멀리 불갑산을 바라보는 산자락에 자리하고 있는 보물 제504호 신천리 삼층석탑은 신라 양식을 이은 고려 시대 석탑으로 알려져 있다. 기단은 하대에 우주와 2개의 탱주, 상대에 우주와 1개의 탱주가 간결하게 조각되었고, 탑신은 1층에 비해 2-3층에서 급격한 비율의 축소를 보이고, 두툼하면서도 처마 끝을 살짝 들어 올린 옥개석은 아래로 4단 받침을 두고 위로는 2단 각형의 굄받침이 위층 탑신을 받친다. 상륜부에는 방형 노반, 연화문이 희미한 복발, 후에 만들어 올린 것으로 보이는 석종형 보주가 있다. 각 부위의 적절한 분할 구조가 명료하고 예리한 끝단 처리와 매끈한 면석이 돋보이며, 무엇보다 긴 세월을 견디며 비교적 원형을 잘 유지하고 있는 것이 반갑다. 1995년 해체 복원 때 1층 탑신 윗면 사리공에서 청동사리호 등이 발견되었다 한다. 진신 사리를 담은 사리호를 사리공을 통해 넣는 것이 원칙이나, 사리가 귀한 탓에 사리를 형상화한 수정이나 유리구슬 등을 넣는 것이 보통이었다. 석탑 앞에 화사석을 잃은 석등과 옆에 있는 원당형 부도 2기는 지금의 자리에 원래부터 함께 있지는 않았으나 폐찰 후에 한 곳에 모아 놓은 것이라 한다. 하대석 위로 미끈한 간주석, 상대석, 옥개석까지는 온전해도, 정작 불을 밝힐 화사석은 잃어버린 석등의 애처로운 모습에서 눈을 떼기 쉽지 않다. 그래도 이흥사로 추정되는 옛 절터에서 한 식구로 오랜 세월 운명을 같이했을 텐데 제 모습을 갖춰 어울리고 있다면 하는 아쉬움이 남는다. 신흥(新興) 마을은 고려 말 큰 사찰이었던 이흥사(利興寺)가 화재로 소실될 때 마을도 피해를 보았던 듯, 주민들이 개척해 새롭게 마을을 열은 곳이라는 의미라 한다.

오백년 불씨가 꺼지다니

영광읍 입석리 신호준 가옥은 영산신씨에서 분파한 영월신씨(寧越辛氏)가 영광으로 이주해 오며 1856년경에 지어진 종택이다. 건설 건축 업무를 담당하던 정3품 선공판사를 지낸 신보안(辛保安)이 세종 때 영광군수를 마치고 광주목사로 옮겨갈 때, 둘째 아들 신사구(辛斯龜)가 영광의 사족인 청주한씨와 혼인하며 자리 잡게 된다. 신보안의 7세손 중에 4촌 형제 신응망과 신응순(辛應純) 등이 문중에서 눈에 띄는 인물로 신응망은 앞장 강항에게서 수학하고 인조 때 문과에 급제해 예조 정랑, 사헌부 장령 등을 거치고 외직으로 부사와 도사를 지냈고, 신응순은 이괄의 난과 병자호란 때 군량을 모은 공으로 희릉참봉에 천거되었으나 임하지 않았다.

1615년 신응순의 부인 서산유씨가 45세 늦은 노산으로 사망하고 말았다. 여덟째딸을 출산할 때도 비슷한 증상을 경험한 터라 일반적인 증세로 여기고 탕약을 계속했으나 결국 심한 하혈과 통증을 이겨내지 못한다. 25년을 함께한 부인을 떠나보내는 슬픔과 무심하게 대처한 자신을 자책하며 보낸 약2년의 상장례 의식을 상세하게 정리한 내상기(內喪記)가 문집에 들어 있다. 사망한 날 첫닭이 울자 늙은 종을 시켜 지붕에 올라가 옷을 펼쳐 흔드는 초혼(招魂) 의식, 조문객에게 차를 내

는 검소한 접객, 제반 의례절차와 부조품목, 주위로부터 위로서신 등
을 모아 꼼꼼히 기록했다. 초혼 의식은 사람이 죽은 직후에 생시에 입
던 저고리를 왼손에 들고 지붕이나 마당에서 북쪽을 향해 망자의 이름
을 세 번 부르는 의식을 말한다.

　무척 사랑했던 여인의 죽음을 접하고 절규한 시인도 초혼의 의미를
통감하고 있었던 듯하다. 혼이여 부디 돌아오라, 따스한 이승을 버려
두고 어찌 찬 허공을 떠돌 것인가. 앞세운 부인이 혹시나 돌아올까, 혼
을 부르는 처절한 외침이 반향 없는 빈 하늘에 흩어진 날의 슬픔을 기
록했다.

　종택은 정면 3칸의 솟을대문채 안으로, 상-하단으로 구분해 계단으
로 연결시킨 대지의 상단에는 여인들의 안채, 하단에는 남성들의 사랑
채를 앉히고 출입문도 구분해 남녀의 공간 접근을 분리시켰다. 방앗간
채의 문으로 들어가는 안채는 3칸 대청 좌우로 건넌방과 2칸 안방을 두
고 3칸 부엌을 ㄱ자로 연결 배치했고, 진광채, 곡간채, 안측간채, 사당
이 있다. 중문간채로 들어가는 사랑채 영역에는 ―자형 사랑채 앞으로
화단, 그리고 행랑채, 사랑 측간채를 배치, 종택 전체로 10여 동의 초가
와 와가가 적절히 섞여 배치됐다. 좁은 골목에 맞추느라 그랬는지 대문
채를 안에서 보면 솟을삼문이어도 밖에서 보면 오른쪽이 담장으로 가
려서 2칸이 되고, 가옥 규모에 어울리지 않게 작다. 대문에는 신꿩규(辛

宏珪)의 효자정려가 걸려있고, 좌측으로 홍살벽채 단칸에는 정려비라도 있었음 직한데 지금은 비어있다. 부모상을 당하여 멀리 있는 우물에서 아침저녁 물을 길어 아침저녁으로 음식을 지어 올리는 등 시묘생활에서 보여준 효성으로 1892년 명정되었다. 2009년 도난 되었던 종택의 병풍과 문중 고문서 등 548점이 신속한 합동수사 끝에 회수된 바 있다.

신호준 가옥

500년 이어온 문중의 불씨를 종부에서 종부의 손으로 18대에 걸쳐 지켜져 오다가 약 30년 전에 잃었다는 일화가 있다. 저녁에 쓰고 난 불씨를 아궁이나 질화로 재속에 묻어두었다가 아침에 되살려 쓰며, 긴 세월 전해 내려오던 불씨가 어느 날 갑자기 사라졌다. 곡간 열쇠와 불씨를 종부에게 물려주기를 몇 번, 이사 갈 때나 분가해 나가는 며느리에게 물려준 불씨는 전통과 희망의 씨앗이었을 텐데, 마지막 불씨를 잃은 안주인의 가슴은 어떠했을까. 대대로 물려온 불씨를 지키는 전통은 순혈을 지키려는 집념의 유산이고, 부엌의 신령 조왕신(竈王神)과 함께 집안의 건강과 안녕을 지켜주는 신앙이었을 것이다.

신화에서 프로메테우스가 신들만의 불을 인간에게 나눠주자, 화가 난 제우스가 판도라의 상자를 만들어 인간 세상에 벌을 내렸듯이 불은 신성이고, 서기470년 이래 지금까지 약 1,550년간 꺼뜨리지 않고 불씨를 보존하고 있는 종교 조로아스터교[拜火敎]도 있다. 신화에서도, 종교에서도, 제단에서도, 작은 부엌에서도, 어디서나 불씨는 인간에게 불멸의 영혼, 내일을 지켜주는 희망이고, 가문의 순혈을 지키고 복을 부르는 상징이었다. 불씨를 잃는 것은 재앙의 경고로 모두를 두렵게 했다. 복이 나간다고 빌려주기조차 꺼리던 불씨를 순간의 실수로 오랜 전통을 깨뜨렸다는 종부의 탄식이 가련해 보이면서도, 편리한 가스가 부엌까지 들어오는 세상에 최근까지도 지켰다는 종가의 혼이 놀랍기만 하다. 더욱 놀라운 것은 영월신씨 후손이 꺼진 불씨에서 영감을 얻고 신화로 되살려내려는 듯, '신씨화로' 옥호의 화로구이 전문점을 창업해 프랜차이즈로 키워나가는 성공신화 이야기다. 꺼진 불씨를 신씨화로에서 살려서 오래오래 지켜가길 기대해 본다.

여러 지역에서 비슷한 불씨 전설이 전해온다. 오랜 세월 불씨를 지켜오던 종가에 시집온 며느리가 시어머니로부터 불씨를 물려받아 정성껏 지키는데 어느 날 불씨가 꺼져서 크게 질책을 받는다. 그렇게 정성으로 지키던 불씨를 한순간에 잃어야 했던 사실이 몹시 미심쩍은 며느리는 불씨 화로를 부뚜막에 올려놓고 밤새 숨어 지켜보는데, 웬 동자가 나타나서 발로 불씨를 죽이고 도망간다. 며느리는 놓치지 않고 멀리까지 쫓아가서 동자를 붙잡아 자루에 넣고 집으로 돌아온다. 시부모에게 자초지종을 얘기하며 자루를 내놓고, 크게 잘못했으니 마땅히 떠나는 것이 도리라며 울먹인다. 며느리가 들고 온 자루가 무척 궁금했던 시부모가 열어보고 놀라더니, 오히려 크게 기뻐한다. 지역마다 전설은 자루 속에서 금덩이나 만년 묵은 동자삼(童子蔘) 등이 들어있었다고 다르게 전해오는데, 큰 병도 단번에 낫게 한다는 동자삼을 얻어온 며느리야말로 굴러온 복덩이다.

종가의 전통은 종자장, 일명 씨간장이나 심지어 흔한 김치 국물에까지도 흔적으로 남아있다. 적어도 5년 이상 잘 숙성된 진간장 중에서 가장 풍미 있는 것을 골라서 씨간장으로 남겨두었다가, 햇간장을 만들 때 부어서 같은 종균이 퍼뜨리는 맛과 향을 수백 년간 유지해온다. 그 가치로는 몇 년 전 보은에 있는 보성선씨 종가의 350년 씨간장 이 고가에 팔릴 정도로 귀하신 몸이다. 그런가하면 담양의 창평 장흥고씨의 360년 씨간장으로 조리한 갈비구이가 미국대통령을 위한 청와대 국빈 만찬에 등장, 맛은 물론 미국의 역사보다 오래된 종가의 씨간장 전통에 감동한 외신 기자들이 열띤 취재를 벌였다. 생활사에서 접하는 조상들의 전통존중에 대한 집념과 지혜가 놀랍다.

도깨비와 타협으로 얻은 옥토

영광읍 우평리 우산사(牛山祠)는 해주오씨 영광 입향조 오선경(吳先敬)과 오보(吳堡), 오숙(吳塾), 오명열(吳命說), 오석해(吳錫海) 등 5위를 배향하는 사우로 1958년에 창건되었다. 정면 3칸 측면 2칸 반의 강당 숭의당과 정면 측면 각 3칸의 우산사로 구성되어 있다. 오선경은 의정부의 정4품 사인(舍人)을 지내며, 세종 원년 1419년 대마도 정벌에 영의정 겸 삼도도통사인 유정현의 종사관으로 참전했다. 대마도 정벌의 비교적 순조로운 승리에서 조선군의 피해가 전혀 없지는 않았지만, 종사관 오선경의 순절은 의외의 안타까움으로 남는다.

　왜군을 격퇴하며 키운 힘을 바탕으로 태조가 조선을 개국한지 27년, 1419년 5월 초 충남 비인 마량포에 왜군이 나타나 수군에 큰 피해를 주고 충남 비인읍성을 공격하다가 떠났다. 6일 후에는 황해도 해주에 나타나서 중국을 치러 가는 길에 식량을 원할 뿐이라고 겁박해 식량을 얻고 중국 대련으로 향한다. 이 소식을 접한 조정은 주력부대가 떠난 대마도를 먼저 공격하고, 중국에서 귀향하는 왜구의 길목을 지켰다가 공격하는 전략을 세우고 은밀한 실전 준비, 불과 한 달여 만에 전격적으로 대마도 정벌을 전개한다. 당시 대마도는 1418년 큰 흉년 후, 대마도 도주는 죽고 어린 아들이 승계하는 과정이었다. 병선 200여척에 17,000명 병력을 이끌고 거제도를 출발해 하루 만에 대마도에 상륙, 거칠 것 없는 무력으로 일대를 점령한 뒤, 달아난 잔당을 쫓는 일부 병력만 남기고 다가오는 태풍을 감안해 13일 만에 주력부대를 철수시킨다. 그러나 기대이상의 대승에 자만심이 화를 남긴다. 산속으로 숨은 잔당이 나올 때까지 기다리지 않고, 지형에 익숙하지 않은 골짜기를 따라 쫓다가 기습당해 백여 명의 희생이 발생, 오선경도 이 상황에서 변을 당한 듯하다. 조선이 대마도에서 서둘러 철군 않고, 병력을 남겨 지배를 계속했다면 조선의 땅이 되어 오선경의 허무한 죽음도, 더 크게는 임진왜란도 피했을까.

　와탄천과 묘량천으로 둘러싸인 해주오씨 집성촌 우평리는 사방이 문전옥답으로 펼쳐져있다. 그러나 마을은 약 500년 전까지만 해도 도깨비 심술 때문에 사람이 살지 못하던 곳이었다 한다. 그래도 옥토가 아쉬워 마을에 들어와 지낼라치면 어김없이 첫날밤에 도깨비가 나나타서 모든 살림을 부수고 훼방을 놓기 일쑤였다. 도깨비가 그러는 데는 무슨 까닭이 있으려니, 도깨비에게 어떻게 해주면 좋겠냐고 타협을 제안한다. 도깨비는 오방(五方)에 나무 다섯 그루를 심고, 매년 10월14일 당산제를 열돼, 반드시 메밀묵과 우평리(牛坪里)를 상징하는 우족(牛足)을 제물로 올리라고 한다. 말대로 제사를 빠짐없이 지내주니 살기 좋은 마을이 되어 번성하고, 마을은 매년 빠짐없이 제사를 지내며 도깨비들과 약속을 지킨다.

　혹 떼러 갔다가 혹 붙여온 욕심쟁이 혹부리 영감 설화 속의 도깨비는 인간을 쉽게 믿고 속임수에 잘 넘어가지만, 한번은 속아도 두 번은 속지 않고, 욕심 부리는 사람은 반드시 벌한다. 동화책 속의 도깨비는 심술도 곧잘 부려 인간을 두려워하게 만드는 존재이나, 본성은 몰려다니며 놀기 좋아하고 인간에 씨름을 걸어 당당하게 이기고 인간으로부터 인정받기 원하고, 마음 내키면 신통한 방망이를 두드려 복도 듬뿍 주는 온정도 있다. 양반보다는 약하고 불쌍한 백성편이 되어주고, 음식도 진미보다 서민의 음식인 메밀묵이나 메밀떡 또는 수수떡과 고기를 좋아한다.

조상들은 민간신앙의 한 형태로 도깨비는 풍요와 재물을 가져다주는 초월적 존재로 여기기도 했다. 반 인간 모습을 드러내는 도깨비는 숲과 나무가 집이고, 빗자루, 부지깽이 등 사람의 손때 묻은 물건에 깃들기도 했다. 만물 중에 왜 하필이면 오래 써서 낡고 너절한 물건에 몸을 숨겼을까. 하잘 것 없는 부지깽이라도 가치로는 따질 수 없는 생필 속 요긴한 역할에 감사하고, 당신을 위해 헌신한 세월이 얼마인데 이제 낡았다고 버릴 것이냐는 엄중한 경고와 조금 잘 나가게 되었다고 친구와 이웃을 버린다면 부지깽이만도 못한 인간이라는 질책도 담겨있다. 이렇듯 설화 속의 도깨비는 사람과 소통을 즐기고, 선행에 감동해 재물을 가져다주며 인간을 교화하는 신적인 역할도 보여주었다.

2016년 말 방영된 인기 드라마 "도깨비"에서 939살 현대판 도깨비는 어린 도깨비 신부와 애틋한 러브스토리를 연출, 변화하는 도깨비 상을 보여주며 긍정적 평가를 받았다. 그 인기는 캐나다 퀘벡에게서도 빛을 냈다. 드라마 속 도깨비가 서울사무실 문을 열고나서면 퀘벡 어느 소극장 뒷벽에 난 빨간색 쪽문 밖이 된다. 한국 관광객이라면 어김없이 도깨비가 나오던 빨간 문 앞에서 기념사진을 찍고, 보잘 것 없이 작은 문 앞에 줄 서서 기다리는 한국인을 보고 외국인도 덩달아 그 앞에 선다. 쪽문의 안쪽은 서울이고 바깥은 퀘벡이라는 한류의 도깨비 세계를, 그들만의 도깨비 놀이로 할로윈을 즐기는 외국인들이 어떤 신선한 충격을 받았을지, 생각해 보면 K-도깨비의 진화에 슬며시 어깨가 펴진다.

도깨비는 귀신 세계에 속하지만 귀신이 도깨비는 아니다. 억울하고 불쌍하게 죽은 영혼이 천도를 받지 못해 방황하며 떠돌아다니다가 사람에게 달라붙어 사고를 일으키는 귀신을 달래기 위해 조선 때는 예조에서 사관(祀官)을 보내 일 년에 두 번 여제(厲祭)를 열어 혼을 달래는데, 그 여단(厲壇)이 자하문 밖 평창동 113-1번지에 있었다. 불교에서도 천지간 수륙에 떠도는 외로운 혼을 위로하고 천도하기 위해 왕실의 시주를 받으며 수륙재(水陸齋)를 올린다. 고려 때부터 행해지던 전통 의례는 억불의 조선시대에도 이어지고, 현재 국가무형유산으로 지정되어 지금도 서울 은평구 진관사에서 볼 수 있다.

할아버지 할머니 석장승

영광읍 도동리 159-2, 1832년 세워진 도동리 석장승 한 쌍이 서로 등을 대고 북쪽과 남쪽을 향해 서있다. 자연석 화강암을 그대로 활용해 마치 탕건을 쓴 듯한 동방대장(東方大將) 할아버지장승은 도드라진 얼굴, 부엉이를 연상케 하는 동그란 눈, 복스러운 주먹코, 타원형에 가까운 네모 입과 투박한 이빨을 하고 있다. 서방대장(西方大將) 할머니장승은 자연석 그대로의 삼각 판석을 얼굴로 다듬고 튀어나온 눈, 큰 복코에 콧구멍, 강한 이빨을 드러낸 입을 조각했다. 할머니 장승 얼굴을 평면으로 펼치면 꼭 다문 입을 제외하고 입체파 화가의 유명한 자화상과 많이도 닮은 것이 신기하다. 혹시 죽어서 장승으로 환생을 꿈꾸고 100년은 앞서 입체 자화상을 그려 넣은 것인지 절로 웃음이 나는 모습이지만, 애정을 갖고 보면 역시 지금 세상에 흉내 내기 쉽지 않은 수

작이다. 억지로 무서운 모습을 보이며 오랜 세월 지켜온 수호신 역할
에 지쳤는지 지금은 뒷방 노인처럼 도로 귀퉁이에 물러서 있다.

1832년에 무슨 불행한 사고라도 겪고서 석장승이 세워진 것일까.
영광군에서 사람이 물에 빠져 죽은 사고를 전라감사 이규현이 그해 5
월에 장계를 올리자 순조는 "영광군에서 30여 명이 한꺼번에 모두 엄
사(익사)하였으니(靈光郡人物渰死事. 三十餘名一時俱渰), 지극히 불쌍하고 측은
하다. 만약 생전의 신역·환곡·군포가 있으면 모두 탕감해 주고, 시체는
기한을 정하여 찾아내도록 하라" 명한다. 끔찍한 대형 선박사고였을
것으로 추정되는 사건이 당시로는 가족과 고을 백성에 큰 충격과 슬픔
을 주었을 것이다. 법성포에서 약1,000석의 세곡을 싣고 한양을 오가
는 큰 선박이 30여척 운용되고 있었으니 크고 작은 해난 사고가 적지
않았을 듯하다. 석장승이 이들의 슬픔을 위로하고 어떤 희망과 믿음을
주었을지, 퇴락한 자리에서 세월의 때를 입고도 여전히 그날의 슬픔을
기억하라는 듯하다.

군서면 천년로 1155, 조선말에 세워진 것으로 보이는 남죽리 석조
미륵불은 팔각 머릿돌을 이고 있는 기이한 불상으로 몸체 상부에 얼
굴을 깊이 조각한 모습이다. 두터운 눈썹, 얼굴에 비해 작은 코, 큰 입,
볼이 두툼한 귀 등을 하고, 좁은 어깨의 상반신이 꿈틀거리듯 돌덩이
에 모습을 드러냈다. 어찌 보면 초보의 습작 같기도 하지만, 다르게 보
면 초현실적인 예술 감각도 느껴진다. 그런 모습에 간절한 소원을 빌
었던 조상을 생각할 때마다 더 애틋한 정이 가고, 미륵은 행자의 마음
속에 있지 굳이 형체를 빌려 나타나는 것은 아니라는 의미를 전하는

것 같기도 하다. 한없이 약해보여도 믿고 싶은 것은 굳게 믿고, 또 의지하고픈 인간의 마음과 소통하며 긍정의 에너지를 전하는 석불의 모습은 비록 작고 못나도 여전히 의연하지 않은가.

전설은 마을 어떤 사람이 "아이고 고개야" 크게 소리치며 땅을 뚫고 나오는 미륵의 꿈을 꾸다가 깨어나, 꿈에서 본 곳을 찾아 꺼내 세웠더니 마을이 번창했다는 전설이 있다. 또 다른 전설은 고려 원종 때 한 선비가 이곳에서 잠이 들었는데, 물가에 갇혀서 오도 가도 못하며 허우적거리던 거북을 구해주니까 제가 있던 자리를 가리키고 사라지는 꿈을 꾼다. 잠을 깬 선비는 꿈에서 본대로 물속에 손을 넣어 꺼내보니 불상이었다. 지금의 자리로 불상을 옮겨 불공을 드렸더니 물이 빠지며 살기 좋은 땅이 생겨 마을을 이루게 되었고, 때마다 불상을 찾아 마을의 무사안녕과 소원을 빌고 아들을 얻기도 했다 한다. 하체가 땅에 묻힌 듯, 제 모습을 알 수 없으나 높이 약 1m 미륵불이 단칸 보호각에 모셔져 있다.

미륵은 도솔천에 머물고 있다가 세상에 내려와 성불하고 중생을 구제할 것이라는 믿음의 대상이다. 고려가 개국하기 전까지 후삼국시대 30여년은 끊임없는 전쟁으로 농사는 황폐해지고 민생은 절망적 혼란에 빠진 시기였다. 난세에서 구원을 열망하는 백성의 유일한 도피처는 미래의 불이 일으키는 미륵세계이고 그러한 믿음이 미륵신앙이다. 혼란한 시기에 궁예는 자신이 바로 그 미륵이고 아들들이 협시불이라고 외쳤고, 견훤도 미륵신앙을 내세워 민심을 끌어들였다. 마음속에서 바라던 미륵이 어떤 모습으로 세상에 출현할지 기약이 없기에 김제 금산사 미륵전에 있는 거대한 미륵불이나, 1미터 겨우 넘는 투박한 연성리 석조 미륵불은 다를 수가 없다. 아이러니하게도 견훤은 본인의 뜻과는 무관하게 미륵신앙의 성지 금산사에 맏아들 견신검에 의해 감금되었다가 3개월 만에 탈출, 왕건에게 의지하며 반역을 처단한다.

견훤은 고구려가 연개소문 아들들 간의 권력다툼으로, 백제와 신라도 왕자들의 다툼과 귀족세력의 분열이 멸망을 불렀다는 사실은 잊고 있었던 듯하다. 성서는 "스스로 분열한 나라는 황폐하고, 스스로 분열한 집안은 살아남지 못한다(every kingdom divided against itself will be ruined)"고 예언했고, 유교의 핵심 윤리규범인 삼강오륜의 궁극적 의도도 결국은 갈등과 분열의 예방이다. 노예제도로 남북이 갈라진 상황에서 링컨은 분열의 위험(A house divided against itself cannot stand)을 경고하고, 해방 후 좌우익 분열이라는 극심한 혼란 속에서 노정치가도 "뭉치면 살고 헤어지면 죽는다"며 단결을 호소했다. 예나 지금이나 분열에 대한 예언적 경고가 나라나 집안에서나 불행한 역사의 귀결로 증명되어왔음에도 이를 벗어나지 못한 이유는 어디에 있을까. 이념, 종교, 빈부, 순혈 등을 두고 생기는 분열의 싹은 중독성이 강한 권력욕을 먹고 자라서 끝내 도요새와 조개(蚌鷸之爭)의 운명을 맞기 십상이었다. 알 수 없는 먼 미래에 인간 세상에 내려온다는 미륵도 결국 스스로 돕는 자를 돕는다는 믿음이 더 현실적인 듯하다.

5

연산군이 지어준 홍교

영광읍 도동리 105-2, 홍교는 조선 세종 때 성균관 유생으로 불교 배척에 앞장섰던 영광정씨 불우헌 정극인을 기려 그의 사후 16년인 1497년 연산군의 명으로 건립된 것으로 알려져 있다. 원래 옛 영광읍성으로 들어오는 길목에서 제구실을 했을 테지만, 지금은 아파트 사이로 겨우 보이는 실개천 샛길을 이어주는 정도의 쓰임새도 미미한 퇴물 수준으로 남아있다. 개발 명목에 밀려 뒷방 노인으로 밀려난 역사적 홍교를 그늘에 가두어 두기보다 따뜻한 햇볕을 받게 할 방법은 없을지 아쉬운 모습이다. 언제 물길이 바뀌기라도 한 것인지, 90도로 꺾이는 위치에 교묘하게 앉혀진 홍교는 13개의 홍예석을 제외한 나머지 무사석 등은 거의 다듬지 않고 자연석에 가까운 투박한 돌을 적절히 사용했고, 전체로 견고하고 자연스러운 모습이다.

연산군은 성균관을 유흥장으로 만들고, 지금의 탑골공원에 있던 원각사에서 승려를 내보내고 장악원을 옮겨오는 등, 여러 곳을 기생 흥청(興淸)들이 망청(亡淸)으로 타락하는 공간으로 만들어 버렸다. 연산군이 정극인의 척불 행적을 위안으로 삼기 위해 다리를 선택한 것일까. 명창이 불러서 익히 알려진 서산대사 휴정(休靜)의 회심곡 중에 매우 흥미 있는 구절이 들어있다. 49재의 시작인 죽어 7일째 되는 날인 초재(初齋) 때, 산사마다 있는 명부전의 시왕(十王) 중에서 첫째 대왕이 살아생전 "배고픈 이 밥을 주어 기사구제하였느냐" "목마른 이 물을 주어 급수공덕하였느냐" 등 몇 가지 공덕이라도 했는지 심판한다. 그 중에는 혹시 "깊은 물에 다리 놓아 월천공덕(越川功德)하였느냐"고도 묻는다는데, 군주에게 다리 놓아주는 일만큼 쉽고도 명분 있는 일도 없었을 것이다. 불교를 탄압하면서도 과연 연산군은 홍교를 놓아주는 보시(布施)를 실천해 극락왕생 턱걸이라도 기대했던 것일까. 초라하고 무심한 홍교는 이래저래 할 말을 잃고 있다.

도동리 홍교

태조 이성계는 21살이나 어린 계비 신덕왕후를 무척 사랑했다. 이방원 등 신의왕후 태생은 외면하고 계비 신덕왕후의 아들 이방석을 왕세자로 정할 정도였다. 신덕왕후가 40세에 사망하자 큰 슬픔에 빠진 태조는 도성 안에 능과 사찰을 세웠다. 지금의 정동 영국대사관 부근에 정릉을 조성하고 동쪽에 흥천사를 세워 자주 찾았고, 밤이면 흥천사의 종이 울려야 잠들 정도로 가까이 했다. 그럼에도 이방원이 왕자의 난을 거쳐 태종에 오르자 정릉과 흥천사는 쇠락의 길에 들어선다. 마침 청계천 홍수로 광통교가 무너지자 정릉의 병풍석 등 석물을 빼서 사용하기도 했다. 도성 백성이 많이 밟고 다니도록 태종이 청계천 다리를 택했다는 얘기가 그럴듯해 보인다. 끝내 신덕왕후는 태종에 의해 후궁으로 격하되고 정릉도 지금의 성북구 정릉동으로 옮겨졌다. 그러나 세종이 왕위에 올라서 흥천사의 실상을 보고 나라를 세운 할아버지 태조의 뜻을 살려 중수를 추진하기에 이른다. 세종은 도첩제의 강화 등 억불기조는 유지했으나 할아버지가 각별히 사랑한 흥천사 중건에 적극적이었다.

정극인은 한양 두모포, 지금의 옥수동에서 태어나 10대 중반에 부모를 따라 선대의 고향 영광으로 내려와 살며 29세에 사마시에 합격해 성균관에 입학한다. 여러 번 과거에 응시했으나 매번 실패, 성균관 유생으로 있던 기간도 꽤 길었다. 마침 1437년 세종이 흥천사 중건을 추진하자, 성균관 유생들과 집단행동을 주도하며 조선의 숭유억불 정책을 환기시키는 장문의 상소를 세종에게 올리게 되고, 분노한 세종은 정극인을 유배에 처한다. 그렇게 흥천사는 상당기간 유지되다가 연산군 때 사리전만 남은 채 소실되었고, 그 마저도 중종 때 완전히 소실되어 보물 제1460호 동종만 지금도 덕수궁 한 구석에 남아있다. 흥천사는 지금의 정릉 묘역에 삼각산흥천사로 남아있다.

억불정책은 시대에 따라 냉온의 차이를 보였는데 성종은 유학을 통해 정치를 안정시키고 도첩제를 폐지했으나 불교에 그리 억압적이지는 않았다. 80세가 되던 1480년 성종에게 올린 정극인의 상소는 36세 때인 세종 때 보인 소신과 변함없이 날카롭다.

"… 불교가 이 세상에 유익한지 신은 어리석어서 알지 못하겠습니다. 양종(선종과 교종) 사찰을 보면, 전라도가 2천, 경상도가 3천, 충청도가 1천5백, 강원도와 황해도가 아울러서 1천, 영안도(함경도)와 평안도가 아울러서 1천, 경기와 경산(京山)이 1천이니… 대개 1만보다 적지 아니하고, 승도(僧徒)의 수도 10만 보다 적지 않습니다… 비용이 모두 다 백성에게서 나오는데… 거처를 금옥으로 장식하고 그 육신을 편안하게 즐기어, 누에를 치지 않고도 옷을 입으며, 농사를 짓지 않고도 밥을 먹어 백성들의 재물을 좀먹습니다…. 사리의 어긋남이 심하여 하늘이 반드시 이것을 싫어하여서… 신은 원하건대, 도첩 없는 자를 널리 색출하여 모두 환속시키고 군액(軍額)에 충당하소서"

정극인은 유배에서 풀려나서는 처향인 태인(정읍)에서 후학을 키우며 사는 즐거움을 불우헌곡에서 밝힌다. "(29세에) 생원되고 늘그막 (53세)에 과거에 급제하매, 두 번의 훈도와 세 번의 교수를 지내며 가르치기에 실증난 적이 없었다. 3칸 글방에 어린이들 모아놓고, 구독점 찍어가며 설명하고 말로 타이르며 인도하는 이 모습 어떤가요(何叱多)" 성균관 박사와 사간원 등을 역임하다가 고향으로 돌아가 글을 가르치는 그에게 성종은 응원을 보냈다. 그렇게 고향의 자연을 탐미하는 삶에서 불우헌가, 불우헌곡, 상춘곡 등 빼어난 서정적 가사(歌辭)의 길을 열었다.

홍진에 뭇친 분네 이내 생애 엇더한고…

천지간 남자 몸이 날만한 이 하건마난,

공명도 날 끼우고 부귀도 날 끼우니, 청풍명월 외예 엇던

벗이 잇사올고… 아모타 백년행락이 이만한들 엇지하리

홍진에 묻혀 사는 분들이여 내 모습이 어떤가요, 옛 사람 풍류에 못 미칠까요? 세상에 남자로 태어나 나 같은 사람도 많으련만, 산림에 묻혀 사는 이 즐거움 또한 어찌 마다하리오. 어울리지도 않는 공명과 부귀라는 무거운 짐을 내려놓고 찾은 고향, 그제까지 어둡던 들판에 봄빛이 넘치고, 청풍명월이 나의 벗이 되어 이만큼 즐겁게 살면 족하지 무엇을 더 바라겠는가.

세상에 태어나서 본래 내 것은 하나도 없는데 버린다고 무엇이 아쉽겠는가. 물욕을 거두고, 작고 소소한 것들에서도 즐거움과 위안을 찾으며, 자연 속에서 안빈낙도 하는 선인들의 모습에서 참다운 행복을 느낄 수 있다. 잃은 것이란 다만 잃을 것을 잃었을 뿐이라는 가벼운 마음으로 찾은 고향이 비록 젊은 날의 찬란한 봄은 아닐지라도, 더 짙어지고 여전히 아름다운 고향은 지친 몸에 생기를 불어넣어주고 품어주는 마지막 안식처라 알려준다.

가곡 '금강에 살으리랏다'는 홍진(紅塵)에 썩은 명리를 멀리하고, 죽어서 남은 혼이라도 금강으로 돌아가서 명경같이 맑아지는 꿈을 노래한다. 홍진 세상에서 명예를 구하고 재산을 탐하는 명리[名聞利養]를 어떻게 다스릴 것인가. 맹자는 잡으면 품어지고 놓으면 순간에 흩어져

사라지는 사람의 마음, 충동과 유혹에 이끌려 나가고 들어옴에 때가 없으니 그 간 곳을 알 수 없는 것이 방심(放心)이라 한다. 떠나갔던 마음을 붙들어 다시는 흩어지지 않도록 잡아두려면 학문과 수양이 구방심(求放心)의 길이라 하지만 그것이 그리 쉬운 일인가. 그에는 못 미치더라도, 상춘곡이 일러주는 길을 따라서 그 시절 순수했던 동심과 초심이 어렴풋한 고향을 찾는 것이 현명한 길인지도 모른다. 아름다운 산천과 천년 향기가 은은한 고향이 한 폭의 그림, 한 줄의 시구, 한 움큼 서정이 되어 단비처럼 가슴을 촉촉이 적시고, 잠자던 영혼까지 깨워 긴 숨을 쉬게 하지 않을까.

영광향교

영광읍 교촌리 영광향교, 앞서나와 맞아주는 만화루를 우회하여 계단을 오르면 외삼문인 대성문 안으로 수령 약700년 노거수 은행나무 두 그루가 양쪽으로 빗겨서있고, 동무와 서무가 마주한 마당 정면에 대성전이 자리한다. 막돌담장으로 분리된 명륜당으로 들어가려면 대성전 왼편의 협문이나, 아니면 뒤돌아 나와서 숙정문을 통해서 들어간다. 정면 3칸의 동재와 서재가 마주한 마당 정면으로 5칸 명륜당은 특이하게도 가운데 3칸에 좌우로 1칸씩 눈썹지붕으로 늘린 모습이다. 명륜당이 대성전 뒤에 자리한 전묘후학의 흔하지 않은 배치이고, 후학 공간에도 역시 700년 노거수 은행나무와 비자나무가 지키고 있다. 앞장 신호준 가옥에서 언급된 신응순과 임진수성 55인에 참여했던 영광 정씨 정응벽(丁應壁) 등이 정유재란 때 향교의 위패, 서적과 제기를 배에 싣고 영광 앞바다 안마도로 옮겼다는 기록을 보면 영광 사람의 선현에 대한 숭상이 남다르다.

강학공간인 명륜당이 꾸준히 활용되었던 기록이 보인다. 1908년 지역 유지들의 뜻으로 명륜당에 보통학교 과정의 광흥학교가 설립되었으나 일제에 의해 2년 만에 폐교되고 영광보통학교가 들어섰고, 1919년 독립선언 이후 영광지역 만세운동의 거점이 되자, 학교는 감시가 용이한 군 객사로 옮겨졌다. 상해 임시정부 요인 김철(金澈)이 영광 묘량면 외가에서 자라며 한학을 배우고, 명륜당에 문을 열은 광흥학교에서 신학문을 공부했다. 일본 명치대학 법학부를 졸업한 뒤 귀국해 가산을 정리하고, 독립운동에 뛰어들어 상해임시정부에서 재무 법무 국무위원 등으로 활약하다가 48세에 병사해 건국훈장 독립장에 추서된다. 영광 불갑면에 인접한 그의 고향 함평 함정리 묘역에는 홀로 남아 일경의 감시를 받던 조강지처가 남편을 위해 1925년 스스로 목을 매고 순절했던 소나무 단심송(丹心松)이 구봉마을 주민의 보호를 받으며 푸름을 지킨다.

영광김씨의 봉사2조, 고려를 깨우다

영광읍 월평리 무령서원(武靈書院)은 고려 때 예부상서, 서경유수를 지낸 김심언(金審言)의 영정을 봉안하기 위해 1704년 기천영당으로 세워졌는데, 1748년 문과에 급제해 세종 때 대마도 정벌에서 순절해 병조판서에 추증된 김해(金該)를 추가 배향하며 기천사(岐川祠)로 바뀐다.

서원 철폐령으로 훼철되어 오던 중 1933년 지금의 자리로 이건해 무령서원이 되었고, 2000년에 김심언에서 6세손 김보당에 이르는 몇몇 후손을 추배해 모두 8위가 봉안된다. 간의대부로 무신정권에 항거했던 김보당에 이르기까지 4대에 걸쳐 평장사 등 정2품급 이상에 올랐다 하니, 무령서원의 무게는 어느 명문가와 비교될 만하다. 솟을외삼문 숭의문을 들어서 정면 4칸 측면 3칸의 강당 무령서원과 내삼문 태충문 안으로 정면 3칸의 사우 기천사가 있다.

무령서원

영광김씨 집성촌인 월평리 기천마을에서 태어난 김심언은 신라 마지막 경순왕과 고려 태조 왕건의 장녀 낙랑공주(樂浪公主) 사이에서 넷째 아들로 태어난 경주김씨 대안군 김은열(金殷說)의 손자다. 고려 성종 때 과거급제 후에 주요 보직에서 성종을 도와 개혁과 왕권의 안정에 헌신하다가, 천추태후의 절대 권력 시기인 목종 때는 주로 외직으로 나갔고, 현종 때 재기해 오성군(梧城君)에 봉해지고 영광김씨의 시조가 된다. 김심언은 대학자 최섬(崔暹)에게서 글을 배운 인연으로 사위가 되는데, 광종 때 실시된 고려 최초의 과거시험에 합격한 최섬이 졸다가 꿈속에서 제자 김심언의 정수리에서 불이 나와 그 기운이 하늘 한가운데에 이르는 것을 보고, 이를 귀하게 여겨 딸을 시집보냈다 한다.

고려 성종은 김심언이 990년 올린 봉사2조(封事2條)에 대해 교서를 내려 칭찬하고 이를 크게 알려 시행하라고 한다. 백성의 고통과 관리의 바르고 그름(正邪)을 엄히 살펴서 선량하고 뛰어난 인재를 가려서 등용할 것을 주청한 내용이다. 한나라 때 유향(劉向)의 '6정(正)과 6사(邪)'를 인용한 봉사의 핵심은 "바르고 검소한 성신(聖臣), 양신(良臣), 충신(忠臣), 지신(智臣), 정신(貞臣), 바른말을 충언하는 직신(直臣)을 가까이하고, 머리수만 채우는 구신(具臣), 아부하는 유신(諛臣), 이간질로 분란을 만드는 참신(讒臣), 적신(賊臣), 간신(奸臣), 망국지신(亡國)"은 멀리하라는 충언이다. 군주를 떠받는 신하를 12형으로 분류해 자신의 위치에서 경각심을 갖게 하는, 당시로는 폭발성 있는 내용이었다. 현세의 공직사회는 물론 기업과 일반 조직에서도 통할 예리한 분석이 시대를 뛰어넘어 번뜩인다. 태조의 손자 고려 6대 성종은 16년 재위기간 인재양성, 중앙집권적 행정체계, 서희의 북방외교 등 국가체제를 굳히는 전환기적 업적을 많이 이뤘던 것으로 평가되고 있다.

성종 때 시작된 '고려거란 전쟁'이 현종 때인 1019년 강감찬의 활약에 힘입어 완벽한 승리로 정리되며, 상당기간 이어지던 평화가 조정 내부의 분란으로 고려는 큰 혼란에 빠진다. 1170년 정중부의 난으로 시작해 최충헌을 거쳐 임유무까지 무신정치 100년은 문신이 숨을 죽이고 살아야 했던 시대였다. 무신 정중부(鄭仲夫)가 반란을 일으켜 18대 의종을 폐하고 명종을 앞세워 무단정치에 들어간 지 3년, 문신들의 불만이 행동으로 옮겨진다. 간의대부로 동북면병마사로 있던 김심언의 6세손 김보당(金甫當)과 문신들이 1173년 거제도에 유폐된 의종을 경주로 피신시키고 복위를 도모하려던 '김보당의 난'은 기대와는 달리 무신들의 강경진압으로 실패하고, 김보당과 의종은 물론이고 정중부의 난에서 살아남았던 문신들마저도 처형된다. 난을 이끌었던 영광 김씨 문중은 크게 화를 당하고 일부는 무단정치의 칼날을 피해 흩어져 각자도생하며 여러 파로 갈리게 된다. 절의의 영광김씨가 조선에 들어서도 문과 급제자를 많이 내어 활약했으나, 시조 김심언이 바라는 엄격한 목민관의 자세에 대한 부담이었는지, 아니면 엄청난 참화에 의지를 잃었는지, 벼슬길에 소심해진 면도 보였다.

서원에 배향되고 있는 김해의 아들 김언용(金彦容)은 '부친이 대마도 원정 때 좌군절제사 박실(朴實)이 이끈 이로군(尼老郡) 접전에서 패할 때, 몸에 화살 두 개를 맞고 칡넝쿨 밑에 숨어 엎드린 것을 보았다는 얘기가 있어 찾고자 한다'는 소를 올려 1419년 12월 허락을 받았다는 기록이 보인다. 사망 약6개월이나 지난 후 대마도에서 과연 시신을 찾았는지 확인은 없으나, 남다른 효심을 실록이 놓치지 않았다. 김해는 앞장 우산사에 봉안된 오선경(吳先敬)과 같은 전투에서 희생되었을 것으로 추정된다.

임진 수성사

임진 수성사(守城祠)는 관람산 중턱 영광군립도서관 입구에 2002년에 세워진 사우(祠宇), 1592년 임진왜란 때 영광의 선비들이 급하게 회의를 거듭하며 의병활동 계획을 세우고 전투를 준비하던 55현의 넋을 모셨다. 양도공 이천우의 6대손이며 앞장 묘장서원에 함께 모셔진 사매당 이응종 등 55인이 영광향교와 오성관에 모여 목숨을 걸고 영광 수성을 결의한 맹서를 수성동맹이로 부르게 된다. 영광군수가 부재한 상황에서 영광 20여 문중에서 참여한 수성준비는 10월부터 군수가 복직하는 다음 해 2월 말까지 약 5개월에 걸쳐 유지되었다. 종사관, 참모관 등 행정직과 수문장, 군관 등의 전투직으로 구분해 55인 각자가 맡은 임무를 정했고, 실전에서 지켜야 할 전투 수칙과 전술 등을 면밀하게 정했다. 유비무환이란 이를 두고 한 말일까, 임란 때 왜군은 경상도 충청도 한양 평양 등을 거치는 신속한 북진을 택해 호남은 피해가 없었고, 군량과 의병으로 지원했다.

또한, 수성록은 영광성을 지키기 위한 세부적인 계획 이외에도 일지 형식으로 진행 상황을 자세하게 기록했다. 영조의 신임을 받던 전라도 어사 한광회가 1748년 영광에 들렸을 때 군수에게 의병의 후손들을 통해 당시의 기록과 글을 수집해 책으로 펴낼 것을 권하여 목판본으로 간행했다. 수성록 명단을 보면 강항 강태 강윤 등 강항 일가에서도 적극 참가하였고, 앞장 침류정의 주인 고흥류씨 류익겸과 아들 류집도 보인다.

백제 불교 도래지 법성포

삼국사기 제24권 백제본기(百濟本紀第二)에 백제불교 전래 사실이 밝혀진다.

> 근구수왕의 맏아들 침류왕이 아버지를 이어 즉위하였다.
>
> 승려 마라난타가 진 나라에서 오자, 왕이 궁으로 맞아
>
> 예를 갖춰 공경하니 불법은 이로부터 시작된다.
>
> (摩羅難陀 自晉至, 王迎之, 致宮內, 禮敬焉. 佛法始於此)

침류왕이 마라난타를 예경으로 맞았다함은 이미 불교를 어느 정도 알고 있었다는 행간의 의미가 읽힌다. 사기는 이어서 385년 한산주(漢山州)에 절을 세우고 승려 10명을 두었다 하며, 백제불교의 본격적인 개창을 밝힌다.

백제불교 최초도래지 법성포구는 마라난타가 들어온 초기에는 아미타불을 의미하는 아무포(阿無浦)로 불리다가, 성인(聖人)이 불법을 최초로 들여온 포구를 의미해 법성포(法聖浦)가 되었고, 고려 때는 불법의 상징인 연꽃을 뜻하는 부용포(芙蓉浦)로 불린 적도 있었다. 백제불교는 인도 승려 마라난타가 중국의 동진을 거쳐 384년 법성포에 도착해 불

교를 직접 전래했고, 그 기록을 근거로 14,000평 부지에 최초도래지가 성역으로 조성된다. 한국의 외삼문 형식과 인도 북부의 간다라 양식을 조화시킨 듯한 일주문을 들어가서 우측으로 마라난타를 가리키는 존자정(尊者亭)과 상징탑이 있고, 좌측 안쪽으로 들어가면 간다라유물관, 간다라 탁트이바히 사원을 모방했다는 넓은 탑원(塔院), 그리고 언덕에 조각이 현란한 부용루, 더 뒤로 제일 높은 곳에 24m 높이의 사면대불이 포구 건너편에서도 보일 정도로 거대하다.

지금은 파키스탄의 북서부 지역이지만, 한동안 고대 인도에 속했던 간다라 지역은 알렉산더대왕의 지칠 줄 모르는 동방원정의 영향을 받게 된다. 알렉산더는 점령지의 문화와 관습을 관용으로 인정하는 정책을 유지해 당시의 자생적인 불교문화는 자연스럽게 로마와 헬레니즘의 영향을 받아 발전했고, 5세기까지 간다라의 불교 예술은 크게 번성한다. 간다라는 인도의 마투라 지역과 함께 최초의 불상이 조성된 곳으로, 초기 불상의 얼굴 윤곽과 몸에 걸친 옷의 주름 처리 등에서 고대 그리스 조각기법을 찾을 수 있고, 지역에서 발견된 불상 옆에 헤라클레스 등의 조각 또한 불교의 수호신으로 금강저(杵)를 들은 금강역사(力士)나 사천왕상 등에 투영된 것이 아닌가하는 추정도 있다. 불두상과 다양한 부조편이 전시된 간다라 유물관은 이들 융합의 흔적을 흥미를 갖고 찾아보기에 적합한 전시관이다. 탁트히바히 사원의 주탑원을 옮겨놓았다는 탑원은 중앙의 거대한 원형탑을 16개의 감실이 3면으로 둘러싸고 있는 모습인데, 개별 감실 안에 들어선 다양한 형태의 불상이 이색적이고, 원형 지붕 아래 석조 감실의 외벽도 국내에서 보기 어려운 색상의 석재로 이루어졌다.

　　기록으로는 고구려 불교가 삼국 중에 제일 빠른 372년 소수림왕 때 전진(前秦)의 부견왕이 사신과 함께 보낸 승려 순도에 의해 전해져 공인되었다. 신라는 고구려에 의해 전래된 시기가 눌지왕과 소지왕 때로 갈리기도 하는데, 토속신앙이 뿌리 깊었던 탓에 공인은 백제보다도 약140년 늦은 529년 법흥왕 때 26세 이차돈의 순교 등을 거치며 이루어진다. 신라는 공인이 늦기는 했어도 7세기 문무왕부터 8세기 혜공왕 때까지 자장, 원효, 의상, 혜초 등 명승들이 활약하며 불교문화의 전성기를 이끌었다. 별다른 내부 진통 없이 받아들여진 고구려와 백제의 경우는 그만큼 왕권이 안정되어 있었다거나, 전래 방식의 신뢰도가 중요한 요인으로 작용했을 것으로도 보인다.

백제불교 도래지

백제 불교는 가까운 중국을 찾지 않고 인도에서 경전을 구해 독자적인 번역본을 남겼다. 불교 금속공예 최고의 걸작 국보 287호 백제금동대향로를 보면, 한반도에는 없는 원숭이와 코끼리 등이 인도와의 교류를 추정케 한다. 552년 성왕 때는 불교가 나라를 편하고 풍요롭게 해준다고 일본에 전파하며 장인까지 보내 불교문화 정착을 적극 지원했고, 백제 법왕이 즉위한 599년에는 무모한 살생을 금하는 포고령이 내려지고, 심지어 어부에게 그물을 태우라고 명할 정도로 불교는 왕실과 백성의 생활 속에 깊숙이 자리 잡아가고 있었다. 삼국 간의 치열한 격돌 시기에도 백제는 신라 선덕여왕의 요청을 받고 불법의 공유는 전쟁과는 별개라고 생각한 듯, 건축 장인 아비지(阿非知)를 보내 약80m 높이의 거대한 황룡사 9층목탑 설계와 건축을 도왔다. 삼국전쟁에서 부처의 뜻은 과연 어느 편에 있었을까. 645년 탑이 완공되고 10여년 후인 660년 백제, 668년에 고구려가 차례로 멸망하고, 신라도 935년에 마지막을 고하고 만다. 기울어지고 벼락을 맞으며 고려 때까지 6차례 중수를 거치던 황룡사목탑은 1238년 몽고 침략으로 황룡사와 운명을 함께한다.

원불교 성지

둥근 원으로 상징되는 원불교 영산성지가 백수읍 길용리 일원에 조성되어 있다. 1891년 소태산(少太山) 밀양박씨 박중빈(朴重彬)이 백수읍 길룡리에서 태어나 긴 수행 끝에 깨달음을 이룬 1916년 4월28일은 원불교의 개교일이다. 소태는 곧 솥을 뜻한다하여, 만의 생령(生靈)을 먹여 살리는 솥이 되리라는 믿음으로 개척해나갔다. 그는 실용 실천을 중시해 저축조합을 설립하고, 갯벌을 간척해 옥토로 만들고, 황무지를 개간해 농업을 일으키는 등, 아홉 제자와 근로의 실천을 통해 수행과 포교 활동을 병행하다가 1943년 52세에 타계한다. 일제강점기 물질적 황폐와 정신적 혼돈의 어둠속에서 실물과 실천을 통해 느리지만 의연한 걸음으로 넓은 길보다는 좁은 문을 찾았던 것으로 보인다. 소태산이 산(山)을 인용했듯이 아홉 제자도 각자의 정해진 숫자에 산을 항렬처럼 더해, 외무와 출납을 맡았던 일산(一山) 이재철에서 시작해 팔산(八山) 김광산이 있고, 제2대 종법사가 된 송규는 솥을 의미하는 정산(鼎山)이라 한다. 성지에는 최초의 교당 영산원(靈山院)과 근대문화유산 등록문화재인 대각전을 중심으로 원불교 창립관, 영모전, 적공실 등 여러 건물이 남아 있다.

지금의 북악산 아래 청와대에서 경복궁 북문 근처 일대는 고려 때 남경(南京)의 별궁이 있었던 곳으로 추정되고, 왕이 순행을 다닐 때 들려서 머물렀다. 조선 초에도 경복궁 신무문 밖 넓은 땅에 연못 등 후원을 만들어 사슴 등 동물을 키우기도 했다. 임진왜란으로 소실된 경복궁이 275년간 폐허로 방치되다가, 고종이 경복궁을 중건할 때 창덕궁 후원을 본떠서 경복궁 후원도 조성했다지만, 창덕궁 후원 자체가 초기 경복궁 후원의 진화 아닐까 한다. 1868년 경복궁 후원에서도 지금의 청와대 상춘재가 있는 부근에 2동의 건물이 세워졌다. 높은 월대를 쌓고 그 위에 남향으로 세운 융문당(隆文堂)은 정면 5칸, 측면 3칸 크기로 3칸 대청과 좌우로 방을 두었고, 왕이나 문관들이 글 짓고 연회를 열기도 하고, 과거시험 문과의 최종단계를 치르기도 했다. 융문당의 남쪽, 역시 높은 월대 위에 서향으로 세워졌던 융무당(隆武堂)은 융문당보다 약간 작은 정면 4칸, 측면 3칸으로 가운데 2칸 대청 좌우에 방이 1칸씩 있는 규모로, 군사 관련 행사와 훈련 등을 갖고, 최종 무과시험을 치루기도 했다. 두 건물 외에도 융무당의 부속인 춘안당, 옥련정 등 여러 동의 전각, 경복궁을 수비하는 군사들이 머물던 수궁(守宮) 등을 두었는데, 이 후원 일대를 경무대(景武臺)로 부르고, 후원 전체를 북원(北苑)이라고도 했다.

원불교 창립관(융문당)

　고종이 아관파천을 거쳐 덕수궁에 자리하면서 경복궁은 조선총독부 관리 아래 들어가게 되어 1926년 중앙청이 완공되고, 1928년에는 융문당 융무당 두 건물이 해체되어 지금의 용산 한강로 2가 55번지로 옮겨져 일본 사찰 용광사(龍光寺)의 본당과 부속전각으로 이용됐고, 1929년 경복궁에서 조선박람회가 열리고, 남산총독관저가 1939년 후원으로 옮겨진다. 일본이 패망해 물러나고 용산의 두 건물은 제자리로 돌아가지 못하고, 패망 일본의 적산 재산으로 분류되어 1946년 원불교에서 인수하고. 1954년 정식으로 불하를 받는다. 2006년까지 원불교 서울교당 대각전과 생활관으로 각각 사용되다가 해체되어 2007년 영광으로 이전 복원되고, 그 자리에는 원불교에서 운영하는 실버타운이 들어선다. 융문당은 원불교 영산성지로 이전되어 원불교 창립관으로 자리 잡았고, 융무당은 원불교에서 관리하는 백수읍 옥당박물관 부지에 옮겨졌다. 경복궁 후원에 나란히 있어야 할 두 건물이 용산으로 옮겨져 일본 전사자의 추모 사찰로 이용되었다가 멀리 영광까지로 옮겨지게 된다.

원불교가 불교의 종파로 오해받기도 하지만 태생부터 다르다. 굳이 말한다면 불교에 유교, 도교, 개신교 등의 일부를 접목한 교리를 바탕으로 우주의 궁극적 진리는 일원(一圓)의 진리로 보고 동그라미로 표현되는 일원상(一圓相)을 수행의 표본으로 삼는다. 외형상 저축조합으로 출발해 불법연구회로 유지되다가 원불교 명칭은 대종사 소태산의 사후 1947년 정해진다. 대종사는 조합을 세우며 "우리가 앞으로 세상을 위해 함께 공부하기 위해서는 자금이 필요하다"며 모두에게 금연, 금주 등 근검절약을 통하여 자금을 모아갔다. 이렇게 모은 돈에 사재를 더하고 빚을 내서 숯 생산에 투자하거나 1919년에는 길룡리 와탄천 변에 맨손으로 약4만평을 간척해 논 200마지기를 얻고, 1955년 추가 간척으로 늘려서 정관평(貞觀坪)이라 부르게 된다. 신도들의 시주보다는 청빈한 생활 속에서 아끼고 근면 성실한 노동으로 이룩한 정관평의 황금벌판은 자립재정을 상징한다.

봄 여름 가을 3계절 동안 비, 바람, 햇볕을 맞고, 미(米)자를 풀어 해석 하듯이 팔십팔(八+八)번의 손길을 거쳐야 거둬지는 쌀 한 톨, 삶에 이보다 소중한 것이 또 있을까. 세금, 녹봉, 상거래 등에 현물 화폐로 활용되던 쌀은 대체 불가능한 신뢰와 신용이었고, 신이 베푸는 행복과 번영의 실물이라는 믿음이 있었다. 맛난 음식으로 배를 불려도 마지막으로 밥이 들어가지 않으면 식전(食前)일 뿐, 밥 배는 따로 있다. 민족의 저력은 민생의 힘이고, 민생의 힘은 결국 밥심이니, 민생을 위해 존재하는 국력의 원천도 밥심일 뿐이다. 조선이 문을 열자 제일 먼저 종묘와 함께 토지의 신인 사(社)와 곡식의 신인 직(稷)을 위한 사직단을 서촌 사직동에 세워 풍년을 기원했고, 지방 군현도 소규모 사직단을 세워 해마다 두 차례 제사를 지냈다. 밥의 품격이 높여져서 웃어른의 밥은 진지이고 나라님의 밥은 수라가 되니, 하얀 쌀밥 한 숟가락은 상상만으로도 행복이고, 첫 술에 벌써 배가 부르다.

윤기 도는 새하얀 쌀밥이 광나는 놋주발에 소복하게 담겨 상에 오르는 날은 생일이나 명절이다. 가마솥에 갓 지어 아직도 하얀 김이 모락모락 오르는 흰쌀밥은 먼저 눈을 황홀하게 하고, 고유의 밥 냄새가 뇌까지 자극한다. 찰기 흐르는 쌀밥이 숟가락에 고이 얹혀 입에 들면 알알이 부드러운 촉감이 일품인데다가 씹을수록 혀끝에 전해오는 단맛이 그윽하고, 어느 반찬이 뒤따라와도 뒷맛이 살아 잘 어울리지만 영광굴비 한쪽이면 금상첨화다. 장수를 상징하는 하얀 가래떡은 설날 상차림에 떡국으로 올라 새해 건강을 기원하는 의식에서 빠질 수 없고, 뽀얀 백(百)설기는 삼칠일과 백일에 대표적 음식으로 자손이 희고 깨끗하게 자라기 바라는 기원이 담겨있고, 100의 이웃과도 정을 나눈다.

쌀로 빚은 우유 빛 막걸리는 어른도 아이가 되는 어머니 젖이고, 집안의 성주(城主), 부엌의 조왕신(竈王神), 안방 삼신(三神), 우물 용신(龍神), 뒷간 측신(厠神) 등 집안 구석구석 자리한 모든 가신(家神)의 사랑을 받는 신의 물방울이 된다.

지역마다 다르기는 해도 모내기노래 이앙가(移秧歌)를 들어보면 농사 중에서도 특히 울력하는 모내기가 사람 사는 세상에서 가장 아름답고 가치 있는 삶의 한 장면이 된다. 화(和)는 벼(禾)를 나누고 한솥밥을 같이 먹(口)는 사이를 뜻하는 형성문자다. 품앗이라는 고유한 형식의 협농은 한마을은 한마음이라는 공동체 의식을 상징하고, 자로 잰 듯이 장줄과 가로줄을 띄우고 모를 심는 정성은 쌀 한 톨을 아끼는 알뜰한 농부의 마음이고, 열 맞춰 일제히 허리 굽혀 모를 심어나가며 선창과 후창을 주고받는 이앙가는 건강한 삶의 활기를 주며 풍성한 추석을 예고한다. 농사를 일으켜 대대로 조상과 부모를 따듯하게 봉양하고 가정과 자손의 번영을 위해 흘리는 땀은 당연히 최상의 가치라 말한다. '인간 형성에 중요한 역할을 한다'는 노동 중에서도 벼농사는 으뜸이었고, 사람의 삶을 고귀하게 만든다고 믿었다. 한 종교가 신성한 노동과 신뢰의 품앗이 마음으로 출발한 현장을 접하는 느낌이 신선하다.

일본 가옥과 민족성

　법성리 705-1번지, 근대문화유산 보호를 위해 도입된 국가등록문화유산 제119호인 일본식여관은 일제강점기 1931년 지어졌다. 법성포에 남아있는 유일한 일식 건물로 기꾸야(菊屋) 명칭의 여관이었으나, 해방 후에는 주거용으로 사용된 연건평 약60평의 2층 가옥이다. 일본식 좁은 복도에 접한 객실의 방바닥은 일식 다다미였다가 주거로 바뀌면서 일부만 남아있는 듯하다. 흙벽 위에 횡으로 긴 판자를 아래서 위로 주름잡듯이 붙인 외부 판벽에 유리창을 냈고, 지금의 슬레이트 지붕은 일식 기와에서 개조된 것이라 한다. 일제강점기 법성포는 일본 상인들이 공산품을 들여와 비싸게 팔고 쌀을 헐값에 일본으로 반출해 가는 주요 항구였다. 일본인 소유 어선이 백여 척에 이르렀고, 200여 명 상주인구에 더해 일본을 오가는 유동인구도 상당했던 편으로 우편소, 금고, 병원, 요정과 유흥업소, 숙박 여관도 여러 곳에 있었다고 한다. 두드러진 일제 유물은 아니겠지만, 법성 포구에 덩그러니 남아있는 일식 건물의 흔적은 강점기에 작은 포구까지 차지했던 일본인들 탐욕을 실감하게 한다.

　한옥과 일식 가옥은 기후의 차이에서 시작해 문화의 차이로 넓혀진다. 고온다습하고 지진이 많은 일본은 통풍과 내진을 위한 목재 위주의 가옥인 반면, 상대적으로 북방지역의 한옥은 추위와 집중호우에 견디도록 기와지붕이 무거운 데다가 처마를 길게 빼기위해 기둥 위 결구 장식을 다양한 형태로 올리고, 처마 끝을 들어 올려 내려앉는 것을 막는다. 그러다 보니 한옥의 기둥은 굵게 되어 무거운 지붕과 함께 육중한 외관을 보이고, 일본 가옥 외부는 단순한 창호와 판벽이라서 경량의 간소함이 보편적이다. 겨울이 긴 한국은 온돌 난방을 위해 단층 구조를 택했고 무더위에 적합한 대청마루와 툇마루가 발달한 반면, 일본은 다다미방을 연결하는 복도식 마루와 반투명 종이창호 미닫이문이나 병풍 형식의 미닫이로 방을 구분한다. 벽이 목재와 미닫이로 구획되는 가옥에서 사생활 노출이 일상이어서 옆방은 물론 옆집까지 의식하지 않을 수 없다. 이러한 주거양식에 영향을 받은 일본 특유의 문화 메이와쿠(迷惑)는 이웃에 피해를 주지 않겠다는 의식의 표현이고, 일본인의 혼네(本音)도 집단에서 노출되고 소외되는 것이 두려워 자신을 드러내지 않는 의식에서 나오는 듯하다. 이를 바탕으로 일본의 독특한 화(和)문화가 세계로부터 의외의 주목을 받는 듯하다.

고려 때 김부식이 백제 초기 궁궐의 특징을 '검소해도 누추하지 않고, 화려해도 사치하지 않다(儉而不陋 華而不侈)'고 해서, 훗날 전통한옥의 멋과 특징으로 확대되어 인용되는데, 쉽게 '지나침은 모자람과 같고, 지나치지도 모자라지도 않다'는 중용사상과도 상통한다. 물자가 풍부한 현대에도 건축미, 실용성, 건축비의 세 가지 요소를 놓고 어떻게 균형을 잡을지 건축가와 건축주가 한번쯤은 고민에 빠진다. 어느 한 가지가 과하거나 기울어도 균형을 잃게 되니, 결국은 있어도 없는 것과 같을(有不如無) 뿐이다. 찾아다니며 만나는 대부분의 전통한옥이 삼각 균형을 잘 맞추고 있는 것 또한 한옥 고유의 멋이 아닐지, 일본식 가옥과 비교된다.

굴비(屈非)의 탄생과 노인의 굴비

고려 문종에서 인종까지 지금의 인주(인천)이씨는 이자연부터 이자겸까지 3대에 걸쳐 10명의 태후와 비를 냈다. 특히 이자겸은 16대 예종에게 둘째 딸을, 다음 인종에게 셋째와 넷째 딸을 들여보내 권력의 절정에 이른다. 이자겸은 14세에 즉위한 어린 왕을 업고 무소불위의 권력을 휘두르다가 성인이 된 인종과의 마찰이 늘어나기 시작하더니, 급기야 충돌로 이어져 이자겸의 난을 끝으로 제거되고 1126년 영광 홍농읍 상하리 월봉마을로 아들 이지윤과 함께 유배당하고 두 딸은 폐비된다. 몸의 기를 돕는다는 참조기(助氣)를 한 마리씩 돌로 누르고 염산면 염소에서 생산한 구운 소금에 절여 하루를 지낸 뒤에 햇볕과 해풍에 말린 생선, 처음 맛본 이자겸이 인종에게 진상하며 달리 이름이 없던 가공 조기를 영광의 별칭 정주굴비라 명명했다. 그 이름 굴비(屈非)라 함은 죽어도 비굴하거나 굴복하지 않는다는 의미로 기세를 올려보지만, 굴비란 단지 허황된 오기의 꿈이었음을 깨닫고 그해 12월 허무하게 세상을 떠난다. 그렇게 이름을 얻은 굴비는 영광인들의 혼이 담긴 특산품으로 이어져온다. 곡우 때가 되면 어김없이 칠산바다에 나타나는 조기 떼에 대한 무한 기대와 사랑, 약속을 지키지 못하는 사람을 조기만도 못한 놈이라 꾸짖음은 법성 사람들 굴비 사랑의 표현이다.

나이가 드니 젊어서 생각 못했던 몸의 이상이 기다렸다는 듯이 이 구석 저 구석에서 튀어나오며 빠르게 가는 세월을 실감하게 된다. 몸이 내는 이상신호를 누르고 또 내리쳐도 두더지 게임기처럼 다른 구멍에서 끊임없이 고개를 쳐든다. 횡단신호가 빨간색으로 바뀔라, 뛰고 나서 시큰 거리는 무릎은 지난해의 자신이 아니기 때문이다. 뭔가 꽁꽁 숨겨놓았다가 찾지 못해 쩔쩔매는 다람쥐가 되고, 점심 식사를 이미 마쳤는데 친구가 전화로 지금 어디쯤 오는 중이냐고 물을 때 절망한다. 아픈 어깨에 진통제 먹으며 치던 골프에서 공을 잃어도 즐겁기만 하더니, 이제는 거리가 볼품없이 줄어 더 이상 남자의 흔적이 남아있기나 한지 의문이다. 하루 자고 나면 하루가 꼬박 지나더니, 이제는 일주일이 하루같이 지난다. 어느 날 꿈속에서 나비되어 날아다니다 깨어나면 인간세상 몇 달이 훌쩍 지나버릴 날도 멀어 보이지 않는다. 나이 들면 귀만 열고 입은 닫으라, 마음도 뭐도 다 비우라는 경구가 성인의 말씀인양 홍수처럼 쏟아지는 세상에 가뜩이나 오그라드는 전두엽이야 그렇다 치더라도 심장마저 소심(小心)해지지는 않아야 할 텐데, 햇볕 짧은 뒷방으로 물러나 외로운 밤은 길어져 간다. 그럴 때도 되었다고 자위하며 살 것인가, 그러나 정녕 아니겠지요, 이제 다시 상록수 되어 떨치고 나아가 굴비하리라. 새해에도 구정선물이라면 이름만이라도 굴비가 최상이겠다.

법성진 숲쟁이

명승 제22호 법성진(法聖鎭) 숲쟁이는 법성포에서 홍농으로 넘어가는 고갯마루에서 능선 따라 조성된 숲이다. 방풍과 풍수를 보완하는 비보

풍수를 위해 조성되었고, 용왕제, 당산제, 선유제를 포함해 수백 년 단오제 전통을 이어오고 있는 곳이다. 법성진 성터의 흔적으로 남아있는 네댓 단 안팎의 낮은 성벽 위로 오랜 고목이 줄지어 이어져 산책을 겸한 휴식공간으로 훌륭하고, 긴 능선의 남쪽 경사면으로 펼쳐진 아름다운 숲쟁이꽃동산도 폭을 넓혀가며 백제불교도래지까지 이어진다.

영조 때 인문지리서인 택리지(擇里志)는 "법성포는 바닷물이 밀물을 따라 포구 앞에 모여들어 맴돌고, 강산이 곱고 트여 있으며, 여염집들이 즐비하게 늘어서 사람들이 (중국 항주의) 작은 서호(西湖)라 부른다. 인근 여러 고을에서 조세로 거둔 쌀을 이곳 창고에 두었다가 조운선에 싣는 거점으로 삼고 있다" 한다.

옛 법성포는 서해, 와탄천, 구암천이 둘러싼 삼각지형이었고, 서해 바닷길로 통하는 요지여서, 1512년경 세곡을 수납하던 전성기 법성창은 28개 군현의 조창(漕倉)까지 관할하며 1890년경 조운(漕運)이 혁파될 때까지 유지되었다. 법성창의 부상에 맞춘 듯한 법성진성은 석성으로 군데군데 남은 길이가 약400미터에 불과하나, 돌출된 치(雉)와 성문 터를 감안해 볼 때 전체 둘레가 족히 900여 미터는 되었을 것으로 추정한다. 법성진은 대동법 정착으로 늘어나는 세곡을 관리하는 조창 역할뿐만 아니라, 조창에 모인 세곡을 30여척의 조운선을 이용해 일주일 이상 걸리는 한양까지 운반도 했다. 많게는 천석까지 조운선박에 실렸다니, 당시 법성포는 상당한 물동량과 인력으로 붐볐을 것으로 상상된다. 1789년 정조 때 호구총수에 의하면 영광 인구가 전라도에서 전주 나주 다음으로 많고 인접 광주보다도 많은 약4.5만 명이었다

하니, 당시 번창을 충분히 짐작해 볼 수 있다.

조선 중종 때인 1514년 진(鎭)을 설치하고 수군만호를 두면서 본격적으로 축성 정비가 있었다하지만, 지리적 이점 때문에 실제 축성은 왜구가 들끓던 고려 말 또는 그 이전부터 있었을 것으로 추측된다. 가깝게는 1708년 숙종이 수군첨절제사를 배치하고 강화도와 북한산성 등 주요 방어진 보강 때 법성진성도 증개축을 거친듯하다. 오늘의 법성포는 꾸준한 간척사업으로 늘어난 농업용수의 공급을 위해 수리시설과 배수갑문이 설치되고, 최근에는 토사가 쌓여 생긴 작은 섬에 뉴타운까지 들어서면서 포구의 지형과 생태가 많이 바뀌고 항구로서의 기능도 축소되는 듯하다. 옛 모습을 잃어 가는 안타까움은 하나를 얻기 위해 하나를 잃어야하는 생태계에서 달리 주목을 받지 못하고 있다.

법성진 숲쟁이

억울한 죽음, 이란 묘비의 눈물

홍농읍 성산리 산88-49, 이란묘비가 정묘호란 때 활동한 이란(李灤) 의 묘역 입구에 세워져 있다. 이란은 광해군 때 무과에 급제해 전라우 수사, 경상좌도 병마절도사를 거친다. 정묘호란 이듬해인 1628년 이 란은 후금과의 종전 현안과 사신 교환 의례를 협의하는 춘신사(春信使) 회답관으로 파견되어, 비록 패전국일지라도 의연하게 일을 처리하고 무사히 돌아온다. 그러나 무관으로서 용골대 등 적장의 압박에 의연히 대처한 기개가 오히려 화가되어 문초를 받고 억울한 죽음을 당한다. 나라 안에서는 척화파와 주화파가 대립하고, 밖으로는 정묘호란으로 기세가 오른 후금, 명나라와 3국간의 복잡하고 미묘한 정세아래, 조선 사행단 활동은 처음부터 끝까지 살얼음을 걷는 형상이었다. 내부의 알 력과 무고로 인한 이란의 억울한 희생은 병자호란이 끝난 뒤 대표적 인 척화파인 청음 김상헌 등의 호소에 의해 관직이 회복되고, 1710년 숙종 때 묘비 건립으로 정리된다. "가노라 삼각산아 다시 보자 한강수 야… 시절이 하 수상하니 올 둥 말 둥 하여라" 심양에 압송돼가면서 돌 아올 기약이 없는 신세를 한탄하던 김상헌은 청의 회유와 압박에도 끝 까지 기개와 절개를 보여주었다. 청음은 누구보다 이란의 기개를 높이 사고 동병상련의 심정으로 구원에 앞장선 듯하다.

회답관으로 파견되기 전부터 조정 내 갈등의 골은 깊어가고 있었다. 1627년 사헌부와 사간원 양사의 이란 파직 소청에 대해 인조는 "이란 이 어영중군이었을 때 거칠고 비루한 일을 저질렀다는 말을 듣지 못하 였고 지난번의 실수라면 오늘에 와서 제기할 것 없으니, 번거롭게 하지 말라” 옹호하며 단호히 봉합시킨 적이 있었다. 이듬해 4월 사행에서 귀국했을 때, 처음에는 성공적인 결과에 대한 포상으로 품계를 올리기도 했다. 그러나 이런 분위기는 급반전해서, 불과 2달 뒤인 6월에 삭탈관직과 투옥이 일어나고, 7월에는 당고개에서 참형까지 일사천리로 진행된다. 정묘호란과 병자호란 사이, 혼란 속에 갈팡질팡하던 조선의 모습이다.

당현으로도 불리던 지금의 용산 신계동 ‘당고개순교성지’ 일대는 서소문, 새남터와 함께 도성 밖의 주요 형장이었다. 당집이 모여 있던 당고개 이름이 아직도 몇 곳에 남아있는데, 노원구 당고개는 넘어 다니는 사람들이 하나둘씩 돌을 놓기 시작해 생긴 서낭당에 붙여진 이름이고, 동대문 밖 창신동 돌산에 당집이 모여 생긴 당고개는 일제강점기 채석장이 되어 잘려나가는 바람에 신통력을 잃게 되었다며 당집들이 미아리 고개로 옮겨가고, 당고개공원 이름으로 남았다.

무고가 밝혀진 다음 해에 인조는 궁궐의 지관인 국풍(國風) 이석우를 보내서 명당 묘 자리를 정해 주도록 하고 토지를 하사해 억울한 죽음을 위로한다. 1710년 숙종 때 세운 묘비문은 당대 삼정승을 두루 지낸 남구만과 붕당정치가 지배하던 숙종 때 사직과 복귀를 거치며 여덟 차례나 영의정을 지낸 소론의 거두 최석정이 참여해, 금석문으로서의 위상과 가치를 더한다. 명나라와 의리를 명분으로 하는 척화파에 대립하며 항복문을 쓴 주화파(主和派) 영의정 최명길의 손자 최석정이 비문을 쓴 사실도 당시의 어지럽고 복잡한 나라 안팎 상황에 흥미로운 추측을 부른다.

국풍 이석우가 영광에 내려왔을 때 산에 올라 홍농읍 방향의 지형을 보고, 깊숙한 만(灣)이 언젠가는 육지가 되어 농사를 짓는 거대한 들판이 될 것이라고 예언했다고 한다. 신통하게도 일제강점기인 1925년 법성면 진내리와 홍농읍 칠곡리 등을 연결해 긴 바다 길을 막으니 엄청난 간척지가 생겨 이름도 홍농(弘農)이 된 것이라 한다. 풍수 지관의 예언이 거의 300년 후에 빛을 보다니, 믿을 수 없는 전설의 곡창이다.

근처 토석담장에 둘러싸여 있는 죽호재(竹湖齋)는 전주이씨 효령대군파 문중 재각으로 1907년 창건됐다. 이란은 세종의 둘째 형님 효령대군의 후손이다. 비록 정묘호란에서 패한 나라이기는 해도 일생 곧은길을 걷던 장수가 승전국 적장 앞에서 의연했던 일로 남겨진 길이 오로지 죽음이라는 외길뿐이었을까, 무심한 하늘을 원망하며 떠났을 혼이 죽호재에서 연년이 위로받는 듯하다.

물속에서 익어가는 천년 매향

법성면 입암리 10-5, 입암리 매향비(埋香碑)는 높이 약1.3미터의 투박한 자연석 형태의 비석으로 전면과 우측면에 모두 60자가 거친 음각 글씨로, 고려 공민왕 때인 1371년과 조선 태종 때인 1410년, 각 면마다 한 차례씩 모두 두 차례에 걸친 매향 사실을 표시하고 있다. 매향해서 귀한 침향을 얻는 과정과 의미를 고창 바닷가에서 자란 미당 서정주가 시집 질마재 신화에서 쉽게 설명한다.

"침향(沈香)을 만들려는 이들은, 산골 물이 바다를 만나러 흘러내려 가다가 따악 바닷물과 만나는 언저리에 굵직굵직한 참나무 토막들을 잠거 둡니다… 꽤 오랜 세월이 지난 뒤에, 이 잠근 참나무 토막들을 다시 건져 말려서 빠개어 쓰는 겁니다만, 아무리 짧아도 2~3백년은 수저(水底)에 가라앉아 있는 것이라야 향내가 제대로 나기 비롯한다 합니다. 천년쯤씩 잠긴 것은 냄새가 더 좋굽시오… 질마재 사람들은 자기들이나 자기들 아들딸이나 손자손녀들이 건져서 쓰려는 게 아니고, 훨씬 더 먼 미래의 누군지 눈에 보이지도 않는 후대들을 위해섭니다. 그래서 이것은 넣은 이와 꺼내 쓰는 사람 사이의 수백 수천 년은, 이 침향 내음새 꼬옥 그대로 바짝 가까이 그리운 것일 뿐, 따분할 것도, 아득할 것도, 너절할 것도, 허전할 것도 없습니다."

바닷물과 민물이 교차하는 물가나 갯벌에 향나무나 참나무를 천년 동안 매향하면 향내 나는 단단한 침향이 되어 귀한 약재로 쓰기도 하는데, 이는 내세의 복을 비는 일종의 미륵신앙 형식으로 마을이 한마음으로 추진한다. 침식과 퇴적으로 해안선이 변하는 긴 세월을 고려해, 조금 떨어진 맨 땅에 매향 사실을 조각한 비석을 세워 남기는 것이 보통이다. 입암리 매향비는 1차 침향을 동쪽으로 200보, 2차 침향은 남향으로 200보 떨어진 곳에 묻었음을 표시하고 있다. 그러나 마을 앞 갯벌이 간척사업으로 농지가 되고, 수해로 위치가 바뀌는 등의 변화에 과연 침향을 되찾을 수 있을지 걱정은 있어도, 선조들의 기대와 꿈은 굳건해 보인다. 천년의 꿈을 안고 마을이 한마음으로 매향했던 1371년에서 천년이 지난 2371년, 타임캡슐이 열리듯 침향의 모습으로 미륵이 세상에 나타나는 그런 날이 오려나, 꿈은 해가 갈수록 여

물어가고 있다.

전국적으로 20개미만의 매향비가 남아있는 것으로 추정되는데, 보물로 지정된 사천 흥사리 매향비, 탁본만 남아있는 강원도 고성 삼일포 매향비, 신안의 암태도 등, 매향 시기가 우연인지 정세가 불안했던 고려 말과 조선 초였던 점이 눈에 띈다. 어려운 시절에 매향이 꿈과 희망이고 새 세상을 열어줄 미륵이라 믿었을까. 민간의 미륵신앙 형식이라는 해석은 뒤로하고, 공동체를 하나로 묶어 먼 훗날 후손의 안정과 번영을 비는 풍습이 얼마나 아름답고 눈물겨운 일인지, 세월의 때가 굳어가는 투박한 매향비에서 천년 조상의 따스한 온기가 느껴진다. 현세의 2천년 세대는 천년 후 세대를 위해 무엇을 남겨 세월이 무수히 흘러도 조상의 존재와 손길을 느끼게 할 수 있을까.

1994년은 서울이 수도로 정해진지 600년이 되는 해였다. 그날을 기념해서 서울시는 남산골에 타임캡슐 광장을 넓게 조성하고, 시민공모를 통해 선정된 600여점의 문물을 묻었다. 곡물 씨앗, 초중고 교과서와 시험문제지, 기저귀, 담배, 수영복, 신용카드, 공무원 월급명세서, 운전면허증, 화투와 복권, 부동산 계약서 등의 실물이 수장되고, 수장이 어려운 대형의 자동차, 컴퓨터, 굴삭기 등은 축소 모형이 포함되었다. 실물이나 모형으로도 어려운 밥상 메뉴나 김치 만들기 등의 실생활은 물론 지하철, 신도시개발, 도시계획 등 사회정책에 관련 방대한 자료를 영상으로 제작해 마이크로필름이나 CD에 저장했다. 개봉은 1000년째가 되는 2394년 11월29일이라는데, 과연 어떤 모습의 후손들이 열어보고, 어떤 표정을 지을 지, 상상만도 신기한 미래의 그림이다. 인구 절벽을 들먹이는 암울한 전망을 이겨내고, 조상에 보내는 환호와 갈채 넘치는 축제가 될 것으로 믿고 싶다. 400년 후 세상은 현재 지식으로는 상상할 수 없을 정도로 변해, 적지 않은 품목이 등록문화재가 되어 보호받게 될지도 모를 일이다. 시인은 천 년 전에 하던 장난을 바람이 아직도 하고 있다 노래하고, 용문사 천년 은행나무는 변함없이 같은 열매를 맺는데, 인간 세상에서 천년은 까마득한 전설의 시간이고, 신의 영역에 가까운 시간이다. 그럼에도 조상들은 감히 인간의 시간을 넘어 끊임없이 인내하며 기원해왔다.

입암리 매향비

한시랑의 자취 황금빛 한시랑들

법성포구 주위로 폭넓게 간척지가 펼쳐져있다. 구암천을 끼고 북으로 홍농읍 상하리와 남쪽으로 법성면 화천리 하구 일대가 그렇고, 백수읍 와탄천(瓦灘川) 하구에도 대단위 농지가 조성되었다. 나지막한 대덕산에 오르면, 발아래 와탄천 하구 한시랑들의 계절마다 변화하는 전경이 일품이다. 와탄천이 반달처럼 굽이치는 들판 한가운데에 원래는 조그마한 섬이었을 소드랑섬과 작은소드랑섬이 짙은 숲을 이고 장식처럼 남아있다. 모내기철에는 가득 찬 논물에 하늘빛이 반사되어 거울처럼 빛나고, 푸른 벼가 갯바람에 넘실대는 여름, 온통 황금들판으로 변하는 가을, 눈 덮인 겨울은 겨울대로 변하는 경관이 아름답다. 그런가하면 한시랑들을 안고 물돌이 따라 드나드는 바닷물 또한 하루에도 몇 차례 다른 전경을 연출한다. 서울의 어느 식당 벽을 가득 채운 대형 사진을 보고 감탄하다가, 영광이라는 작은 글자가 머릿속을 깨고 들어왔던 신선한 충격을 잊지 못한다. 황금들 뒤로 백수읍 구수리는 고려 충렬왕 때 공부시랑(侍郎)을 지냈던 문혜공 한강(韓康)이 입향한 연유로 한시랑 마을로 불린다.

청주한씨는 마한으로까지 거슬러 올라가지만 기록이 실전되어 청주 상당(上黨)지역을 개척한 호족으로 왕건의 개국을 도운 공신 한란(韓蘭)

을 시조로 한다. 조선에서 태조의 신의왕후, 인수대비, 성종의 공혜왕후, 인조의 인렬왕후 등 6명의 왕비, 6인의 영의정을 포함한 열두 정승과 300명 이상의 급제자를 냈다. 다음에서 언급되는 한광윤(韓光胤)은 6세손, 그의 아들 한시랑 한강(韓康)은 7세손 – 한사기(韓謝奇)가 8세 – 한악(韓渥)과 한영(韓永) 형제는 9세인데, 9세에서 13세 사이에서 한악(韓渥)의 현손인 한확(韓確)이 특히 두드러진다. 한확은 세조의 공신으로 이조판서, 우의정 등을 지냈고, 딸이 훗날 인수대비가 된다. 그의 인물도 출중해 명나라 영락제가 부마로 삼으려했으나 노모를 모셔야 하는 이유로 사양했다고 한다. 무엇보다 그의 두 누이가 미모로 영락제와 선덕제의 후궁이 되어 조선 조정안에서 보이지 않는 무게가 실린다. 세조의 오른팔 한명회는 한확과 먼 숙질간이다.

한확의 묘는 양수리 다산 정약용의 묘에서 약 2km 북쪽인 남양주시 능내리 산69-5에 위치, 성종의 명으로 세운 신도비(韓確先生 神道碑)가 예사롭지 않다. 쌍룡과 구름무늬를 정교하게 새긴 머릿돌을 이고, 장방형의 비좌 위 비신은 흔하지 않은 흰 대리석을 사용했다. 이중의 기단 위 비좌는 상하를 구분해 코끼리 눈 안상(眼象)을 새겼고, 그 위로 복련을 살짝 얹어 비신을 받친다. 비는 부친의 묘에 신도비가 없음을 슬퍼하는 막내딸 인수대비를 위로해 성종의 명으로 1495년 세우게 된 동기와 한확의 행적과 가족 사항 등이 성종의 사돈인 임사홍의 글씨로 새겨져 있어 격식과 아름다움을 갖춘 단정한 모습이다.

남편을 일깨운 한씨부인

　법성면 신장리 744, 정면 7칸의 솟을대문채 안에 있는 정면4칸 측면 2칸 반의 추원재는 6세손 예빈공 한광윤을 추모하기 위해 묘역아래 세운 재사이다. 고려 의종 때 과거에 급제해 3품급 예빈경 등을 지낸 한광윤(韓光胤)의 묘는 오랜 동안 실전되었다가 후손들이 1741년경 인근 지장산 기슭에서 파손된 묘비를 발견하고, 유품을 묻는 의리지장(衣履之藏) 형식으로 묘를 조성했다. 1740년경 한광윤의 17대손 남당 한원진(韓元震)이 쓴 비문을 30세에 문과 급제했던 동생 한계진(韓啓震)이 1746년 영광군수로 부임해 새롭게 묘비를 세웠고, 후에 전라도 관찰사를 지낸 후손 한익모가 재실을 세웠다. 남당은 영조 초기 경연관으로 참여하는 등 영조의 신임을 받았고, 노론 당파끼리 떠들썩했던 호락(湖洛) 논쟁에서 인성과 물성은 서로 다르다는 호서지방 학자들의 호론(湖論)을 이끌었던 인물로 정조 때 이조판서에 추증되었다.

　앞의 한계진의 딸이 백부 한원진의 제자인 송시열의 현손 송능상(宋能相)과 혼인해, 남편을 일깨운 일화가 전해온다. 남편과 친족들이 모여 율곡 이이에 대해 얘기하는 것을 우연히 듣게 된 부인은 남자들이 율곡의 덕보다는 출세를 더 흠모하는 속마음을 읽고 남편 송능상에게 자신의 의견을 개진한다. "율곡을 흠모한다면 그가 도덕을 지녔기 때문입니다. 혹여 빈천하게 산다 해서 덕이 모자라는 것이 아닐뿐더러, 귀하게 되었다 해서 덕이 더해지는 것도 아니겠지요. 도덕으로 흠모한다면 모르되, 도덕을 얘기하면서 귀하게 된 것을 얘기한다면, 속마음은 벼슬에서 영달함을 흠모하는 것이겠지요" 송능상은 한씨부인의 현명함에 탄복하고 학문에 더욱 정진해 영조 때 시강원에서 세자를 가르치고 1755년 사헌부 집의 등을 지내다 물러나 묘향산에 들어가 대학 등의 강론을 즐기다가 생을 마감한다. 조선 권력자들에게 여필종부(女必從夫)란 그런 의미였던지, 남편의 품계 따라 정경부인(貞敬夫人), 정부인(貞夫人) 등의 부인품계에 오를 수 있는 길이 있었다. 품계보다는 덕을 지닌 지아비를 바라던 한씨부인이나, 흘려버릴 수도 있는 부인의 말을 온전히 받아들이고 실천에 옮긴 송능상 또한 명가의 후손다운 인품과 학식을 보여준 사례가 아닌가 한다.

암탉이 울어서 날 샌 일이 없고, 암탉이 울면 집안이 어찌된다하여 겁박 받던 조선의 부인, 며느리, 올케는 눈귀와 입을 막고 살아야 했고, 뒤웅박 팔자에 제대로 된 이름도 없이 ○씨부인 혹은 ○○댁으로 불리다가, 존재는 자신이 열녀 효부라도 되거나, 남편 혹은 아들의 출세에 기대어 빛을 보게 된다. 귀머거리 3년, 벙어리 3년, 장님 3년 석삼년을 정신없이 보내고 나면 배꽃 같던 얼굴이 호박꽃이 되고 머릿결은 비사리춤으로 거칠어지는 조선의 며느리들에게 시집에서 그나마 어깨너머 보던 글귀는 먼 옛이야기가 되어 버린다. 귀하고 맛난 음식만큼이나 책을 좋아했던 여인들에게 종부의 길과 현모양처 훈육은 엄하기만 했고, 꿈을 이룰 길은 꿈길 밖에 없었다. 짧은 시 몇 줄이 유일한 도피처였던 허난설헌이나 이옥봉 같은 여느 반가 여성들은 남자의 질시어린 냉대 속에, 그 도피처마저도 지켜내기가 어려워 일찍이 접어야 했다. 여염집 아낙네들과 크게 다를 것도 없는 하루를 보내며, 그래도 남편이나 자식을 통해 꿈을 이루던 오백년 조선 반가 여인들에게 남겨진 외로움은 피할 수 없는 숙명이었다.

아들과 손자를 원나라 황궁으로 보낸 한시랑

묘량면 덕흥리 산80-1, 한광윤의 아들 문혜공 한강을 모신 묘역 아래, 정면 4칸 모원재(慕遠齋)도 추원제와 같은 정면 7칸 솟을대문채 안으로 있다. 고려 고종 때 어려서 일찍이 과거 급제해 공부시랑, 종2품급 첨의찬성사 등을 지내다가 63세에 모든 관직을 물리고 영광 백수읍 구수리에 정착해, 후학을 키우는 일에 전념하다 76세에 세상을 떠난다. 1822년경에 이르러 묘소가 있는 노인봉 동편 기슭에 재실이 세워진다. 묘소 또한 명당으로 알려지며 문혜공 한강의 아들 대부터 꽃을 피우는데 특히 장남 한사기는 간의대부, 보문각제학을 지내고, 손자 한악은 문과에 급제하고 공을 세워 상당부원군에 오르고 1340년 충혜왕 때 우정승을 지냈고, 또 다른 손자 한영도 다음의 얘기대로 원나라에서 공을 세웠다. 또한 한악의 다섯 아들 가운데 넷이 특히 뛰어나서 한중례는 종2품급 정당문학을 지냈다.

원나라는 독로화(禿魯花) 또는 '뚜르게'라고 부르는 인질을 고려에 요구, 초기에는 왕족과 고관 자재를 포함해 10명 정도를 보내는 것으로 시작됐다. 1279년에는 한강의 아들 한사기를 포함 약25명의 고관 자재가 보내졌고, 이들은 원 황궁의 숙위(宿衛)로 시작해 능력에 따라 품계가 높은 관직으로 진출하는 경우도 늘어간다. 원으로서는 고려 귀족의 자재를 볼모로 붙들어두는 목적 외에 황실 주변에 배치해 충직한 재목으로 활용하고, 길게는 귀국해 친원파로 활약케 하려는 의도도 있었던 것으로 보인다. 뚜루게 초기에는 대부분 기피하는 경향 때문에 벼슬을 3등급 올려 보내는 것이 통례인데 한사기(韓謝奇)가 바로 그런 경우였고, 스무 살도 되기 전에 떠나며 가족까지 데리고 들어갔다. 한사기가 원나라 조정이 있는 장안에서 봉직하는 동안 아들 한영(韓永)은 19세에 부친과 같은 숙위로 시작해 1333년 원나라 마지막 황제 혜종이 즉위할 때 종3품급 지방관인 하남부로총관(河南府)에 올랐다. 1336년 52세에 지방관 관사에서 병사할 때까지 청렴한 생활로 집안에 남긴 재산이 없었고, 자신의 녹봉도 아끼지 않을 정도로 백성의 어려움을 보살펴, 주위에서 그의 죽음을 매우 슬퍼했다. 한영의 죽음을 위로해 원나라 조정에서 1343년 고양군후(高陽郡侯)로 추봉하며 정혜(正惠) 시호를 내렸고, 부친 한사기와 조부 한강에게도 각각 고양현후와 고양현백을 추증했다.

고려 무신정치 말기인 1259년 고종의 태자가 강화교섭을 위해 원나라로 갔다가 마침 형제간 후계경쟁을 하던 쿠빌라이를 찾게 되었다. 쿠빌라이는 "당나라 태종이 친히 정벌했어도 항복시키지 못했던 나라의 세자가 나를 찾았으니, 이는 하늘의 뜻이다" 하며 태자의 지지에 매우 흡족해하고 용기를 얻었다 한다. 고려의 운명을 바꾸게 되는 역사적 만남 후에 쿠빌라이는 황제에 오르고 태자는 무신정권의 방해에 불구하고 쿠빌라이의 지원으로 원종에 오른다. 인연은 진화해 원종과 쿠빌라이는 아들 충렬왕과 딸 제국공주를 혼인시켜 충선왕을 낳으니, 충선왕은 징기스칸의 손자인 쿠빌라이의 외손자가 되었고 이후로 고려 왕실은 몽고의 피가 섞이게 된다. 충선왕은 고려의 유민과 포로가 많이 살던 심양 지역의 심양왕을 겸하게 되어 고려를 전지를 통해 원격 통치하다가 이를 아들 충숙왕에게 양위한다. 일련의 과정에서 발생한 부자간 갈등으로 충선왕은 티베트까지 유배를 갔고, 충숙왕이 1321

년부터 3년간 원나라에 머무는 동안 헌신적으로 도왔던 한영은 충숙왕 귀국 후 2등 공신에 오른다. 원나라에서 지방관으로 마친 한영의 기록은 뛰어난 업적에도 불구하고 조선에 알려진 것이 별로 없고, 감찰어사를 지낸 맏아들 한효선을 비롯한 삼형제의 기록도 남아있지 않다. 광주 송정읍에 있는 한사기의 묘소와 봉강재 또한 명당으로 알려졌다.

고려 말 삼은(三隱) 중에 한산이씨 목은 이색의 부친 가정 이곡(李穀)은 1332년 원나라에서 외국인에게 시행하는 과거시험에 2등으로 합격했다. 당나라 때 신라 최치원이 합격했던 빈공과에 해당하는 제과(制科) 합격을 통해 입증된 뛰어난 실력을 배경으로 훗날 고려와 원나라를 오가며 관료생활은 비교적 순탄했고, 이러한 행적은 아들 목은 이색에게 이어진다. 한영, 이곡과 비슷한 시기에 고려의 공녀(貢女)로 갔던 기황후(奇皇后)는 매우 극적인 길을 걷고 있었다.

원나라 궁에서는 물론 귀족이나 관리들까지도 고려 여인들을 선호해, 원나라는 매년 수십 명씩 반가의 처녀를 공녀(貢女)로 차출해 갔다. 청나라에 공녀차출을 중단해 달라는 1336년 이곡의 상소문이 그의 가정집(稼亭集)에 실려 있다.

"중국 사신이 당도하면 군인들이 집집마다 여자를 찾아다니는데, 숨기면 이웃과 친족을 잡아 매질해서라도 찾아낸다. 부모 친척의 통곡소리가 밤낮으로 끊이지 않고, 헤어질 때는 서로 부여잡고, 엎어지며 길을 막고 울부짖는다. 비통과 분개로 우물에 몸을 던지는 이도 있고 피눈물로 눈이 먼 사람도 있다"

총부산랑을 지낸 무관 행주기씨 기자오(奇子敖)의 막내딸로 태어나 어머니가 실신하는 모습을 뒤로하고 떠난 기황후는 불행한 운명을 기회로 개척해 세기의 여인이 되었다. 총명했던 기황후가 1330년 말부터 드디어 존재감을 보이기 시작하더니, 황자를 낳고 1340년 원나라 11대 혜종의 제2황후로 책봉되었다가 1366년에는 제1황후에 오르고, 부친 기자오는 경왕(敬王)에 추봉되었다.

출입문 같은 연정(連亭)

백수읍 지산리 208-1, 가지마을에 있는 연정은 동래 정씨의 문중 사우인 지산사(芝山祠)의 출입문도 겸하는 듯, 매우 독특한 형식의 정자이다. 연정은 멀리서 보면 영락없는 솟을외삼문채인데, 정작 가까이서 보면 가운데 출입문 좌우로는 개방형 정자다. 최근에 중창된 듯, 산뜻한 모습을 보이고 있다. 연정 안으로는 팔작지붕을 한 정면 4칸의 강륜당과 맞배지붕을 한 정면 3칸의 지산사가 경사지에 잘 배치되어 있다. 1751년 세워지고, 서원 철폐령으로 철폐될 때 외삼문만이라도 살려두기 위해 정자로 탈바꿈시켜 독특한 모습이 된 것인지, 아니면 처음부터 의도적으로 이렇게 지은 것인지 알 수 없으나, 어느 쪽에 해당되든지 파격적인 발상의 전환이다. 뒤편 지산사는 서울에서 태어나 임진왜란 때 영광 지산리에 자리 잡고 동래정씨 영광 입향조가 된 죽창(竹窓) 정홍연(鄭弘衍)을 배향하고 있다. 지금의 사우는 1932년 재건되고 1979년 중건을 거친 것으로 보인다.

죽창은 광해군 때인 1611년 40대 늦은 나이에 관직에 나아가 양천과 동복현감 등 지방관을 지내고 1624년 익산군수를 끝으로 물러나 낙향해 후학을 지도하다가, 1637년 인조 때 정3품 당상관 통정대부에 오른 2년 뒤 74세에 사망한다. 1612년 궁의 지관 이의신이 한양은 풍수로 볼 때 왕성한 기운[旺氣]을 이미 잃었으므로 지금의 파주 교하 일대로 옮겨야한다고 상소해서 조정에 파란을 일으킨 일이 있었다. 광해군이 솔깃해서 이듬해 현장 답사를 비밀리에 지시하는 등 검토를 진행했으나 대신들의 반대가 심해 무산되었다. 교하천도론에 대해 대신들은 지형조건, 민심, 재정문제 등의 현실적인 이유를 들어 반대했으나, 죽창은 '기의 성쇠는 물(物)의 성쇠에 의하며, 물의 성쇠는 인물의 성쇠에 의한 것'이라며 왕을 잘 보필할 수 있는 인재 등용이 앞서야한다며 풍수도참설을 부정하는 내용의 상소를 올린다. 광해군은 인조의 부친 정원군의 집이 왕기가 서려있다는 이유로 그 집을 헐고 1617년부터 경희궁 창건을 시작할 정도로 풍수설을 맹신하는 편이었다. 이러한 군왕의 천도론에 인재등용론을 꺼낸 죽창의 상소는 격론의 소용돌이 속에서 크게 주목받지 못했으나 눈여겨 볼만한 내용이었다.

고려 때 평양의 서경, 경주의 동경과 함께 한양지역은 남경이었고, 지금의 청와대 자리에 1068년 별궁을 세워 국왕들이 순행 때 묵었고, 나라가 혼란을 겪을 때 남경으로 천도론이 떠오른 적이 있었다. 특히 고려 말 공민왕 때부터 거론되었는데, 우왕과 공양왕 때는 실제 천도가 시도되었던 경우도 있었다. 그런 배경에서 보듯이 조선이 한양을 도읍으로 정할 때는 어느 정도 도읍의 초기 형태는 갖추고 있었었고, 이태조는 인왕산 넘어 홍제동 안산을 도성의 경계로 할지 무학대사의 안을 놓고 마지막까지 고심했다. 풍수설에서 말하는 명당이 주인을 귀하게 만드는 것인지, 땅 주인이 귀하게 돼서 명당이 되는 것인지, 답은 자명한 것 같은데도 쉽게 인정 못하는 인간은 의외로 연약한 동물이다.

설매리 석조불두상

군남면 설매리 산59-3, 나지막한 설매산 아래 미륵골에 있는 설매리 석조불두상은 바위 균열이 멀리서 보면 마치 옷 주름처럼 보이는 자연 암석 위에 조각된 불상 머리를 얹은 모습이다. 자연 암벽을 발견하고 그에 맞는 불두를 조각한 것인지, 아니면 불두를 만들어 그에 맞는 자연석을 찾아낸 것인지 모르나 둘의 절묘한 교합이다. 자연석을 찾아서 ㄴ자 고임대를 만들고 불두는 앞면만 다듬어 맞춘 형식이고, 안면 조각도 매우 절제된 범위에서 이루어졌다. 사각의 평면 얼굴에 눈을 반은 내려 감고, 온화한 얼굴로 중생을 보살피는 따뜻함과 존엄을 동시에 보여준다. 머리 위 육계, 길게 목까지 늘어진 귀, 두둑한 콧대에 뭔가 메시지를 던질 듯한 입술이 혹여 화두를 던질까 서성거리게 한다. 어찌 보면 곧추세운 무릎에 깍지 낀 양손을 얹고, 그 위에 등을 굽혀 턱을 얹은 채 명상을 즐기고 있는 표정으로도 보인다. 신라 말에서 고려 초기에 만들어진 것으로 추정되는 약2m 높이 거대한 불두상은 독특한 구조와 형식으로 주변의 숲과도 어울려 경외감을 준다. 원주 평장리, 금산 지량리 미륵사 등에도 비슷한 모습의 석조불두상이 있는데, 선각으로 암벽에 마애불을 조각하고 불두를 올려놓는 방식은 삼국시대부터 있었다고 한다.

대신의 묘 자리가 영릉이 되다

군남면 보촌서원(甫村書院)은 광주(廣州)이씨 문중 이극기와 아들 이은(李闇), 손자 이안례, 증손 이율 등 4위를 배향한다. 군수 등을 지내다가 기묘사화에 연루되어 영광에 유배 왔던 음애 이은과 아들 및 손자를 기리고자 1782년 보촌사를 건립했다. 서원철폐령으로 훼철된 후, 1946년 인근에 중건했다가 1986년 지금의 자리로 옮겨와 이은의 부친으로 대사헌, 참판, 관찰사 등을 지낸 이극기(李克基)를 추가 배향하며 주벽으로 모신다. 서원은 외삼문을 들어서 정면 4칸의 강당, 다시 내삼문을 들어서 정면 3칸 측면 2칸의 사우가 있는 단출한 모습이다.

광주이씨 시조는 신라 내물왕 때 이자성이라고 하지만, 대체로 고려 말 경기도 광주지역 향리였던 광주이씨 이당(李唐)과 그의 아들 이집(李集)을 중흥 시조로 얘기한다. 이당은 둘째 아들 이집을 포함한 오형제를 모두 과거에 급제시켰고, 이집(李集)의 세 아들 형조참의 이지직, 좌참찬 이지강, 성주목사 이지유가 중흥을 이어갔다. 이집의 큰 아들 이지직(李之直)의 세 아들 또한 현달해서 첫째아들 이장손은 정4품급 사인(舍人), 둘째 이인손은 우의정, 그리고 셋째 이예손은 황해도관찰사를 각기 지냈다. 둘째 이인손(李仁孫)의 다섯 아들도 모두 과거에 급제해 이극배는 영의정, 이극감은 형조판서, 이극증은 병조판서, 이극돈은 이조 및 병조판서, 이극균은 좌의정을 각각 지내며 5극으로 불리는데, 셋째 이예손의 아들 이극기와 이극견, 첫째 이장손의의 아들 이극규 등 사촌 형제들까지 포함하면 모두 8명의 극(克)자 항렬이 같은 시기에 조정의 고관으로 있게 되어 8극(八克)이라는 말이 공공연했다.

요약하면 이당과 다섯 아들, 이집과 그의 세 아들, 이지직과 세 아들, 이인손과 다섯 아들 등 5대에 걸쳐 조선 최고의 문벌로서 절정을 누렸다. 조선 왕실에서도 광주이씨 길운(吉運) 배경에 크게 관심을 갖게 되어, 여주에 있는 이인손의 묘소가 세종의 영릉으로 변하고, 성종이 아들 출산에 이극배의 집을 이용했다는 등, 다른 문중과 비교될 수 없는 번성이 크게 주목을 받았다. 달이차면 기우는 자연의 섭리를 터득하고 절정의 시기에 앞날을 염려하는 것은 현자의 몫이다. 청렴 근검해서 존경을 받던 이극배는 이를 걱정하며 손자들 이름을 이수겸(李守謙) 이수공(李守恭)으로 지어주는 등 후손들이 자신은 겸손하고 남을 높이는 겸공(謙恭)을 실천하기 바랐다.

이장손은 21살 젊은 나이에 과거에 급제해 의정부 사인을 지내다 30세 아까운 나이에 요절한 가슴 아픈 사연이 있다. 부친 이지직의 묘 자리를 정할 때 지관이 선정해 준 곳이 비록 명당이기는 해도 장자에게 해가 따르게 될 것이라 불길한 단서를 남긴다. 불안한 동생 이인손이 다른 곳을 찾자고 했으나 개의치 않고 지관이 정한 곳으로 추진하는데, 그런 탓인지 첫째 이장손은 다음해 세상을 떠나고 만다. 지관이 예견한 나쁜 일이 설마 죽음일 줄이야, 부친과 문중을 짊어진 장자의 희생이 눈물겹다.

대신의 묘 자리를 왕실에 내주는 놀라운 일이 생긴다. 광주이씨 8극의 현달이 장안의 뜨거운 화제가 되고, 왕실에서도 괄목할 만한 번성의 배경에 관심을 갖게 되는 차에, 마침 서울 내곡동에 있던 세종의 영릉 천장의 문제가 떠오른다. 세종 이후 문종이 단명하고, 세조 때 어린 조카 단종을 비롯해 여러 친형제들이 사사되고, 세종이 명한 단종의 고명대신과 사육신이 멸문지화를 당하고, 세조 개인적으로는 장남 의경세자가 요절하는 등 일련의 참사가 왕실을 불안하게 만들고 있었다. 11살 세자 시절 혼인해 아들을 얻었던 예종의 장순왕후가 인성대군을 낳은 산후병으로 사망하고, 인성대군 또한 3살에 홍서하니 사안은 실로 심각해져 갔다. 모든 불행의 원인이 세종의 릉을 잘못 쓴 것 아니냐는 얘기로 모아진 뒤, 예종 원년에 대모산 아래 지금의 내곡동 영릉을 확인해 보고 천장을 결정했다 하기도, 세조 말부터 거론되었던 일을 예종이 결심하게 된 것이라고도 한다. 어찌되었던 예종의 결심은 일사천리로 실행되고, 도성 100리를 훨씬 벗어난 먼 곳까지 찾아 새로운 자리를 정한 곳이 우이정을 지낸 이인손의 묘역, 지금의 여주 영릉(英陵) 자리이다. 천선강탄(天仙降誕)의 명당으로 천장을 결심한 예종이 이인손의 아들인 평양감사 이극배를 통해 무언의 압력을 가하는데, 누가 감히 임금의 뜻을 비껴갈 수 있을까. 두말없이 영릉자리를 내주고, 연을 바람에 날려 찾은 묘 자리 신지리(新池里)는 서남쪽으로 직선거리 2km 떨어져 있다.

그러나 명당으로 천장하고도 일어날 일을 누가 예상이라도 했을까. 예종이 형 의경세자와 같은 20살이 되어 갑자기 사망하니 즉위한지 겨우 1년 3개월여 만의 일이다. 운명의 굴레를 벗어나려는 인간의 안간힘이나 몸부림은 오십 걸음을 떼나 백 걸음을 떼나 신의 터럭에도 미치지 못하는 일인 모양이다. 광주이씨 나름대로 명당을 내준 영향을 받아서였는지, 이인손의 아들 좌의정 이극균이 연산군에게 충언했다가 갑자사화에서 그의 조카 예조판서 이세좌와 함께 크게 화를 입었고, 이극기의 아들 이은은 공조와 형조정랑 등을 지내다 중종 14년 기묘사화에 연루되어 영광으로 유배 3년 만에 사망한다. 이인손의 손자 이세좌(李世佐)는 연회에서 연산군이 내린 어사주를 엎질러 어의를 적셨다는 불경죄로 유배 갔다가 풀려나더니, 폐비윤씨에게 사약을 전달한 봉약관이었다는 이유로 사약을 받았다. 조정의 보이지 않는 막강한 힘, 광주이씨를 제거하기 위해 연산군이 벌인 고도의 술책이었다는 해석도 나온다. 그러나 대체로 그전만 못해도 중종 이후 광주이씨 문중은 회복되기 시작, 이극균의 5대손 한음 이덕형과 이세좌의 손자 이준경이 영의정을 지내는 등 꾸준히 인물을 배출했다.

좌의정 이극균과 가까웠던 벽진이씨 이장곤이 문과에 급제해 교리를 지내다가 1504년 갑자사화에 연루되어 거제도로 유배된다. 벼슬에 이극균이 뒤에 있다는 의심과 평소 용맹한 기골에 위협을 느끼고 있던 연산군이 심상치 않은 움직임 보이자, 위기를 직감한 이장곤이 유배지를 탈출하는 엄청난 사건이 발생한다. 목숨 걸고 탈출해 함흥지역 천민무리에 숨어들어 백정의 딸과 혼인하는 등 철저히 신분을 감추고 어렵게 살아간다. 연산군은 탈출 소식에 격노해 관련 현령과 관찰사를 파직시키고, 이장곤의 형 이장길에 연좌제를 걸어 잡아오게 하고, 체포에 포상까지 걸고 관군을 동원한다. 한편, 시키는 일마다 서툴러 밥값도 못한다고 장인의 괄시를 받던 이장곤에게는 부인만이 유일한 위안이었다. 그즈음 한양에 중종반정이 일어난다. 고을 사또가 그제야 신분을 알고 찾아오고 장인과 부인이 크게 놀란 것도 잠시, 벼슬에 복귀해 함경도관찰사, 이조판서, 우찬성 등에 이른다. 신분이 크게 상승해도 이장곤은 가장 어려울 때 헌신을 다해 도와준 부인을 끝까지 지키고, 이 사실을 전해들은 중종이 감동해 부인에게도 걸 맞는 신분을 내려준다. 강건한 체격에 무관 기질까지 보였던 문신 이장곤은 성품이 소탈해서 많은 사람들의 호감을 얻었고, 출세하면 조강지처를 소외하던 소인배와 달리 부인을 끝까지 지킨 의리 충만한 대인으로 남는다. 유배 전에 홍문관 교리였던 이장곤이 홍명희의 소설 임꺽정전에서 이교리로 등장하고, 주인공은 바로 그가 몸을 숨겼던 백정의 처조카 임돌을 그린 것이라고 한다.

광주이씨의 중흥을 열은 둔촌 이집이 1368년 막강한 신돈의 실정을 비판한 일로 보복을 피해 지금의 서울 보훈병원역 뒤 나지막한 일자산(一字山) 둔굴에 은둔했던 연유로 둔촌동(遁村洞) 지명이 남아있다. 신돈 사후에 개경으로 귀환해 판전교시사에 임명되었으나 사직하고 여주에서 여생을 보내며, 훗날 좌찬성으로 증직되는 데는 현달한 후손들의 배경이 있었다. 이집에게는 인덕으로 멸문지화를 피하는 운도 따랐다. 급하게 신돈을 피해 둔촌동에 잠시 머물 기는 했으나, 연로한 부친을 모시고 멀리 영천에 있는 친구를 찾아간다. 자칫 숨겨주었다는 소문이라도 나면 크게 화를 당할 상황에 이집을 내치는 척했던 영천최씨 최원도는 밤이 되어 은밀히 이집을 찾아 혼자만의 비밀로 다락방에 숨겨준다. 언제까지 은밀히 음식을 다락방에 들일 수 있을까, 여종이 목격하고 안주인에게 알려주자 충격에 빠져, 비밀을 지키기 위해 부인은 혀를 깨물고 종은 자살을 택한다. 아직도 이집의 부친 이당의 묘는 영천최씨 선산에 있고, 두 문중에서 제를 지낼 때는 자살한 여종 연아(燕娥)의 묘도 빼놓지 않는다 한다.

둔촌(遁村) 이집(李集)의 묘역이 성남시 하대원동 만여 평 넓은 부지에 자리하고 있다. 부친 이당(李唐)이 당시 광주의 향리를 지내면서 광주이씨가 집성촌을 이룬 곳이다. 둔촌 묘역에는 이지직(李之直), 손자 이장손과 이예손, 이예손의 아들 이극기와 손자 이은 등 문중의 묘소가 함께 자리하고 있다. 하대원동에서 둔촌이 한 때 은둔했던 일자산 둔굴(둔촌동 산 18-18)까지는 30리 길, 남북으로 길게 뻗은 일자산에 있는 "둔촌 선생께서 후손에게 이르기를" 시비가 뭇 사람을 무거운 침묵으로 이끈다.

자손에게 금을 광주리로 준다 해도, 경서 한권 가르치는 것만 못 하느니라
이 말은 비록 쉬운 말이나, 너희를 위해 정녕 간곡히 일러둔다.

'물고기를 잡아주면 한 끼를 해결하지만, 물고기 잡는 법을 가르쳐 주면 평생을 먹고 살 수 있다'는 격언에서 보듯, 금을 광주리로 주는 것보다 경서 한권을 가르치는 것이 후대까지 명예와 존경을 받으며 사는 길이라고 말한다. 간결하면서도 준엄한 유훈이 대대손손 이어져 늘 깨우치게 하고, 일어서게 한 듯하다.

99칸을 훨씬 넘는 매간당고택

불갑천이 에둘러 흐르는 너른 평야 군남면 동간리, 문전옥답을 앞에 둔 대지 약2천 평에 125칸 규모의 국가민속문화재 제234호 매간당 고택 앞에 서면 솟을대문채에 2층을 높이 올린 독특한 형식의 누각 삼효문이 우뚝하다. 16세기 영광군수로 부임하는 숙부 김세(金世)를 따라온 김영(金榮)의 정착을 시작으로 그의 셋째아들 김인택이 동간리에 자리를 잡으면서 일대는 연안김씨 집성촌을 이룬다. 입향 후 그리 넉넉지 않았던 살림은 19세기에 들어 부지런한 김사형(金思衡)의 선친 대부터 부를 차근히 쌓기 시작, 1868년에 이르러서 매간당 김사형이 안채를 비롯한 지금의 고택을 세우는 등 그의 아들과 손자 대에 걸쳐 번성한다. 1900년 전후로 후덕한 인심 때문인지 땅문서를 들고 와서 소작을 자청하는 사람이 늘어나며 땅이 늘어났다 한다. 김인택의 아들 김진, 후대에 김재명, 김함 3대의 효자 정려가 걸린 삼효문(三孝門) 현판은 고종의 친형으로 병조판서, 궁내부대신 등을 지낸 흥친왕 이재면이 썼다 한다.

너른 마당에 우뚝한 대문채 안으로는 사랑채, 안채, 사당, 서당이 각기 구분된 마당을 두고 5개 영역으로 나눠진다. 이층누각의 불투명 통유리 창문 틈으로 누군가가 내려다보고 있지나 않는지, 긴장해서 대문채를 들어서면 왼편에 사랑채가 나오고, 마당을 지나 중문채를 들어서면 우측으로 一자 형으로 긴 정면 9칸의 아래채, 좌측으로 겹집 구조의 큰 안채가 있다. 안채 뒤로 사당과 후원 끝에 초가 호지집, 그리고 사랑채 후원 형식의 독립공간에는 연지 정원을 앞에 두고 서당, 마방, 마구간이 배치되어 있다. 독특하고 화려한 2층 솟을대문채는 물론이고 전체적으로 구분된 공간에 개성을 부여해 건물을 앉힌 방식이나, 벽장 다락 등 다양한 수납공간, 사랑채와 안채 평면 구조도 개화기 변화를 느끼게 한다.

겹처마 팔작지붕의 육중한 지붕을 머리에 이고, 길게 목을 뺀 듯 미끈한 이층 누각의 대문채를 정면에서 바라보면 상당한 수준의 도편수 솜씨가 느껴지는 고택의 얼굴이다. 아래와 위층 지붕의 곡선이 아름다운 조화를 이루면서도 다층탑에서 느껴지는 안정적인 구도를 보이고, 특히 누각의 팔작지붕 추녀 끝을 들어 올린 앙곡(仰曲)이 파격적으로 날렵해 금방이라도 하늘로 날개 짓을 할 듯 경쾌하다. 객을 공손히 맞는 듯, 마주해 허리를 살짝 굽힌 기둥이 받치는 문을 들어가는 느낌도 편안하다. 안쪽 계단을 통해 2층 누각에 오르면, 우물천장을 받치는 3출목(出目) 공포가 아름다운 한옥의 멋과 목공예 수준의 정교한 마감을 보여준다. 계자 난간 밖으로 두른 통유리 문이 시야를 제한하기는 해도 오히려 단칸 절집에 들어앉은 듯 엄숙함이 가득하다.

높고 독특한 삼효문과 사랑채의 명성 뒤에 가려진 서당 영역이 고택의 품격을 보여준다. 하얀 도포와 검은 갓을 단정하게 차려입고 대청 한가운데 정좌한 선비 모습에 꼭 어울리는 서당은 지나치지도 모자라지도 않은 크기와 구조이다, 또한 곧고 단정하게 균형을 잡은 것이 고택의 이름대로 마치 산골짜기 맑은 물가에 핀 매화[梅磵]같이 고고한 자태와 향기를 전하는 모습이다. 사랑채와 안채와는 담장으로 분리된 공간에 들어선 서당은 앞뒤로 개방된 2칸 대청 좌우로 방을 두었고, 앞마당 정원과 왼쪽의 연지와 어울려 바르고 정숙한 서당의 멋을 보여주는 고택의 숨겨진 보물이다.

　사랑채 각방에 걸린 세 개의 편액 매간당(梅磵堂), 익수재(益壽齋), 구간재(龜澗齋)는 각기 다른 서체에 의미도 심장하다. 김인택의 10세손으로 가선대부 시종원부경에 오른 김사형, 11세손 김혁기, 통정대부 비서감승에 오른 12세손 김종관 등 3대의 호를 인용한 편액은 산골짜기 물가에 핀 매화같이 고고한 삶, 건강하게 오래 살 고픈 희망, 거북이 작은 물에서도 조심하듯 살려는 사대부의 이상을 그리는 듯하다. 노자의 도덕경에서 '겨울 살얼음 냇가를 건너듯(與兮若冬涉川), 사방 이웃을 두려운 마음으로 살피듯(猶兮若畏四隣)' 구절의 첫 자를 인용해 호를 여유당으로 정한 정약용의 조심 또 조심하는 처세를 연상하게 한다.

고택에 숨은 서당

날다람쥐 탄식 속에 떠난 국사

군남면 용암리 소재 연흥사는 백양사를 중창하고 불갑사에 주석하던 각진(覺眞)국사가 14세기 후반 창건하고 정유재란 때 피해를 입어 1600년대 초에 중건되었고, 1667년 부운선사가 중창한 이래로도 여러 번 중창을 거친다. 서운산 중턱에 자리해서 군유산과 일명산을 앞에 두고 있어 산중에 갇힌 듯이 답답하기도 하지만, 조용히 산사를 휘감아 도는 바람결에 도시의 티끌이 떨어져나갔는지 몸이 바람처럼 가볍다. 마당에 500년 동백나무와 백일홍, 상처투성이 작은 석탑을 보면서 한때 불갑사와 비교되는 웅장함을 상상해본다.

법명이 복구(復丘)인 각진국사는 속명 이정(李精)으로 1260년 고려 원종 때 과거에 급제해 종2품급 판밀직사사에 이른 고성(固城)이씨 이존비(李尊庇)의 둘째 아들로 태어났다. 첫째아들 이우는 앞장에 언급된 한사기 일행과 함께 원나라에 인질로 보내졌고, 둘째는 외가와 모친의 영향을 받은 듯 8세 때 백양사에 들어갔다가 10세 때 원오국사를 스승으로 출가하고, 셋째만 홀로 남는다. 부친 이존비가 조계산 송광사에 주석하던 원오국사에 보낸 글에서 원나라로 떠난 첫째에 이어서 둘째 아들마저 출가시키는 허전한 마음과 애틋한 부정이 진하게 배어난다.

맏이는 오래전 일찍이 천자에게 떠났고	長息久朝天子所
둘째는 새삼 부처님께 보냅니다	次兒新付法王家
달리 충성함은 신하의 도리인데	移忠固是爲臣分
사랑도 버리고 출가함을 어찌 하겠소	割愛其如出世何

고려 광종 때 시작된 과거제도에 승과도 포함되어, 종선(宗選)을 거쳐 마지막 대선(大選)에 최종합격 된 후에는 행적에 따라서 대덕(大德), 대사, 중대사, 삼중대사, 수좌 등으로 승급하고, 대선사[僧統]를 거쳐 왕의 스승인 왕사나, 최고의 승계인 나라의 스승 국사(國師)에 이른다. 문종의 아들 의천의 경우와 같이 왕족 중에서도 출가가 있었고, 일부 기록은 귀족 자재 700여명 가운데 1할 정도가 출가할 정도로 승려는 선망 속에 명예와 지위를 보장받았다. 고려 불교는 나라의 통제와 지원을 함께 받으며 번성, 이웃 중국에서 보기에도 고려인 세 명 중에 한명은 승려라는 다분히 감정적 과장이 있을 정도로 전성기를 보냈다.

각진국사는 21세에 승과에 급제해 고려 충정왕과 공민왕 때 왕사가 되고, 1350년경 불갑사를 거쳐 86세에 백양사에서 입적, 각진국사로 추존된다. 입적 5년 후, 공민왕의 명으로 이달충이 짓고 대유학자 익재 이제현이 쓴 비문이 탁본으로 남아있다.

> 멀리서 보면 깨끗하기가 신선 같고, 가까이 하면 부모처럼 온화했다.
> 남의 선악은 말하지 아니하고, 오로지 마음으로 공경했으며
> 자신은 말 없는 늙은이[無言叟]일 뿐이라 낮췄다…
> 왕은 국사의 나이가 많고 길은 멀어 가까이 모시지 못하니,
> 대사의 진영을 그리게 해서 그 예를 보여주었다.

당시 공민왕이 친히 진영을 그리게 해서 실제 앞에서 보듯이 예를 표했다는 진영의 모사본 '각진국사복구진영'이 1825년 선운사에서

제작되어 백양사에 봉안되고 있다 한다. 국사는 열반에 들며 임종게(臨終偈)를 남긴다.

> …부처도 마음도 아닌 외 늙은이, 날다람쥐 탄식 속에 홀로 간다네…
> 나고 죽는 것이 본시 공(空)이거늘…(非佛非心物外翁 鼯聲中吾獨往…)

국사는 왜 자신을 날다람쥐라고 했을까. 순자는 권학편에서 날다람쥐를 오서지기(鼯鼠之技)라 하여 다섯 가지 기술이 있지만 궁색(窮)하다고 했다. 날아도 지붕에는 못 미치고, 나무를 잘 타도 끝에는 이르지 못하고, 달려도 사람을 앞서지는 못하고, 헤엄을 쳐도 계곡을 건널 만큼은 못되고, 땅을 파지만 제 몸 숨길만큼 깊이 파지는 못한다(能穴不能掩身)했다. 여러 재주가 있다하더라도, 단 하나도 완벽한 것이 없음을 경계한 것으로 보인다. 국사도 끝내는 부족함을 채우지 못하고 미완으로 떠나는 자신을 한탄한 듯하다.

충렬왕이 연경(북경)에 머물고 있던 동안 연녀(蓮女)와 사랑에 빠져 귀국이 차일피일 미뤄지고 있을 때, 이존비 일행이 연경으로 가서 충렬왕을 움직여 귀국길에 오른다. 이별할 때 연녀가 손수 연꽃 한 송이를 바치면서 돌아가는 길에 만약 이 꽃이 시들 면 자신의 목숨도 다할 것이라고 말한다. 며칠 뒤에 연꽃이 시들어가기 시작하는 모습을 보고 초조해진 충렬왕이 연경으로 다시 돌아가려 하자, 놀란 이존비는 자신이 대신 돌아가서 알아보고 오겠다고 연경으로 급히 떠난다. 연경에 도착해서 연녀가 눈물을 흘리면서 전해달라는 시를 읽어보니 충렬왕이 보면 더욱 그리워할 것이고, 그렇게 되면 귀국은 어렵게 될 상황이 분명해 이존비는 깊은 고민에 빠진다. 더 이상 귀국길을 늦출 수 없다는 결론에 이존비는 연녀 대신 시를 지어 올린다.

이를 읽은 충렬왕은 연녀의 변심에 크게 노해 귀국길을 서두르게 된다. 그러나 귀국 후에도 연녀를 잊지 못하는 왕을 보고 이제는 돌이킬 수 없을 것이라는 생각에 편지의 변조 사실을 고백하자, 매우 노해서 삭탈관직에 처하고 귀양을 보내버렸다. 이존비를 스승으로 모시고 있던 태자는 물론 대신들까지 나서서 해배를 간청하자, 뒤 늦게 후회하고 사자를 유배지에 보냈으나, 병을 얻어 이미 숨을 거둔 뒤였다. 55세 충신의 사망에 충렬왕 자신은 물론 태자도 매우 슬퍼했다. 이존비의 묘비문이 그의 이른 죽음을 애도한다. "나이 쉰 살은 넘겼으나 어찌 머리가 누레질 때까지 살지 못했는가(何未至黃髮), 하늘의 도리는 넓고 아득하니 그것을 힐책할 자가 누구인가" 어떻게 그는 엄청난 비밀을 무덤까지 가져가지 않고 스스로의 운명을 재촉했을까. 나라의 운명을 탄식하던 충신의 고귀한 희생이 어떤 가슴을 울린다.

10

칠산바다 전설

추운 겨울을 남쪽 바다에서 보낸 황금 조기떼가 따뜻한 봄이 되면 북으로 향하며 거치는 칠산바다 중심에 만조 때마다 육산도가 되는 칠산도(七山島)가 있고, 칠산바다를 끼고 달리는 백수(白岫)해안도로는 낙조가 내려앉을 즈음 특히 환상적인 드라이브 길이 된다. 남쪽 백암리 답동에서 시작해 백수해안공원에서 77번 국도를 달리다가 정유재란 열부순절지로 빠져서 해안도로를 계속 달리면 영광스카이워크, 영광노을전시관, 칠산정을 만나고, 해안도로 끝에서 다시 국도로 합류해 모래미해수욕장을 거치면 영광대교에 이른다.

칠산(七山)바다 전설은 몇몇 지역에서 비슷하게 전해오는 선행에 대한 보은을 말한다. 본래 칠산바다는 육지였으며 일곱 개의 골짜기가 있어 '칠산 고을'이라 불렸던 곳이었으나, 대홍수로 인하여 바다가 되었다 한다. 칠산 고을에 서씨 성을 가진 노인이 살고 있었는데 하루는 남루한 차림의 과객이 찾아와 묵기를 청해, 후하게 대접한다. 다음날 과객이 떠나며 고마운 마음에 '앞산 돌부처 귀에서 피가 흐르면 칠산고을이 곧 바다가 될 것이니 급히 가족과 마을을 떠나라'고 한다. 그 말이 귓가에 생생하고 궁금하기도 해서 매일 돌부처를 찾아보며 마을 사람들에게도 다가올 위험을 알려주었으나, 오히려 미친 사람 취급을 하며 어느 날 밤 일부러 돌부처 귀에 짐승의 피를 묻힌다. 서노인은 놀래서 마을 사람들에게 위기를 알리고, 자신의 가족을 이끌고 염산면 야월리 가음산(歌音山)으로 피하는데도 마을사람들은 코웃음을 치며 비웃는다. 그러나 얼마 후 마른하늘에 갑자기 뇌성과 함께 폭우가 쏟아져 순식간에 일곱 골짜기에 물에 차고, 마을이 순식간에 물에 잠기고 일곱 봉우리만 칠산도로 남게 되었다 한다.

칠산바다 뱃노래는 듣기만 해도 배가 부르다. 연평도로 올라가는 조기떼가 얼마나 많은지, 힘이 좋아 배로 뛰어오르는 놈들만 잡아도 한 배 채우기가 순식간이었던 시절을 그리워한다.

백수해안 노을길

책갈피 속에 끼워두었던 벚나무 단풍잎이 하늘에 걸려 노을이 되었다는 시인의 속삭임처럼, 노을은 가슴에 묻어두었던 아득한 시절을 그리게 해서 더 아름다운 빛이다. 나이 들어가며 곱게 늙어가는 것이 자신을 고운 빛에 물들이는 일이라 하더니, 형언할 수 없는 오묘한 빛깔이 섞여 화려하게 불타는 노을빛이면 더 바랄 것이 없다. 아흔아홉 봉우리에 덤을 얹어 부르는 백봉우리(白岫)와 나란히 달리는 해안도로는 자체로 절경이고, 초저녁에는 황홀한 꿈의 길이다. 노을 길을 따라서 북으로 차를 몰고 달리다가, 두 문중 아홉 부인들의 슬픈 순절을 기리는 '정유재란 열부순절지'를 지나면 노을전시관에 이른다. 하얀 2층 건물을 들어가서 노을빛과 노을의 과학을 눈으로 익히고, 이층 전망대에서 노을의 환상적 장관을 직관할 차례지만 긴 여행길에 날씨와 시간을 맞추기가 생각만치 쉽지는 않다. 그러나 전국 유일 노을전시관 대형 영상으로 위로를 받고, 조금 더 지나 오른쪽 산자락 칠산정에서 해 저무는 광활한 바다와 백수 해안선에 걸친 아름다운 전경에 빠져본다. 칠산정 아래 바닷가로 내려가는 "건강 365계단"은 건강 테스트 계단이라 해도 틀리지 않을 만큼 경사가 가파르다. 중도에 노을종루를 지나다 누군가 울리는 노을 소리를 듣는다면, 유명 작가의 '저녁노을이 종소리로 울릴 때… 눈물이 사랑이 되는 비밀을 알았다'는 시구를 떠올리고 감격하게 되지 않을까. 다시 북쪽으로 차를 달리면 여행의 마지막 구간에 이르러 해안도로에서 유일한 모래미해변과 멋진 영광(현수)대교를 건너 법성포구로 이어진다. 벼랑 끝을 따라 구불거리는 해안도로를 달리다가 간간히 차를 세우고, 콘크리트 빌딩 숲에 갇혀 둘 곳을 잃었던 눈과 뇌를 짬짬이 쉬는 길은 동해안과 비교되는 색다른 여행의 멋이다.

　노을은 날마다 그리고 시시각각으로 변화하며 가슴마다 다르게 찾아든다. 인생에 어김없이 노을이 찾아들면, 노을을 사랑하고 미소로 품을 수 있는 사람이 되어, 여유로운 이별의 노래를 부르겠다는 시인이 있다. 불타는 노을 백 개를 먹고 붉은 배롱나무가 백일동안 꽃을 피운다는 시인이 있는가 하면, 무거운 핏빛 구름이 물결처럼 출렁이면 산도 바다도 함께 너울처럼 꿈틀거리는 북유럽 하늘아래, 양손으로 귀

막고 난간에 기댄 채 절규하던 화가도 있다. 넋마저 빼앗겨 하얗게 질린 얼굴에서 터져 나오는 외마디 절규는 해진 하늘을 온통 덮은 짙은 노을에 묻혀버린다. 하늘인지 바다인지 분간 없이 물들인 노을은 누구에게 황홀한 행복이기도, 뜨겁게 불타는 사랑이기도, 넋을 잃은 절규이기도, 화려한 조명을 받으며 떠나는 장엄한 퇴장이기도, 또 누군가에게는 혼자만의 아름다운 고독이기에 폭넓은 계층의 가슴을 두드리는 듯하다.

그 섬에 가고 싶다

갈매기 떼가 둥지를 트는 절해 무인고도가 아니라도 섬은 고립과 고독의 상징, 고독의 깊은 바닥을 확인하고 싶다면 어느 날 문득 한번쯤은 뭍을 떠나야 한다. 영광에는 하얀 몽돌해수욕장이 있는 송이도나 해안 풍경이 아름답고 사슴 수백 마리가 뛰어다니는 안마도 등이 있다. 소나무가 많고 사람의 귀를 닮았다는 송이도(松耳島)는 주변 수심이 낮아 칠산타워가 있는 향화도항에서 떠나는 배도 물때를 맞춰야만 드나들 수 있는 외로운 섬이다. 물이 빠지면 옆의 소각이도와 연결되는 길이 펼쳐지고 넓은 모래등이 열리면 긴 꼬챙이를 든 섬사람들이 뒷걸음질로 걷다가 숨구멍에서 살이 통통한 일품 맛조개를 걸어 올린다. 송이도는 선착장 마을에 있는 오랜 팽나무가 주인이고, 뒷산으로 오르면 100여 그루 왕소사나무 군락이 보이고, 포근한 산세가 꾸준히 흐르는 물도 비교적 풍족한 섬이다. 매끈하고 새하얀 몽돌에 맑은 파도가 찰싹거리는 선착장 몽돌해변을 걷다가 섬의 북단 큰내끼 몽돌해변,

작은내끼 둘레길을 돌아 무장등이나 왕산봉에 올라 거칠 것 없는 서해의 바람을 맞아본다.

“사람들 사이에 섬이 있다. 그 섬에 가고 싶다”

극히 짧은 두 줄의 시로 무한 상상과 질문을 남긴 시인의 그 섬은 어떤 곳일까. 본질적으로 외로울 수밖에 없는 사람들 사이의 섬은 따듯한 정을 찾아 모이는 곳이거나, 부대끼며 사는 인간세상 어디쯤에 있을 오아시스 같은 마음의 안식처를 가리킬까. 그도 아니면 외로움을 뛰어넘어 주체적이고 창조적 고독의 세계를 가리키는 것일까.

철학자는 ‘외로움이란 혼자되는 고통을 말하는 것이고, 고독은 혼자되는 영광을 말한다’고 하며 외로움과 고독 사이에 큰 거리를 두고 고독을 칭송한다. 반면에 저명 작가는 외로움이란 자기로 사는 것이고, 자기를 찾기 위한 고귀한 대가일 뿐이라며 다독인다. 설령 원하지 않는 외로움이 고통을 안기더라도 자유라는 보상은 달콤해서, 외로움을 희생으로 자유를 얻게 된다면 외로움은 더 이상 두려운 존재가 아닐 수 있다. 흙이 빚어져서 유약을 쓰고 극한의 열을 이겨내면 윤기 도는 자기가 되듯이, 외로움도 뜨거운 고통을 이겨내고 진한 무늬의 견고한 고독이 될 수 있다. 과학은 뇌의 비활성화가 때로는 특정부위 뇌의 활성화를 자극해 상상 못했던 창조를 유발한다는 사실을 밝혀냈다. 이와 같이 자신의 내면을 들여다보는 성찰이나 사유 등의 주체적인 고독은 창조의 공간을 만들고, 천재들은 그곳에서 영혼을 깨우는 심오한 철학과 감동을 주는 불후의 명작을 탄생시켜 왔을 것이다. 추사는 제주도 유배지에서 세한도를 낳았고, 서포는 남해에서 구운몽, 고산(孤山)은 보길도에서 어부사시사, 송강은 담양에서 사미인곡, 다산은 강진에서 목민심서와 여유당전서 등 대작을 남겼다.

이른 아침 문득, 낡은 거울 속에 보이는 부스스한 얼굴이 새삼스레 혼자라는 사실을 깨닫게 한다. 거울에 번지는 외로움에 혹시라도 밝은 빛이 들까, 닦고 닦아서 거울 속 얼굴에 외로움의 진원을 물어본다. 사회적으로 활발하게 활동하던 저명인사도 죽음 앞에서 친구가 없었다는 후회를 남기고는 해서, 친구란 과연 어떤 신비한 존재인지, 우정을 우상쯤으로 혼동하고 있었던 것은 아닌지, 그 때마다 궁리에 사로잡히기도 했다. 중국 고서나 경전은 친구를 네 부류로 분류도 하지만, 그것을 기준으로 주위 친지가 자신에게 등급을 매길지 생각하면 우정이란 너무 가까이 하기도 두려운 존재가 된다. 많은 인사들이 인생에 친구 한명이면 족하다 하는데, 그런 친구란 정말 존재하는 것인가. 함께하면 기쁨이 배가 되고, 나누면 슬픔도 반이 된다는 친구, 진실과 영혼을 공유할 친구, 그 허상을 쫓다가 지쳐가는 것은 아닌지 착잡한 마음이다.

한 사람의 다른 세계를 가까이할 수 있다는 것은 물론 비교할 수 없는 행운이어서, 거절에 대한 두려움을 무릅쓰고 누군가에 먼저 다가가는 것은 가치 있는 일이다. 그러나 하나의 잘 의도된 우정도 긴 시간과 인내를 먹고서야 싹이 트는 일이니, 분주한 일상에서 에너지를 쏟으며 생산성과 가성비를 쫓는 시각으로는 불민한 선택이 되기 십상이다. 또 다른 자기에 쫓기듯 찾아가 두드려도 우정이란 문은 쉽게 열리지 않고, 열려도 고상한 위선이 반길 수 있기 때문이다. 그러니 그러한 노력은 안개꽃에 달린 송이 숫자를 헤아리는 일만큼 어렵고도 의미 없는 일이 되어서 대개는 후회로 남게 되니, 결국 우정을 향한 셈법은 외로움의 반 푼어치도 못되는 일이 될 것 같다.

무원(無援)의 외로운 고립이 두려운 것을 알면서 찾는 고독의 섬은 자신 안에 있는 또 다른 자기와 주고받는 대화로 균형을 바로 잡고 평정심을 얻는 곳이다. 꽁꽁 에워싼 바다가 조용히, 때로는 격하게 파도를 일으키며 밀려들고, 섬은 묵묵히 파도를 밀어내며 해안을 지킨다. 멸종에 몰렸던 생물도 생태계를 만들고 진화하는 섬에서의 유일한 자산은 고독, 바다가 울며 폭풍에 몰아쳐도 흔들리지 않는 섬의 침묵은 고독을 견고하게 만드는 힘이 된다. 바닷물이 잠시 물러난 모래등에 발을 딛고 소리 없는 생명의 합창에 귀 기울여 보고, 하루의 끝자락에서 비로소 홀로된 몸을 붉게 타는 노을에 던져본다. 밤이 깊어지면 칠흑 어둠속에서 쏟아지는 별빛에 휘감겨 상처 입은 자유에 새살을 입히고, 귀를 때리는 밤의 적막에 절규해 보고, 여명에 산에 올라 더욱 단단해진 고독에 눈물 쏟고 나면, 새로운 태양의 기운을 마주할 기운을 얻지 않을까. 인간은 마지막까지도 미완성이고 미생이기에 오히려 희망에 열려있고, 그 끝에는 실존을 그려넣을 태고부터의 여백도 남아 있음을 잊지 말아야 한다.

영광 특산 모시떡

정월 대보름도 막 지난 음력 2월 초하루는 농사를 시작하는 날이라 하여, 예로부터 중화절(中和節)이라 했고, 일년 농사가 노비에 의해 좌우되는 만큼 노비일이라고도 했다. 중화절에는 그 해 풍년을 기원하는 의미로 모시풀을 넣어 빚은 떡을 농사의 주역인 노비들에게 먹이는데, 나이 많은 순서대로 주는 의도는 일 잘하는 성인 노비를 우대하는 의도였던 듯하다. 뜨거운 물에 살짝 데친 모시 잎을 곱게 갈아서 물에 불린 쌀과 섞어 만든 모시떡은 볼품없어 보여도 영양가 높은 영광의 향토음식이다. 항산화물질과 식이섬유가 풍부하고, 특히 혈관건강에 쑥보다도 좋다고 알려졌다.

영광을 돌아다니다 보면 도로변에 모시 송편 가게가 유난히도 많이 눈에 띈다. 송편은 어린애 주먹만큼이나 커서 한두 개만 먹어도 시장기를 잊을 수 있을 정도다.

과거에 낙방하고 귀향하던 선비가 산적을 만나서 타고 가던 나귀와 봇짐을 모두 빼앗기고, 심하게 맞아 상처 입고 쓰러져 산속에서 사경을 헤맨다. 마침 모싯잎으로 송편을 만들어 부모님 성묘를 가던 처녀의 도움으로 송편을 먹고 기운을 차려 목숨을 구한다. 영광의 만석꾼 최씨는 귀한 독자를 구해준 처녀를 며느리로 맞아들이고 생명의 떡 모시송편을 만들어 잔치를 크게 베풀었다. 반달 모양 모시떡은 기울기 시작하는 화려한 둥근달보다는 더 밝아질 일이 기대되는 희망을 상징한다.

단술의 고향

예천(醴泉)

선비와 충효의 고장으로 알려져 쉽게 예천(禮川) 쯤으로 연상했으나 의외로 단술과 샘을 가리킨다. 신라 한때 수주(水酒)군으로 불리기도 했으니 물맛이 단술처럼 좋거나, 샘물로 술을 빚으면 술맛이 뛰어난 곳이라는 의미이겠다. 단물의 발원은 군의 북쪽 청정 소백산맥에서 뻗어 내린 골 깊은 산세에 있는 것으로 보인다. 태백산맥에서 갈라진 소백산과 월악산에 이어진 묘적령, 시루봉 등이 문경과 경계를 하고, 동쪽으로 학가산, 보문산 등이 안동과 경계가 된다. 경상도에서 한양으로 가려면 넘어야하는 죽령, 조령, 추풍령 등 험난한 고개[嶺]의 남쪽에 위치해 북쪽으로 단양, 서쪽에 상주, 동쪽에 영주, 남쪽에 의성과도 접해 모두 6개 군이 에워싸고 있다. 경상북도 도청이 예천군 호명면과 안동시 풍천면 경계에 세워져 균형발전의 상징으로 자리 잡았다.

북쪽 준령에 병풍처럼 둘러싸이고, 남으로 열려서 내성천과 낙동강을 앞에 둔 예천은 배산임수의 전형이다. 북쪽 봉화에서 발원해 영주를 거쳐 흘러내려온 내성천(乃城川)이 예천읍 부근에서 한천을 받아 서쪽으로 흐르다가, 안동을 거친 낙동강과 태백에서 흘러온 금천을 삼강나루에서 만나면 700리 낙동강 본류가 시작된다. 맑은 물아래 금빛 모래가 어린 시절 향수를 자극하는 내성천은 여기저기 새하얀 모래톱을 만들다가, 용궁면에서 회룡포를 휘감고 흘러 백사장이 드넓은 삼강 나루에 이른다. 회룡포, 선몽대, 초간정 원림이 명승으로 지정되어 아름다움을 보여주고, 토지대장에 올라 세금을 꼬박 내는 천연기념물 석송령(소나무)과 황목근(팽나무)이 아름답고도 신비한 모습이다.

역사적으로 신라, 후백제, 고려, 조선을 거치며 수주(水酒), 보천(甫川) 등으로 불리다가 예천이 되고, 면단위 명칭이 이색적이기도 하다. 내성천 하류에 신비한 용소가 있어 지상낙원을 꿈꾸며 용궁면(龍宮)이 되었고, 명심보감에도 오른 철종 때 효자 도시복의 생가가 있어서 효자면(孝子), 예천에 어울리게 단물나는 감천면(甘泉)이 있는가 하면, 호랑이를 타고 다니던 장군의 전설 호명읍(虎鳴)도 있다. 예천을 본관으로 하는 예천권씨, 예천김씨, 예천윤씨, 예천이씨, 예천임씨, 예천정씨, 예천 용궁면 축산전씨 등이 있고, 전통 집성촌 마을로는 용문면 금당실 마을에 함양박씨와 예천권씨, 맛질에 안동권씨가 모여 살았다. 예천 대부분의 마을은 적어도 수백 년의 역사를 자랑한다.

정감록에서 십승지의 하나로 꼽히는 상금곡리 금당실마을에 예천권씨종택 별당, 함양박씨 금곡서원과 추원재, 원주변씨 사괴당고택, 의성김씨의 반송재고택 등이 7km 정겨운 돌담길을 끼고 자리해 옛 모습을 지킨다. 작은맛질 제곡리에 연곡고택, 춘우재고택, 야옹정 등이 명가의 전통을 보이고, 구계리 남악종택과 죽림리 초간종택이 국가지정 문화재이며, 용궁면 일대에서는 소천서원, 무이서원, 삼강강당, 석문종택 등이 삼강나루와 회룡포의 절경과 함께 한다. 금당실에서 옷 자랑 말고, 구계리에서 집 자랑 말고, 죽림리에서 말 자랑 말고, 맛질에서 글 자랑하지 말라는 옛 말이 전혀 어색하지 않은 땅이다.

1

봉황은 예천만 마신다

　예천에서 태어난 시인은 예천사람 눈이 맑은 이유가 물이 맑은 까닭이라 하고, 밤이면 별들이 내려와 헤엄을 치는 예천 우물은 이 땅의 눈동자라고 자랑한다. 예천읍 노하리에 주천(酒泉)이라는 오랜 샘 우물이 있다. 관아와 동헌을 지키는 군방 자리에 있던 우물에서 솟는 물이 예천이라는 살가운 이름의 기원이 된듯하다. 정유재란 때 명나라 장수 양호가 지나다가 물맛을 보고 예천에 걸맞다며 감탄했듯이, 물맛이 달 뿐만 아니라 여름에 특히 시원하고 겨울에는 따뜻하다 한다. 중국 역사에서도 예천은 각별한 의미를 갖는다. 예기에서 단 이슬이 내리고, 땅에서 단샘이 솟으면(地出醴泉) 그것이 바로 태평성대라 하였으니, 당연히 살기 좋은 고장임을 말한다. 또한 장자는 봉황이 벽오동 나무가 아니면 깃들지 않고, 대나무 열매가 아니면 먹지 않고, 예천이 아니면 마시지 않는다하여 예천을 최상의 물로 여겼다. 당나라 태종 또한 북경의 서남쪽 산서성에 있는 여름 별궁 구성궁에 머물다가 예천을 우연히 발견하고, 명필 구양순의 글씨로 비석을 세워 '구성궁예천명'이라 했다. 단물이 솟아 구시대의 더러운 잔재를 씻어내고 하늘이 도와 태평성대를 맞을 것이니, 나라에 이보다 더 상서롭고 길한 징조가 있을 수 없다며 크게 기뻐했다.

거란전쟁 중에 세워진 오층석탑

　예천읍 동본리 나지막한 냉정산 아래 동악사(東岳寺)와 대심리 봉덕산아래 서악사(西岳寺)가 한천을 가운데 두고 마주한다. 한천을 끼고 동본리, 남본리, 서본리가 큰 마을을 이루는데, 남본리에 보물 제53호 개심사지 오층석탑이 있고, 동본리 주택가에 보물 제426호 동본리 삼층석탑, 제427호 동본리 석조여래 입상이 너른 풀밭에 햇볕을 듬뿍 받으며 서로 빗겨서 있다.

　한천 물가 논 한가운데 개심사지(開心寺) 오층석탑이 정연한 모습이다. 옥개석의 처마선 처리 등에서 보이는 절제된 격식, 층간 체감(遞減)이 적절한 안정적인 구도와 각 부재 간의 대칭 비율이 부드러운 조화를 보이는 것이 마치 석탑의 모범을 보는 느낌이다. 하층 기단 네 면에 각각 3개의 코끼리 눈 형상의 안상(眼象)을 새기고 그 안에 소, 호랑이 등 동물 머리에 몸은 사람인 십이지신상을 양손 합장한 좌상으로 부각하였고, 상층기단 네면 각 면에는 1개의 가운데 버팀기둥 탱주(撑柱)로 구획해 2구씩, 4면 합계 모두 8구의 불법수호신 아수라 등 팔부중상을 입상으로 정교하게 조각해 넣었다. 1층 탑신은 모서리마다 기둥 우주를 세우고 한 면에는 자물쇠가 걸린 문비(門扉)와 좌우로 검을 들은 수호신 인왕상을 조각해, 마치 두 역사가 문비를 엄히 지키는 모습이다. 견고한 상하 기단 위에 5층 탑신을 올렸고, 지붕돌 옥개석 받침은 4단을 갖추었다. 5층 꼭대기 장식용 첨탑 상륜부에는 장식 받침인 노반과 엎은 그릇 모양의 복발이 남아있는데, 흔하지 않게 노반 각 면에도 안상을 새겨 넣었다.

　무엇보다 놀라운 점은 석탑에 새겨진 명문이다. 상층 기단 한쪽 면과 기단을 덮는 갑석(甲石) 아래 빽빽하게 새겨 넣은 명문이 석탑조성에 관한 내용뿐만 아니라 당시의 정치 행정 문화까지도 엿볼 수 있는 내용을 담고 있다. 오층석탑은 고려 현종 1010년 2월 1일에 시작해서 수레 18량, 소 1,000 마리, 승려와 속인, 광군(光軍) 등 모두 만 명이 동원되어 약1년여의 공사 끝에 이듬해 초파일에 완공됐다. 높이 4.3m 석탑을 위해 쏟은 시간, 인력 등은 현대 상식으로도 상상을 초월하는 수준으로 호국 일념과 불심이 빚어낸 또 하나의 빛나는 유산이 아닐 수 없다. 석탑은 여러 형상이 다양한 모습으로 조각되어 있는데, 더 자세히 들여다보면 상층기단의 팔부중상이 투구에 달린 새날개형 장식 등이 고려 병사의 투구와 갑옷을 연상시켜, 어떤 배경이 있는 것인지 호기심을 부른다.

개심사지 오층석탑

　10세기 말 고려는 거란의 침입에 대비해 지방 호족 단위로 광군을 조직해서 전국적으로 약 30만 명에 이르렀고, 개경 광군사(光軍司)의 지휘를 받았다. 석탑에 새겨진 팔부중상이 고려군 복식을 갖추고 있는 것을 예천 광군의 참여와 연결해 볼 수 있다. 고려 때 국교였던 불교는 외침으로 겪게 되는 나라의 위기와 국왕의 관심에 따라 증폭되기도 했다. 태조의 손자이면서도 고아가 되어 절에 억류되었던 왕순(王詢)이 극적으로 고려 8대 현종에 오른 후, 폐지됐던 연등회를 부활시키거나 자신을 지켜 준 북한산 아래 진관사의 중창이 개인적 보은 차원이었다면, 오층석탑과 초조(初雕)대장경 등의 제작은 거란의 침략을 불력으로 물리치려는 거국적 기원이었다. 거란과의 전쟁은 993년 고려 성종 때 1차 침략을 시작으로, 1010년 고려 현종 때 거란 성종이 이끈 40만 대군의 2차 침입을 거쳐 1019년까지 지속되었다. 귀주대첩에서 강감찬 장군 등 영웅이 등장하며 긴 전쟁은 고려 회심의 승리로 정리되고 거란은 1125년 멸망, 고려는 한동안 감히 넘볼 수 없는 동아시아 강국의 위상을 보였다.

　진관스님이 수행하던 작은 암자 신혈사로 왕순이 천추태후에 의해 쫓기 듯 출가해 지낸 곳이 지금의 북한산 진관사이다. 태후는 여러 차례 독이든 음식이나 자객을 보내 생명을 위협했지만, 그때마다 진관의 기지와 보호로 위기를 모면했고, 강조(康兆)의 정변으로 왕순이 고려 8대 현종으로 즉위한 뒤에 진관사로 중창된다. 고려의 왕들이 성지처럼 진관사를 찾으며 보호를 받았고, 조선에 들어 한양이 도읍으로 정해지며 근거리에서 왕실의 관심은 지속되었다. 이태조는 건국과정에서 희생되어 물과 육지에 떠도는 억울한 영혼을 달래주려 했던 듯, 수륙제를 지내기 위해 수륙사(水陸社)를 설치하고 진관사에 직접 행차하는 등 왕실의 보호를 받는다. 지금도 매년 10월 열리는 수륙제는 고혼을 모시고 일주문을 통해 들어오는 영가(靈駕)행렬로 시작, 불교 음악과 춤 등이 어우러지는 불교예술의 총합적 의례로 이틀간 진행되며 무형문화재 제126호로 보존되고 있다.

동본리의 보물 석조여래입상, 삼층석탑,

한천 제방에 가려지고 주택가 후면 도로에 둘러싸인 좁은 부지에 답답하게 서 있지만, 규모 있는 사찰의 옛 전성기를 짐작케 할 만큼 기품이 있어 보인다. 부지가 옹색하기는 해도 쉽게 다가갈 수 있는 주택가에서 주민과 호흡을 같이 하며 더 가까워진 느낌도 든다. 높이 약 3.5m 석조여래입상은 머리 나발과 육계, 목까지 내려온 큰 귀, 비칠 듯 말 듯한 미소, 작은 어깨, 짧은 팔, 두 어깨를 감싼 옷이 복부 하단에서 갈라지고, 두툼한 발이 팔각 연화대에서 중심을 잡고 있다. 한천 변의 수해 때문이었는지 무릎 아래가 땅 속에 묻혀 있던 것을 1960년에야 발굴해 놓았다 한다. 9세기 통일신라 말기에서 고려초기의 불상 형식으로 비교적 상처 없이 깨끗하고 온전한 모습이고, 다가서는 모든 이에게 아끼지 않는 자비를 베풀 듯 친근한 모습이다.

삼층석탑은 지대석 위에 오랜 세월을 거치며 변형이 있었는지 기단으로 보기도 어려운 극히 낮은 하층 기단, 그리고 1장의 갑석 위로 다시 상층 기단을 올리면서 판석 각 면에 사천왕상을 조각했다. 탑신 받침 위의 각층 탑신과 옥개석은 통돌을 사용했고 1층의 탑신이 2-3층에 비해 2배가 넘게 크다. 옥개받침은 3층이 3단인 반면 나머지는 5단이며, 상륜부 노반과 복발은 결실되어 후세에 제작된 것으로 보이는데, 일부 파손된 부분에도 불구하고 탑신과 옥개석의 층간 체감 비율과 조각에서 통일신라기의 특징을 보인다.

마귀를 거부한 예천향교

예천읍 백전리, 예천향교는 외삼문을 들어가서 우측에 주사가 있고, 좌측 담장으로 난 사주문을 통해 들어가면 정면 5칸 측면 2칸의 명륜당이 있고, 뒤 계단으로 올라서 내삼문을 들어서면 정면 3칸 측면 3칸의 대성전과 마당 좌우에 일신재와 직방재가 마주하고 있다. 정확하지는 않지만 대체로 1398년 세워져 1418년 현 위치로 이건해 와서 1656년경 등 여러 차례 중수가 있었으나, 기록으로 있던 풍영루, 동재와 서재, 전곡청 등은 소실된 것으로 보인다. 향교에서는 흔하지 않은 누각 풍영루의 옛터까지 옆의 고등학교에서 점유하고 있어 복구가 어려워 보이지만 현재로도 단아한 모습이다.

대성전에 전설 같은 얘기가 전해온다. 정유재란 때 조선을 도우러 앞장 양호와 함께 출병한 명나라 제독 마귀(麻貴)가 울산왜성으로 향하던 도중에 예천에서 하루를 머물게 된다. 숙영할 자리를 물색해도 마땅한 건물이 없어 예천 유림의 반대를 무릅쓰고 대성전에 자리를 정하게 되고, 유림은 별다른 방법이 없어 대성전에 모셔진 공자를 비롯한 위패를 정산서원으로 옮겨야 했다. 그러나 장군과 일행이 대성전에 들어가 앉는 순간 갑자기 대성전 대들보가 굉음을 내며 금방이라도 무너질 듯 뒤틀리고, 일행은 혼비백산 크게 놀라 황급히 떠난다. 평소 거대한 대들보 안쪽으로 못 보던 글씨가 보일 정도로 뒤틀렸다가 모두 떠나고 얼마 후 서서히 원형으로 돌아왔다는데, 지금도 그 흔적이 있다고 한다.

마귀제독이 울산왜성 전투에서 권율장군과 함께 싸우는 등 여러 전투에서 공을 세우고 왜군이 물러나자 귀국한다. 무관으로 활약하던 마귀의 증손 마순상(麻舜裳)이 배를 타고 산동성 연안을 정찰 순시하던 중 갑자기 풍랑을 만나 황해도 해안까지 밀려와 구사일생으로 살아남아 조선에 귀화, 중국 하북성 상곡(上谷)을 본으로 하며 상곡마씨가 탄생한다. 상곡마씨 후대에 무과급제자, 군수 현감 등이 배출되었고 항일의병활동도 적극적이었다. 합천 송림리 마씨종택에는 마귀 제독이 쓰던 철검이 보관되어 있고, 선조가 하사한 마귀장군 영정을 모시고 숭모제를 올리며 합천마씨라고도 한다.

두 외손녀가 명나라 황제의 유력한 후궁

예천읍 왕신리, 내성천에 합류하는 한천 옆에 자리한 신천서원은 조선 초기 병조참판을 지내고 제2차 왕자의 난에서 이방원을 도운 공으로 좌명공신에 녹훈된 의성김씨 맹암 김영렬(金英烈)을 기리고, 후손들의 교육을 위해 1945년 재건된 서원이다. 원래 영정을 모신 영당으로 출발해 서원이 되었으나 고종 때 철폐령으로 훼철되었다가 점차적으로 복원돼 온듯하다. 사주문 안의 강당은 2칸 대청마루 좌우로 1칸 온돌방을 두고 앞으로 계자난간을 두룬 누마루 형식이고, 강당 뒤쪽 내삼문 안으로 영정을 모신 사당 경훈사가 있다.

김영렬은 고려 말에 태어나 어려서부터 총명해 주위의 많은 관심과 기대를 받으며 자랐다. 20대에 부친의 과거 권유에도 아직은 어린 나이에 서둘러 나아갈 때가 아니라며 등과를 미루고 공부에만 더욱 전념하는 등, 어려서부터 신중하고 성숙한 기개와 충절을 보였다고 한다. 경기우도 수군첨절제사, 삼도수군도지휘사 등을 지내며 연안을 약탈하는 왜구와의 전투에 참여하고, 1400년 병조참판으로 태종을 도와 좌명공신에 오르고, 사후 의성군에 봉작되며 우의정에 증직된다. 1401년 태종 원년 46명에게 내린 좌명공신교서가 남아있고, 공신회맹록 필사본이 문중에 전해 내려온다. 조선개국 이래 개국-정사-좌명, 3차례 내려진 공신들 간의 의리와 주군에 충성을 맹서하는 회맹제(會盟祭)가 1404년 생존한 66인이 참여한 가운데 경복궁 후원 지금의 청와대 영역 회맹단에서 열렸고, 그 사실을 기록으로 남긴 것이 회맹록이다.

맹암 김영렬의 딸은 청주한씨 한영정과 혼인해 3남 2녀를 낳았는데, 그 첫째 아들이 한확(韓確)이고 미모로 명나라에까지 소문났던 두 딸은 명나라의 후궁이 되었다. 한확은 누이 둘이 각각 명나라 영락제와 선덕제의 후궁이 되었던 덕택에 명나라 관직은 물론 세종에서 세조 때까지 권세를 누렸고, 세조의 첫째 아들 덕종과 혼인한 막내딸 또한 아들이 성종이 되자 소혜왕후가 되고, 훗날 인수대비가 된다. 한확은 곧 성종의 외조부이고, 명나라 제3대 황제 영락제와 5대 선덕제의 처남이니 당대 양국에 단단한 인맥을 두고 있었던 셈이다. 그러나 두 누이의 행불행은 극적으로 갈렸다. 1424년 영락제가 사망하자 언니 여비(麗妃)는 약30명의 비빈, 후궁과 함께 목메어 죽임을 당하고 영락제와 함께 강제 순장 당했다. 언니의 끔찍한 순장을 알고도 산송장처럼 끌려가 선덕제를 받들었던 동생은 의외로 황실의 보호 속에 74세까지 행복을 누렸다. 7년간 선덕제의 후궁으로 지내고, 선덕제 사후로도 8대 성화제에 이르기까지 50여년을 황실의 여인으로 존대와 효도를 받았고 사후에 공신부인(恭愼夫人)으로 봉해졌다.

중국에서 순장(殉葬)은 오랜 관습처럼 청나라 초기까지도 간헐적으로 지속되는데, 명 태조 주원장은 비빈과 궁녀 10여 명을 포함해 40여명의 순장을 유언한 경우도 있었다. 춘추전국시대 진(晉)나라 장수 위무자는 사후에 후처를 개가시키라 했다가 언제 그랬냐는 듯이 순장시키라는 엇갈린 유언을 남기나, 아들 위과(魏顆)는 고민 끝에 서모를 친정으로 보내 개가하게 한다. 훗날 위과가 진(秦)과의 전쟁 중에 쫓기는 절대 절명의 위기에 처하는데, 적장 두회가 갑자기 고꾸라지는 바람에 구사일생으로 생명을 건지고 오히려 적장을 잡아 공을 세운다. 그날 밤 그의 꿈에 서모의 부친이 나타나서 풀 띠를 엮어 적장이 걸려 쓰러뜨리게 한 것은 딸을 순장에서 구해준 은혜에 보은한 것이라고 인사, 결초보은(結草報恩)은 순장을 면하게 해 준 은혜를 갚았다는 고사가 된다. 순장을 면한 한확의 동생 공신부인은 누구에게 보은했을까, 조선에 외교적으로 든든한 배경이 되어주었다.

이순신을 구해 나라 구한 정승

청주정씨 약포 정탁(鄭琢)은 용문면 하금곡리 외가에서 태어나 일찍이 부모를 여의고 33세에 문과 급제해 한양에서 살며 63세에 이조판서, 75세에 좌의정을 마지막으로 물러나 고평리에서 여생을 보내다가 80세에 사망한다. 9살에 모친을 잃고 부친을 따라 안동에서 살다가, 21살에는 부친마저 여의고 금당실로 옮긴다. 23살에 그의 재능을 알아본 장인 거제반씨 반충(潘冲)의 딸과 결혼해서 고평리 내성천변 불우실 처가에서 살았다. 부친과 안동에 사는 동안 이황과 조식에게서 배웠고, 반듯한 품성과 성실함으로 사헌부 등 삼사를 거쳐 정승까지 지낸 약45년 벼슬살이는 남명 조식이 평한 대로 소같이 성실하고 우직한 삶이었다. 임진왜란에서 선조의 피난길을 호송하고, 광해군의 분조(分朝)를 돕는 등 오랜 관직을 엄하게 지키며 난세의 혼란 속에서 충정을 다한다. 처가살이도 그리 넉넉하지는 않았던 듯, 젊어서 과거길 여비를 마련해준 부인에게 과거 급제한 사실을 내색 않을 정도로 언제나 초심을 잃지 않았다. 만년 내성천에서 낚시하고 있는 그를 물을 건네주는 월천꾼(越川)으로 알았던 초립동이 정탁선생 계시는 곳이 어디인지 데려다 달라고 하자, 흔쾌히 업어서 건네준다. 업혀 건너던 초립동이 정탁선생이 그즈음 어떻게 지내시는지 근황을 물으니, 낚시하면서 길손도 가끔 업어 물을 건네준다고 대답해 초립동이 아연실색, 백배 사죄했다는 일화가 그의 소탈함을 말한다. 정승은 지난 과거의 영광일 뿐, 돌아온 고향은 초립동과도 격의 없이 아름답게 여며가는 여생이었다. 그에 관한 일화도 많다. 작은 체구이지만 어두운 곳에서도 글을 읽고 쓰는 뛰어난 시력, 냉방에 누워도 바닥을 덥힐 정도의 뜨거운 체온 등으로 유성룡도 초인적 인물로 존중하게 된다. 그와 관련 유물로 79세 때 그려진 보물 제487호 약포 영정과 보물 제494호 용사일기, 임진기록 등 약포 유고 등이 예천읍 고평리 정충사(靖忠祠)에 남아 있다.

"나를 천거하신 분은 유성룡 재상이시나, 나를 살려주신 분은 약포 대감이시다" 이순신은 약포 정탁을 은인으로 밝힌다. 명령불복종을 이유로 이순신이 투옥되고, 사헌부는 임금을 업신여기고(無君之罪), 나라를 등지고(負國之罪), 남을 모함한 죄(陷人於罪) 등을 들어서 처형 수순으로 가고 있었다. 천거했던 유성룡마저 숨을 죽이고 있던 살벌한 조정에서 당시 72세 정탁의 1298자 탄원서와 영의정 이원익 등의 노력으로 목숨을 구한 이순신은 도원수 권율 휘하에서 백의종군을 명받고 전장으로 돌아간다. 선조의 위신을 세워주며 장수를 구한 구국의 명문은 "사형 받을 중죄를 지었으므로, 죄명조차 극히 엄중함은 성상의 말씀과 같습니다. 그도 공론이 엄중하고, 형벌도 무거워 생명을 보전할 가망이 없다는 것을 알고 있을 것입니다. 바라옵건대 은혜로운 하명으로 문초를 덜어주신다면… 목숨 걸고 갚으려 할 것입니다."

호명읍 황지리, 푸른 숲에 둘러싸인 아늑한 대지에 내성천을 내려다보며 들어앉은 도정서원(道正書院)은 1640년 약포 배향을 위해 세워져, 아들 청풍자 정윤목을 추향한 사당에서 시작됐다. 1697년 숙종 때 강당을 추가로 세워 도정서원으로 승격되었고, 고종 때 철폐되었다가 입덕루, 동재 서재와 전사청 등이 복원되며 지금의 모습에 이른다. 2층 누각 입덕루를 지나면 동재 서재가 마주하고, 돌계단 위 2층 누각 형식의 정면 4칸의 강당과 뒷마당을 지나 다시 계단을 올라 내삼문 안으로 사우가 있다. 내성천 건너 멀리 동쪽으로 보문산과 학가산이 보이고, 남쪽으로는 안동 하회마을과 병산서원이 50리 길이다. 주변으로 산책로와 내성천으로 내려가는 계단도 보인다.

도정서원 옆, 발을 담구면 금빛 모래가 발가락을 간지럽힐 듯한 내성천 벼랑위에 정자가 아슬아슬하게 앉아있다. 정면 3칸 측면 2칸에 1칸 반 온돌을 둔 읍호정(挹湖亭)은 1601년 세워지고 1964년 중건해 이황, 윤두수, 정온 등의 시문이 남겨져 있다. 1635년 약포 손자의 요청으로 동계 정온이 쓴 읍호정기문과 후손의 중건기에 따르면, 약포가 초당으로 지어 만년을 보내던 곳을 후손이 중건한 것으로 보인다. 맑은 내성천 물에 떠있다는 당호에 어울리게 두 손으로 맑은 물을 떠서 읍호정을 찾는 가슴을 적시기에도 좋을 만큼 둘의 조화는 절경이다.

근대사의 인물 인동장씨 장화식(張華植)이 1853년 예천 원곡리에서 태어나 7세에 천자문을 떼고 20살 경에는 절에 들어가 어려운 주역을 마지막으로 공부를 마친 흔적이 예천읍 서악사(西岳寺) 입구 작은 바위에 암각으로 남아있다. 고종 때 의금부도사를 지내고 1902년 지금의 서울시장 격인 한성부판윤이 되어 생소한 외국인 민원 폭주를 어떤 기준을 갖고 처리했을지, 당시 관리들의 혼란과 고뇌에 상상이 쉽지 않다. 그즈음 덕수궁 주변 정동은 서양인들이 이미 들어서기 시작해 대한제국 역사의 무대로 자리잡아가고 있었다. 1883년 정동에 한옥을 매입해 사용한 미국공사관을 시작으로 선교사들이 세운 배재학당과 이화학당, 정동교회와 새문안교회가 뒤따르고, 1889년 프랑스, 1890년 러시아, 1891년 독일, 벨기에, 이태리공사가 속속 들어서고, 영국공사관이 1892년 자리 잡으며 구세군과 성공회의소 성당이 세워지고, 1902년 이화학당 근처에 외국인을 상대로 호텔 겸 사교구락부 손탁호텔도 문을 연다. 외국공관으로 둘러싸인 정동은 서양인 특구인 동시에 고종이 기댈 희망의 언덕이 되고, 화강암을 사용한 석조전, 붉은 벽돌을 사용한 돈덕적, 중명전 등 서양식 건물이 덕수궁 내에도 들어선다. 장화식은 급격히 늘어나는 일본인의 처우와 사대문안의 건축 통신 금융 등 결정의 어려움을 겪으면서도 국권과 국익을 지키기에 혼신을 다하나, 끝내 일본이라는 거대한 절벽에 좌절하고 만다. 1910년 대한제국이 막을 내리고 친일파가 아니면 설자리가 없는 세상에 절망하고 고종의 신임에도 불구하고 낙향해 서악사 뒤 봉덕산에 묻힌다.

도정서원

말도 많은 말무덤(言塚)

　지보면 대죽리 156-1, 대나무가 많이 자라는 마을에 밀양박씨, 춘천박씨, 인천채씨, 김녕김씨, 진주류씨 등 다양한 성씨들이 집성촌을 이루고 살던 탓인지 구설과 분쟁이 끊이지 않고 마을의 평화는 멀기만 했다. 지나가던 스님이 '마을 주등개산이 개가 짖어대는 형세라서 말로서 망할 것'이라는 소리를 들은 마을 사람들은 개 주둥이에 해당하는 곳에 바위를 세워 재갈을 물리고, 마을 훈장은 깨달은 바가 있어 각 성씨 대표를 불러 모아 제안을 한다. 각 문중은 지난날 했던 모든 욕과 비방 등 분쟁의 단초가 되었던 말들을 적어내고, 앞으로는 좋은 말만 하겠다는 서약서를 사발에 넣어오라고 한다. 훈장은 거둔 사발을 모아서 언덕에 묻고, 무덤을 만들어 조상을 모시듯 했다. 과연 마을 사람들은 험한 말, 상처 주는 말, 내뱉고 후회할 말을 조심하게 되고, 드디어 마을에 평화가 찾아든다. 말(馬) 무덤이라 해도 좋을 만한 봉분이 있고 주변에는 언총(言塚) 표지석과 말에 관한 격언을 새긴 돌들이 둘러서 있다. '웃느라 한 말에 초상난다… 화살은 쏘고 주워도 말은 하고 못 줍는다' '가루는 칠수록 고와지고 말은 할수록 거칠어진다' '말 단집 장맛이 쓰다' 등 엄중한 말도 있지만, '부모의 말을 들으면 자다가도 떡이 생긴다' '말이 고우면 비지 사러 갔다 두부 사온다…' 등 희화적 표현도 보인다.

　어지간한 말의 홍수에 면역되어서인지 남에게 상처를 입힐 만큼 독해야 주의를 끄는 말의 난무가 정치판만의 전유물이 아닌 세상이 되어버렸다. "가는 말이 고와야 오는 말이 곱다"는 금언(金言)은 가는 말이

고우면 얕보이는 세상에 "가는 말이 험해야 오는 말이 곱다"는 말이 현실이 되어간다. 얼굴 없는 말이 난무하고, 설익은 생각을 입안에 가두고 있으면 입에 가시라도 돋는 것인지, 뱉어내서 반향이 클수록 존재감을 보였다며 의기양양이다. 입안에 들어가는 음식의 맛은 귀신같이 알아도, 듣는 사람에게 입맛 떨어지는 말은 이미 내 입을 떠났으면 관심 밖의 일이다. 제 입을 떠난 말이 화살이 되어 제 가슴을 찌를지, 말 한마디에 천 냥 빚을 지게 될지, 한치 앞도 모르는 채 마음은 오직 계산기에 꽂혀있다. 독한 말에 찔려 중상을 입느니, 개에 물려 경상이라도 입는 것이 차라리 낫다는 말은 그냥 흘려버릴 우수개 소리도 아니다.

논어 위령공편은 "함께 말할 만한데도 말을 않으면 사람을 잃고, 함께 말할 만하지 않은데 말하면 말을 잃는다, 지혜로운 사람은 사람도 잃지 않고 말도 잃지 않는다(知者不失人 亦不失言)"한다. 말을 아끼다 좋은 친구를 얻을 기회를 잃을 수도 있고, 공연한 말을 꺼내 상황을 어렵게 할 수도 있으니, 말 할 때와 안 할 때를 가릴 줄 아는 지혜가 필요하다는 의미다. 청구영언의 시구 중에도 "말하기 좋다 하고 남의 말 말 것이, 남의 말 내 하면 남도 내 말 하는 것이, 말로서 말이 많으니 말말까 하노라"의 참뜻은 침묵이 금이고, 말하기 전에 세 번은 생각하라(三思一言)는 의미일 텐데, 악화(惡話)가 양화(良話)를 구축하는 세상이 되어가는 마당에 예천 말 무덤의 지혜를 어디서 다시 구할 수 있을지 모르겠다.

불경 읽는 대신에 윤장대를 돌리면

예천에서 태어난 고승 두운선사가 신라 경문왕 때인 870년, 초가 암자로 출발한 용문사에 왕건이 원정길에 선사의 명성을 듣고 찾아와 묵고 간적이 있었다. 고려 건국 후 태조의 후원으로 936년경 크게 중창됐고 12세기까지 꾸준히 중건을 거치며 번창해 수백 명의 승려가 수행하는 큰 사찰이 되고, 억불정책의 조선에서도 1457년 보물 제729호로 남아있는 세조의 사패교지가 내려지고, 1478년 연산군의 모친 폐비윤씨의 태실과 정조의 문효세자 태실이 세워지는 등 왕실과의 인연이 유지되며 규모가 수백 칸에 이르렀다 한다. 왕건이 처음 찾을 때 계곡 입구 바위 아래서 용이 나타나 맞았다고 하여 산과 사찰이 용문(龍門) 이름을 얻었고, 운영을 위해 매해 150석을 거두도록 도왔다. 회전문 – 해운루 – 보광명전 – 극낙보전을 중심축으로 대장전, 진영당, 명부전, 응진전, 설법전, 원통전, 응향각, 자운루, 등 많은 전각이 산간을 채운다.

용문사에는 보물 제1330호 팔상탱, 보물 제1445호 영산회괘불탱, 보물 제1637호 보광명전 목조아미타여래좌상, 보물 제1644호 천불도와 천불탱 등 다양한 문화재들이 상당수 보존되어있고, 국내 유일의 회전식 경서 보관대인 윤장대(輪藏臺)와 함께 세워진 대장전이 일괄해서 2019년 보물급에서 국보 제328호로 승격 지정되었다.

윤장대

대장전 삼존불 전면 좌우에 설치된 윤장대가 용문사 보물 중에서도 압권이다. 한번 돌리기 만해도 경전을 읽은 것과 같다고 하니, 세상에 이보다 매력적인 경전이 또 있을까. 문맹률이 높은 티베트에서 1억 자가 넘는 경전을 넣은 수십 개의 원통을 일렬로 세워놓고 시계방향으로 돌리면서 걸어가는 마니차((摩尼車)나, 중국의 회전식 전륜장(轉輪藏) 형식을 빌려오기는 했어도 독창적인 목각의 종합예술성이 비교할 수 없도록 아름답고 뛰어나다. 1173년경 만들어진 윤장대는 실제 건축에서는 찾을 수 없는 목각 기법이 총동원됐다. 겹처마 다출목 다포계 공포에 얹힌 팔각의 화려한 지붕 아래, 몸체 여덟 면에 문짝을 달고 두 짝만 열리게 했다. 용무늬 하대 중심축은 마루 구멍을 통해 초석에 올려지고, 상부 중심축 팔모지붕을 대장전의 지붕 가구에 연결, 손잡이를 잡고 돌리면 윤장대가 회전되는 원리다. 동쪽 윤장대의 여덟 문짝을 모두 빗살문이지만, 서쪽의 윤장대 여덟 면은 솟을빗살을 바탕으로 국화, 모란, 찔레, 모란, 미늘 등 모두 다른 꽃살문양이어서 동서 대비가 된다. 꽃살문양 중에서도 연지수금문은 통판을 깎은 투조(透彫)꽃살의 진수를 보여준다. 헤엄치는 물고기, 꽃대에 달린 연꽃, 반쯤 접힌 연잎 등의 조각이 입체감과 채색으로 사실감이 돋보이고, 상당한 수준의 건축, 조각, 회화, 목공예 솜씨가 총 망라된 수작으로 빛난다.

훈민정음이 창제되고 백성들의 불경 이해를 돕기 위해 한글로 번역된 언해본이 이듬해부터 간행되기 시작, 대표적으로 석보상절, 월인천강지곡과 두 책을 합본한 월인석보가 나오고, 1461년 세조 때는 간경도감이 설치되어 능엄경언해, 법화경언해, 금강경 등 언해불서가 속속 간행된다. 불서의 언해 간행은 훈민정음 확산과 발전에 획기적이고도 확실한 디딤돌이 되었다. 그러나 생업에 매달리느라 한글조차도 접근이 어려운 백성에게 윤장대야말로 부처님 자비의 실체 아닌가.

  윤장대가 있는 대장전도 같은 해인 1173년 창건되어 1467년부터 수차례 중수되었다. 매우 다양한 목각 양식을 내외부와 건물 모서리 등에서 볼 수 있는 뛰어난 건축물이다. 특히 맛배지붕의 측면 박공으로 내민 귀기둥 공포의 정밀한 다포구성과 세심한 마감이 돋보이고, 내부 삼존불 위 천장 반자틀이 층층이 화려한 조각의 멋을 발산한다. 대화재에서도 살아남아 의연함을 보이는 대장전에는 윤장대 외에도 보물 제989-1,2호 목조아미타여래삼존좌상과 화려한 후불탱 목조아미타여래설법상이 활짝 열린 빗살문 안으로 드는 햇빛에 반사되어 금빛 찬란하게 빛난다. 1684년 조각승 단응 등 9명이 참여해 완성한 삼존좌상 중에서도 좌우 협시불의 화려한 보관과 연꽃 가지를 든 손 등을 보면, 작은 부분도 놓치지 않는 섬세한 조각 솜씨가 뛰어나다. 후불탱화 형식의 목각 후불탱 아미타여래 설법상은 조각 목판을 결합한 형태로, 본존불 주위로 팔대보살, 사천왕상과 제자 등 15구를 상중하 삼단 구도로 배열해, 역시 정교하고 완성도 높은 조각 솜씨로 빛난다. 2022년 초 국립중앙박물관에서 열린 "조선의 승려 장인" 주제의 기획 전시에 후불이라는 조연 역할을 잠시 거두고 337년 만에 주인공이 되어 화려하게 외출, 금빛 불교 예술의 진수를 보여주었다.

  용문사에 있던 큰북에 얽힌 이야기에 폭소를 감출 수 없다. 옛날 서울 사는 김가와 부산 사는 박가 사이에 누가 더 센지 중간쯤에서 만나 허풍대결이 있었다. 서울 김가가 '오동나무 새순 가지로 북통을 만들고 보니 그에 맞는 큰 가죽이 없다'고 하자, 부산 박가는 '송아지 꼬리로 가죽을 만들고 보니 그에 맞는 큰 북통이 없다'며 허풍을 치고받는다. 오동나무 새가지나 송아지 꼬리가 얼마나 컸으면 그런 허풍이 나왔는지, 감히 부처님 앞에서 돌이킬 수 없는 두 허풍이 어찌어찌 실현되어 큰북이 안성맞춤으로 만들어졌다 한다. 사천왕상이 지키는 회전문을 지나면 나타나는 해운루에 어울리지 않게 큰 북이 대청마루 한쪽에 있다. 전설의 큰북과 어떤 관련이 있을지 불명하지만, 1984년 큰 화재로 타버려서 새로 만든 것이라니, 옛날 허풍의 진실이 안도의 숨을 쉬고 있을지도 모를 일이다.

봉황의 울음소리 명봉사

상리면 명봉리, 숲 속에서 봉황의 울음소리가 들렸다는 전설의 명봉사는 용문사가 창건되고 약5년 후인 875년 두운선사가 세워 1662년부터 여러 차례 소실과 중건을 거쳤고 가장 최근 한국전쟁 때 화재로 소실되어 1955년 중건되었다. 운화루 아래를 통해 오르면 마당에 5층 석탑이 있고 좌우로 종무소와 요사채, 그리고 정면 계단 위로 무량수전과 우측으로 약사전과 삼성각이 배치되어있다. 문종과 사도세자의 태실비도 세워지는 등 왕실 후원을 받던 전성기에는 승려가 100여명에 이르렀다한다. 소백산 줄기인 문복대 중턱에 위치, 산세에 어울리는 소나무 전나무 등이 울창한 숲을 이루고 있어 한여름 바람이 상쾌하고, 가을이면 단풍이 곱다. 특히 내원암으로 향하는 길에 즐비하게 늘어선 고목 숲길은 혼자 걸어 청량한 명상의 길이 된다.

북쪽으로 약100여 미터를 걸어올라 나타나는 보물 제1648호 경청선원 자적선사능운탑비는 고려 태조가 자적선사 시호를 내리고 능운(陵雲)으로 탑호를 내려 세워졌다. 자적선사는 삼한시대 진한의 문벌인 무족(茂族)의 후손 모친의 영험한 태몽을 받고 882년 출생, 속성 김씨 법명이 홍준이며, 구산선문(九山禪門)의 하나인 창원 봉림산문을 일으킨 진경대사 아래서 수행한다. 다섯줄을 단숨에 읽을 정도로 독해력과 문장이 뛰어난 선사는 934년 고려 태조의 청으로 개성 구산선원에 주석하다가 939년 58세에 입적한다. 예천 지역 호족을 비롯해 신라 말 경명왕과 태조 왕건의 폭넓은 후원을 받고, 경청선원 창건 중에 입적해 941년 탑비가 세워진다.

거북받침돌 위로 연화무늬 비좌, 약2m 비신, 머릿돌이 차례로 올려져있는 일반적인 모습인데, 탑비의 예술적 가치보다는 비문의 내용에 높은 가치를 두고 있다. 중국의 명필 구양순의 필적을 집자했다는 약 1,000여자 비문 일부의 마멸 탈락은 있으나, 군청 자료로는 내용을 거의 판독하고 있는 것으로 보인다. 선사의 인덕과 행적을 전하기 위해 건립한다는 일반적인 내용으로 문장이 유려하고, 특히 종으로 30줄 가운데 10줄이 신라 때보다 발전된 고려 공문서 형식의 이두문자여서 학술적 가치가 높다고 한다. 비문의 심오한 뜻을 헤아리기 어려워도, 문구와 단어 하나하나가 일상에 찌든 마음을 상상 속 선계로 비상시켜 주는 명문으로 들린다.

> 허공은 형상(形相)이 없고, 불성(佛性)은 생멸(生滅)이 없다 …
> 마치 색(色)이 곧 색(色)이 아니고, 공(空) 또한 공(空)이 아닌 것과 같다.

> 명(名)이란 오직 거짓된 이름일 뿐 … 신기루와 같다.
>
> 구하는 자는 구할 것이 없음을 구하며, 배우는 사람은 배울 것이 없음을
> 배운다.

당대의 문장가이자 고려 2대 혜종의 사부였던 경주최씨 최언위가
지은 것으로 알려진 비문은 산간 바위틈을 흐르는 석간수처럼 맑고 청
량한 울림을 준다. 세상의 모든 현상은 공(空)이어서 형태가 없는데 불
성은 나고 사라짐이 없는 영원의 세계라 말하고, '나는 내가 모르는 것
을 안다'는 그리스 철학자의 자탄과도 같이 선사도 끝없이 배워도 채
워지지 않는 무지의 진공상태를 공허(空虛)하게 인식한 듯하다. 최치원
보다 11살 어린 사촌동생 최언위는 당나라 빈공과를 거쳐 경순왕 때
벼슬을 지내며 딸이 경순왕의 아들과 결혼해 사돈이 되었고, 경순왕이
고려에 투항할 때 왕건의 태자사부가 되었다.

사도세자 태실비의 수난

명봉사 뒷산에 문종과 사도세자의 태실(胎室) 및 태실비가 있다. 일제
강점기 태실만 옮겨가고 방치된 태실비를 경내로 옮겨놓았다가 2016
년 제자리를 찾아 복원한 것이다. 1735년 영조 때 세워진 문종대왕태
실비는 용머리에 여의주를 입에 문 거북받침돌 위에 비신을 세우고,
용 2마리가 보주를 가운데 두고 마주하는 모습의 머릿돌을 올려놓았
다. 우리문화에서 사람이 태어나자마자 한살인 까닭은 생명이 모친의
태에서 이미 시작되었다는 인식 때문이고, 태의 보호는 생명의 미래는

물론 왕실의 번영을 좌우한다는 믿음에 태실을 명산 명당에 안치했다. 세종이 특히 이를 귀하게 여긴 듯, 18왕자와 단종을 포함 19기가 성주군 태봉(胎峰)에 정연하게 모여 있다. 태실비는 대개 앞면에 태실의 주인 ○○대왕태실, 후면에는 건립시기를 밝힌다. 그런데 대웅전 앞 명봉사 사적비가 원래 사도세자의 태실비였다는데, 경내에 옮겨졌을 때 태실비의 비면을 1785년 스님이 비면을 깎아내고 명봉사 사적을 새겼다는 얘기가 사실인 듯하다.

일제강점기 1928년경 조선의 황족관련 업무를 보던 이왕직(李王職) 예식과에 의해 문종과 사도세자를 포함해 왕의 태실 22기, 왕자 공주의 태실 32기 등 전국에 흩어져있던 것 중에 54기가 태실비는 방치된 채 고양시 서삼릉 경내에 옮겨졌었다고 한다. 왕실의 태항아리는 최고의 도예가가 있는 관요에서 제작하는 것이 통례였고, 상감기법이 활용된 경우도 있어 문화재 가치가 높다. 세조 때 제작된 '분청사기 인화국화문 태항아리'가 대학 구내 공사 중에 내외항아리 한조로 온전하게 발견되어 국보가 되었고, 보물급으로는 서산 명종대왕태실, 영천 인종대왕 태실이 있다. 성종의 태실은 아름답고 보존상태도 좋아서인지 광주(廣州)에서 창경궁으로 전시용처럼 옮겨졌고, 성종의 형님 월산대군의 태실비와 석함이 서울 우면동 태봉산에 남아있는데, 정작 안에 있어야 할 태항아리와 출생 기록인 태지석(胎誌石)은 일본에 있다고 한다. 또한 앞의 문종의 태실 항아리도 옮겨 확인해보니 급조된 저급품이라니 중간에 누군가에 바꿔치기 된 것이다. 방치되었던 태실비가 사적비로 전용되는 것도 역사고, 제자리를 잃고 이리저리 옮겨지며 제색을 잃는 것도 역사의 일부인지 씁쓸한 느낌이다.

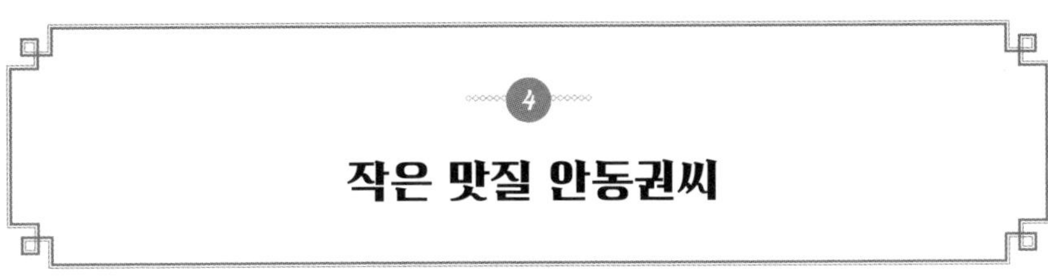

작은 맛질 안동권씨

맛질이라는 지명은 지역에서 마⑼ 생산이 많았다던 연유로, 다르게는 제곡리에 자리 잡은 야옹 권의가 4형제 중에 맏이였던 연유로 맏길이 맛질로 불리게 되었다고도 하는데, 한천을 사이에 두고 서쪽에 작은맛질(渚谷里)과 동쪽으로 큰맛질(大渚里)로 갈린다. 넓게는 금당실과 함께 천혜의 땅으로 여겨지는 곳이다. 맛질에 문경송씨 송사종(宋嗣宗)이 처음 들어왔으나 아들이 없어 성종 때 문과에 급제해 노비 문적을 관리하는 장예원 판결사를 지낸 사위 밀양손씨 손번(孫蕃)에 재산을 물려주었고, 손번 또한 아들이 없어 사위 안동권씨 권의가 물려받고 입향조가 된다. 영의정에 추증된 권사빈의 장남 권의(權檥), 우찬성을 지낸 권벌(權橃), 중종 때 급제해 홍문관 검열 등을 지낸 권장(權檣) 등 3형제가 예천 맛질과 봉화 닭실마을에 각기 자리 잡았다.

丁자형 보물 야옹정

용문면 제곡리 작은 맛질, 보물 제1917호로 승격된 야옹정은 야옹 권의의 학덕을 추모하기 위해 아들 권심언이 1566년 조선 전기의 건축양식에 맞게 지었고, 원형도 비교적 잘 유지되고 있다. 권의는 중종 때 조광조의 문하에서 학덕으로 천거되어 현감 등을 지내고, 번잡한 속세를 벗어난 '들판의 늙은이'라 하며 자신을 낮추고 8남매를 키우며 검소 겸허한 생활을 실천하는 삶에 만족하며 여생을 보낸 듯하다. 토석담장 좌측 사주문 안으로, 정면 4칸 측면 4칸의 흔히 볼 수없는 丁자형 평면의 정자가 자리한다. 높은 축대에 앉은 정자의 전면 퇴칸은 누하주가 받치는 누마루 형식을 취하고, 왼쪽은 정면 3칸의 대청, 우측으로 정면 1칸 온돌방을 대청에 연접하고 앞뒤로 1칸씩을 더해서 돌출시켜 丁자형이 된다. 좌측 3칸 대청은 팔작지붕에 활주를 세워 보강했고, 우측 온돌방 쪽은 맞배지붕의 독특한 형식이다. 조선 초기 주심포 양식으로 익공이 단순하면서도 견고한 구조이고, 대청 상부와 천장 가구의 구성이나 창문틀 가운데에 문설주를 세운 영쌍창(楹雙窓), 서까래 위 통평고대, 일반가옥에는 없는 단청의 흔적, 기와 암막새에 건립 시기 표시 등, 흔하지 않은 평면 구성과 원형을 비교적 잘 유지하고 있어 보물급의 가치를 충분히 보여준다.

봄비에 젖은 춘우재고택과 연곡고택

봄바람을 타고 온 봄비가 겨우 내내 가물었던 대지를 적시고 밭고랑에도 물빛이 돈다. 온기가 스며든 대지에서 봄기운을 느낀 씨앗은 새싹을 밀어올리고, 물 먹은 나무도 겨울잠에서 깨어나 푸른빛을 띄우기 시작한다. 조용한 미소로 대지를 어루만지듯 곱게 내리는 봄비는 어머니 손길이고, 애틋한 사랑의 눈길로 정답게 다가오는 여인의 발걸음처럼 가뿐하다. 봄날 이슬비를 맞으며 서서히 침잠하던 고옥이 꽃잎을 차례로 떨구는 꽃비에 화들짝 놀래 정색(正色)한다. 우연히 봄비가 내린 아침, 비에 젖은 고택이 무슨 사연을 전할 것 같아 마당을 서성거려 보지만 끝내 속내를 드러내지 않는다. 오늘 이 모습이 바로 향수를 자극하는 한옥의 멋이 아닌가. 문전옥답을 두고 세워진 춘우재고택(春雨齋)은 야옹의 손자이자 권심언의 넷째아들로 참봉을 지낸 춘우재 권진이 1600년경에 세워 1800년대에 중건된 종택이다. 안채와 사랑채가 정면 5칸 측면 7칸을 구성한, ㅁ자형 정침이 단아한 모습이고, 박석이 드문드문 예쁘게 깔린 마당에 과실나무와 들꽃 무리가 소박하고 정겨운 고옥의 안마당 풍경을 이룬다.

춘우재고택

뒤쪽 제곡리 449번지, 정면 7칸 측면 6칸의 연곡(延谷)고택은 야옹 권의의 8세손인 연곡(延谷) 권성익이 1795년 지었다. 연곡은 작은맛질에서 태어나 등과는 못했으나, 고향에서 학문에 충실해 존경을 받으며 정삼품 사복시정 증직을 받았고, 연곡유집 등을 남겼다. 3칸 초가 대문채 안으로 너른 마당에 서면 정면 7칸 측면 6칸의 비교적 큰 ㅁ자형 정침이 보이고 우측으로 사당이 있다. 사랑채를 우측에 둔 중문 안으로 ㄷ자형 안채가 이어진 배치로 규모와 단정한 짜임새를 보인다. 앞뒤로 이웃한 두 고택 모두 품격 있는 전통 반가의 일상을 구성해 볼 수 있을 정도로 잘 보존되고 있다.

어이없이 취소당한 과거급제

은풍면 부초리 함포산 아래 함포재사(咸浦齋舍)는 야옹 권의, 아들 권심언, 손자 권시, 권욱 등의 묘소를 지키기 위해 1772년경에 지어진 것으로 추정되고 있다. 제일 아랫단에 정면 4칸 측면 1칸의 2층 누각이 자리하고, 가운데 마당 좌우로 4칸 서재와 2칸 대문채, 그리고 돌계단 위에 3칸 대청 좌우로 1칸 온돌방을 둔 정면 5칸 측면 3칸의 반듯한 재사 추원재가 있다. 재사의 누각으로는 비교적 규모가 크면서도 사방개방형을 취했고, 재사와 묘소를 구분해 토담을 쌓고 묘소 출입 협문을 뒤쪽에 냈다. 야옹 권의의 셋째 아들 권심언은 사헌부감찰과 현감을 지냈다.

야옹 권의 동생 충재 권벌은 연산군 때 문과에 합격하고도 취소당해 30세 되던 중종 때 다시 도전해 문과에 급제하고 병조판서, 우찬성 등을 지내며 1545년 을사사화 때 대윤 옹호에 나서는 등 정쟁 속에서도 직간을 서슴지 않았다. 조광조 등 신진사류가 큰 피해를 입은 기묘사화와 을사사화에서 파직으로 15년간 벼슬을 떠났다가 회생했으나 명종 때 을사사화의 연장인 양재역벽서 사건을 피하지 못하고, 1547년 70세에 구례에서 압록강 근처 삭주로 이배 1년 만에 사망하고 만다. 이배가 계속되는 가운데도 사형 간언이 있었으나 명종과 문정왕후는 받아들이지 않았었고, 선조 때 신원(伸冤)되며 좌의정에 이어 영의정에 추증된다. 용모가 뛰어나고 도량이 넓으면서 검소하고 온화한 성품이어서 따르는 사람이 많았다고 한다.

그가 남긴 충재일기는 6책으로 구성된 보물 제261호, 승정원 등의 재직기간 중 공적 및 사적 생활상을 기록한 개인 일지 형식이어서 실록을 편찬할 때 일부 인용되기도 했다. 약100리 길인 봉화읍 닭실마을 충재박물관에 소장되어 있는 방대한 권벌(權橃)종가 약 3000책의 전적 또한 보물 제896호이고, 또한 늘 옷소매에 넣고 다니며 경연에도 활용했던 작은 책(袖珍本)으로 영조의 손을 거치고 정조에 의해 '어제충정공 권벌 수진근사록서'로 표기된 근사록(近思錄)이 보물 제262호이다.

근사록은 어떻게 권벌의 마음을 사로잡았을까. 익히 알고 있는 타산지석이 근사록에도 나오는데, 원래 시경에 나오는 '타산지석 가이공옥(他山之石 可以攻玉)'을 근사록 극기편에서 의미를 풀이한다. 옥석은 연한 돌이라서 옥석을 같은 옥석으로 갈면 옥다운 옥이 되지 못하니, 다른 강한 숫돌로 옥석을 갈아야 옥이 된다. 그렇듯 군자도 거친 돌 같은 소인으로부터도 배울 때 비로소 덕이 날로 쌓이고 이치가 날로 밝아져 옥같이 된다고 말한다. 세상에 쓸모없어 버릴 것은 없을뿐더러, 혼자 고고하게 살려하기 보다는 혼자 있어도 남을 생각하며 조심하는 마음으로 살라는 것이다. 중종 2년 문과 전시(殿試)에서 '처음부터 끝까지 잘하는 정치'를 묻는 시제(試題)에 대한 권벌의 답안이 성군의 성심(誠心) 깊이를 말하며 임금의 한결같은 초심과 덕치 근신을 강조한다.

> "임금은 조정의 근본이며, 임금의 마음 또한 임금의 근본입니다…
> 쉬울 때 어려움을 생각하며… 시작할 때는 마칠 때를 생각하고…
> 처음이나 끝을 한결같이 지키면 백성은 행복하고 나라가 편안합니다."

이같이 훌륭한 권벌에게 대체 무슨 일이 있었기에 연산군 때 과거 합격이 취소되었을까. 세종 때 내시로 시작해 연산군까지 역대 임금을 시종하고, 성종 때는 정2품 자헌대부로까지 승급했을 정도로 신임이 컸던 전의김씨의 시조 환관 김처선(金處善)이 지칠 줄 모르고 벌이는 연산군의 비행을 지켜보다가 1505년 '신(臣)이 네 분 임금을 섬겼고 경서와 사서를 통했으나 고금을 돌아봐도 상감과 같은 짓을 하는 이는 없었사옵니다' 충언하지만, 조용히 듣고만 있었다면 연산군이 아니다. 직접 칼을 들어 다리와 혀를 자르는 등 무참히 찔러 80이 지난 환관을 잔인하게 살해하고 그의 양자는 물론 7촌까지 연좌해 처형했고, 심지어 이름의 처(處)와 선(善) 두 글자를 어디서도 쓰지 못하게 한다. 권벌이 과거시험 답안에 '처'자를 썼던 것이 문제가 되어 답안이 무효 처리가 되었다니 조정이 얼마나 살벌한 상황이었을지 짐작도 어렵다. 심지어 일 년 절기 중 처서(處暑)는 조서(徂暑)로, 대비 앞에서 연산군이 가면을 쓰고 희롱하듯 춤추던 처용무(處容)는 풍두무로 바뀌는 등 처자 들어가는 일상의 단어까지 바뀌던 광기의 끝은 다음해 폐위로 정리된다. 중종이 왕위에 오르며 핍박받던 대부분의 인물이 신원되었으나, 김처선은 오랜 세월 잊히다가 246년 후 영조 때 비로소 고향에 정문이 세워져 위로된다. 대신들의 의견대로 삼강행실도에 오를만한 사안임에도 냉담했던 중종의 내심은 무엇이었을까. 아무리 충직한 환관이라도 왕실에 대한 도전이라 생각한 것은 아닌지, 조광조가 희생된 기묘사화에서도 보듯이 군주도 역시 사람인지라 듣고 싶은 말만 듣고 싶은 속성을 이겨내지 못하는 모양이다.

미산고택

큰 맛질(大渚里)에 있는 미산고택은 함양박씨 박종린의 후손이 1650년경 지었던 집을 미산 박득녕이 1825년 현 위치로 옮겨 지은 것이다. 중문채와 ㄷ자 안채가 ㅁ형 배치를 만들고, 정면 오른쪽에 보이는 사랑채와 중문채 사이의 틈은 낮은 토담으로 가려지고, 사랑채에는 흥선대원군이 방문해 쓴 현판 미산재(味山齋)가 걸려있다. 미산의 아들 박주대와 손자 박면진 등이 정리한 박득녕의 문집 미산유고 등이 남아있는데, 특히 6대에 걸쳐 쓴 박씨가의 일기 저상일월(渚上日月), 만국전도 등이 보물 제1008호로 지정되었다. 1834년부터 1950년 한국전쟁까지 117년간 박한광에서 시작해 6대에 걸쳐 쓴 일기는 날씨, 농사, 방문객 등 문중의 대소사, 인근 지역의 사건 사고는 물론, 순조에서 순종까지의 개화기 – 일제강점기 – 독립운동 – 정부수립에 이르는 중앙정치 상황까지 광범위하게 포함하고 있어 세계기록유산 등재가 추진되고 있다.

많은 것을 함축한 일기의 몇 자가 역사를 뒷받침하는 가치 높은 기록물이 된다.

> - 1895년 12월12일, 관군(일본군)이 예천읍에 머물러 있다. "안동의병과 일
>   전을 기다리는 듯하다… 향회를 열려고 하나 관군 때문에 열수가 없다"
> - 1925년 10월30일, 가는 비가 왔다. 밤에 김창숙 선생이 상해 임정에서
>   돌아와 자고 갔다. 이상룡의 편지를 갖고 왔는데 200원을 기부했다.

　1895년 명성왕후 시해와 단발령에 항거하는 의병이 전국적으로 일어나는 가운데, 봉정사에서 향회를 거듭하며 거병한 안동이 인근 봉화 영주 등 6개 지역까지 포함한 연합의진을 이끌었고, 안동을 진원지로 파악한 일본군에 의해 안동읍 북부 방대한 지역이 방화 소실되었다. 1925년 일기는 심산 김창숙, 이상룡과의 인연과 박씨가의 독립운동 동참 사실을 한 줄로 정리했지만 많은 상황을 시사한다. 의성김씨 김창숙은 잘 알려진 대로 영남 유림 출신으로 임시정부 부의장 등으로 활동했고, 이상룡은 안동에서 태어난 유학자로 계몽운동을 적극적으로 하다가 1911년 가산을 정리하고 만주로 가서 신흥학교를 세워 독립군 양성을 돕고 상해임시정부에서도 활약했다. 김창숙이 고택을 방문하기 불과 1달 전인 1925년 9월 상해임시정부는 내각책임제를 택하고 편지의 주인 이상룡이 초대 국무령에 선출된바 있다.

조상의 뜻을 변함없이 지키는 물체당

　유천면 율현리, 국가민속문화재 제174호 물체당(勿替堂)은 안채 마당

을 중심으로 정면과 측면 5칸의 빈틈없는 ㅁ자형 안채에 정면 좌우로 1칸씩을 더 늘려, 앞에서 보면 전체 7칸의 크고 당당한 고옥이다. 중문 왼쪽의 정면 2칸 사랑채는 대청 뒤로 방, 작은 감실, 책방을 꼼꼼하게 들이고 대청 전면에 완자난간을 두른 반 누각형이고, 중문 우측으로는 마구간, 고방과 헛간이다. 중문으로 들어가는 안채는 3칸 대청 왼쪽으로 상방과 도장방 등의 날개가 사랑채와 연접되고, 오른쪽으로는 2칸 안방과 부엌이 중문채와 연접되고, 안방 뒤로도 1칸 도장방을 왼쪽 날개에 맞춰 늘려서 전체로 ㅂ자에 가까워 보이기도 한다. 궂은 날씨와 움직임을 위한 동선이 효율적이면서도 대청 정면의 상부를 흙벽으로 막았듯이 외부로부터 접근에 폐쇄적인, 평범하지 않은 구조와 기법을 보인다. 지붕은 안채 좌우 양쪽에서 뻗은 용마루를 맞배지붕의 대문채와 사랑채에 연결시키며 생긴 작은 합각과 지붕선이 멋을 보인다. 현 소유주 8대조에서 매입해 7대조 임노운의 호를 따라서 물체당이라 부르게 되었다 하는데, 감천면 옥천서원에 모셔진 예천임씨 시조 임춘의 후손으로 추정해본다.

흔하지 않은 당호 물체는 무엇을 뜻할까. 변함없고 어긋남이 없는 집이라는 축약된 의미로 요약할 수 있겠으나, 시경의 소아(小雅)편에 자자손손 물체인지(子子孫孫, 勿替引之)에 생각이 미친다. 대대로 때맞춰 예를 다하고, 그 뜻을 끊임없이 이어가며 조상의 은덕에 감사하고 오랜 전통을 변함없이 이어가면, 오래 행복과 장수를 누리게 된다는 기원이 들어있다. 고향은 대대손손 조상의 은덕을 예를 갖춰 감사하고 전통을 소중하게 여기고 수백 년을 이어가며 번영했다.

어디로 보나 서울의 반은 넉넉히 된다고 자부하는 금당실, 용문면 사무소에서 대제리 삼거리까지 십리 길을 반서울로라고 한다. 내로라 하는 명가들이 집성촌을 이루고, 배출한 역사의 인물과 전통으로 보거나, 넉넉한 들판을 둘러싼 자연환경으로 보거나, 서울 부럽지 않다는 의미다. 예천읍에서도 멀지않은 상금곡리 금당실(金塘室) 마을을 둘러보면 예천의 축소판을 보는 느낌이다. 소백산에서 남으로 기운차게 내려오던 산줄기가 몸을 낮추는 오미봉(五美峰)을 뒤로하고, 앞에는 금곡천 주변으로 작은 평야가 펼쳐져 있어, 언제까지나 풍요로운 평화가 지켜질 듯한 모습이다. 정감록에서 굳이 십승지(十勝地)로 꼽히지 않았다 해도 살기 좋은 명당이 틀림없다. 연꽃이 물위에 뜬 것 같다는 연화부수형 땅에 용문사의 새벽종소리, 저물 무렵 버들 숲에 잠긴 연기 등, 다섯 가지 아름다운 오미(五美)로 채워진 금당실은 한갓지고 여유마저 넘쳐 보인다.

약800미터 구간에 펼쳐진 천연기념물 제469호 금당실 송림을 지나서, 거미줄처럼 얽힌 7km 예쁜 돌담길을 걸으면, 함양박씨 3인을 봉안한 금곡서원, 입향조 박종린을 배향한 추원재, 원주변씨 변응녕의 사괴당 고택, 의성김씨 김빈의 반송재 고택이 보이고, 낮은 돌담 넘어

초가지붕과 개량 한옥들도 지난 세월을 자랑스러워하는 듯하다. 15세기 초 예천 감천면을 본관으로 하는 감천문씨가 입향한 이래, 입향조의 손자 문억경의 두 사위 함양박씨 박종린과 원주변씨 변응녕이 정착하며, 후대에 어떻게 번창해 왔는지 내력도 흥미로운 전통마을이다. 마을 유래비는 소백산 지맥이 영기를 몰고 내려온 금당실이 신령스러운 기운을 받고 훌륭한 사람이 많이 냈으니, 인걸은 지령(人傑地靈)이라는 말에 어울리게 이름난 땅이 되었다고 소개한다.

함양박씨 금곡서원

　박혁거세 후손 신라 54대 경명왕의 셋째 아들 박언신이 경남 함양에 자리 잡은 뒤, 고려 때 후손 박선을 중시조로 해서 함양박씨가 된다. 박선의 8세손으로 판삼사사를 지낸 치암 박충좌(朴忠佐)의 다섯째 아들 박전(朴瑔)이 문과 급제해 지신사 등을 지내고 성주로 이주한 이래 후손 박소종과 장남 행정 박눌(朴訥)이 있었다. 박눌은 린(鱗)자 돌림 아들 5형제 전원을 문과에 합격시켜 향5린으로 불리게 되는데, 첫째 박거린이 사헌부 장령, 둘째 형린은 이조참의, 셋째 홍린은 대사헌, 넷째 붕린은 사헌부지평을 각기 지냈고 다섯째가 박종린이다. 원두막 같은 모정(茅亭)에 어린 아들을 올려놓고 어둡도록 내려올 사다리마저 치워버리는 부친의 엄한 훈육을 이겨내고 막내 박종린(朴從鱗)도 1532년 별시 문과에 급제한다. 홍문관교리, 이조정랑을 지내다가 문정왕후와 김안노의 극한 대립 등 폭정이 지배하는 조정에 실망해 1538년 낙향, 감천문씨 처의 고향 금당실에 자리를 잡아 예천 입향조가 된다.

1568년 고려 충목왕 때 함양부원군에 봉해진 치암 박충좌(朴忠佐)를 추모하기 위해 세워지고, 후에 치암의 7대손 박눌과 16대손 남야 박손경(朴孫慶)을 추배한 금곡서원이 금당실 마을입구에 있다. 박충좌는 고려 후기 문과에 급제하고, 전라도안렴사 때 비행을 막으려다가 오히려 무고를 당해 유배까지 갔다가 풀려난 후, 한 동안 벼슬을 멀리하다가 1품급 판삼사사 등을 지낸 검소하고 온화한 성품에 서책을 가까이한 문인 중의 문인이었다. 금당실에서 태어난 후손 박손경은 학문이 높았어도 벼슬을 멀리하고 극진한 효행에 만족하며 많은 인재를 키워 정조 때는 영남 일대에서 명성이 높았다. 고종 때 철폐되었다가 1983년에서야 복원된 서원의 외삼문을 들어서면 가운데 2칸 대청 좌우로 온돌을 둔 정면 4칸의 강당 상교당, 정면 3칸의 동재 독이재와 서재 격치재, 그리고 내삼문 안으로 정면 3칸의 사우 숭덕사가 있다.

박종린의 9세손 박손경의 남야집에 들어있는 전부사(田婦辭)는 고달파도 오늘보다는 나을 것이라는 막연한 희망 속에 애쓰는 민초들의 삶, 그를 안타깝게 바라보는 선비의 애틋한 연민의 정, 탈도 사연도 많은 삼정 조세제도의 폐해를 그려낸다.

> 농가의 봄은 세금이 급해지고, 아낙은 머리빗을 새도 없네 (田婦不梳頭)
> 물레질 소리는 밤새 울리는데, 아기 울음에도 멈추지 못하네 (兒啼殊未休)
> 우는 아기 어찌 가엾지 않을까만, 남편 갇히고 삼일이 되었네 (夫壻三日囚)

세금을 내지 못해 남편이 옥에 갇힌 지 삼일이나 지났으니, 아낙의 타는 마음은 한시가 화급하다. 우는 아기 돌볼 틈도 없이 밤새 물레질해 세금을 마련해야 빨리 불쌍한 남편을 구할 수 있다. 늦은 밤 옆집에서 들리는 물레소리, 애기 우는 소리에 선비는 읽던 책을 놓고 깊은 연민에 빠진다. 박손경이 살았던 1750년 영조가 균역법을 통해 군포를 한 사람당 2필에서 1필로 줄여주었지만, 여전히 큰 부담이었다. 1803년 유배지 강진에서 쓴 정약용의 한시 애절양(哀絶陽)도 여전한 폐해와 난정을 한 사내가 자신의 양근까지 끊어내는 가슴 아픈 사례로 고발한다.

박손경의 고조인 박정시(朴廷蓍)는 형조정랑 등을 거치고 태안군수를 물러나면서 한권의 책과 전설이 된 거문고 한 개만 들고 귀향한 청백리이다. 1670년 태안군수로 부임했을 때 수 년 전부터 군수가 부임하면 첫날밤을 넘기지 못하고 죽어나간다는 말을 듣고 괴이하게 생각했다. 소문대로 자정이 지나서 이상한 바람과 함께 불이 꺼지더니 소복한 소녀가 칼에 목을 찔린 듯, 피를 흘리며 들어와 전임 군수의 딸로 따라왔는데 미색을 탐하던 아전에 겁탈당해 오동나무 밑에 묻혔다며 부디 원혼을 풀어달라고 간청한다. 다음 날 군수는 얘기대로 묻힌 소녀의 시신을 찾아서 안장해주고 원혼을 풀어준다. 그날 밤 소녀가 다시 나타나, 시신이 감춰졌던 오동나무를 베어 거문고를 만들면 좋은 일이 있을 것이라 하며 공손히 절하고 사라진다. 박 군수가 벼슬을 물러나 금당실로 귀향하면서 들고 온 오동나무 거문고가 집안과 나라의 경사나 흉사에 저절로 울어 미리 알려주었다고 하여, 자명금(自鳴琴) 또는 소녀의 이름 따라 태랑금(泰娘琴)이라 부른다.

새로운 수령의 부임 첫날밤에 나타나는 억울한 처녀혼의 이야기가 여러 곳에서 발견된다. 효종 때 무과에 급제해 포도대장까지 지낸 천안전씨 전동흘(全東屹)이 1656년 평안북도 철산부사에 부임해 처리한 사건이 후대에 각색된 것이 '장화홍련전'이다. 철산에 부사가 새로 부임하면 첫날밤을 못 넘기고 죽어나가기를 수년, 마침내 포도대장을 지낸 담력 있고 지혜로운 전동흘 앞에 배홍련이 나타나서 계모에 의한 억울한 죽음을 고하며 한을 풀어주기를 호소, 다음 날 촘촘한 조사 끝에 홍련의 부친인 좌수 배무룡과 계모 허씨부인을 붙잡아 자백을 받고 억울한 죽음의 한을 풀어준다. 이외에도 명종 때 경남 밀양 부사의 외동딸 윤동옥의 억울한 혼을 달래기 위해 밀양강변 영남루 아래에 세워진 아랑각(阿娘閣) 또한 유사한 전설을 배경을 갖고 매년 제향된다.

희소식에 기뻐 나귀에서 떨어진 희이선생

용문면 원류리, 좌우로 산줄기가 감싸는 아늑한 산비탈에 자리한 희이재사(국가민속문화재 제285호)는 함양박씨 희이당(希夷堂) 박수겸이 조부 박종린의 무덤을 지키기 위해 세운 재실로, 1600년대에 초가 희이정사로 세워졌다가 1700년대 중반에 현 위치로 중건되면 희이재사가 된다. 경사지 아랫단에 감로루(感露樓)가 있고 그보다 높은 마당 좌우로 곳간채와 문간채를 두고, 축대 위에 정면 5칸 희이당이 자리해서 감로루와 함께 전체 ㅁ자형 배치다. 감로루는 아래층에 마구간을 들이고 위로는 가운데 3칸 대청 좌우에 온돌방을 두었는데, 대청은 안마당에 맞춰 개방해 사방을 난간으로 둘렀다. 정탁의 아들 명필 정윤목이 감로루 현판을 썼고, 희이정사기는 나지막한 담장에 대나무로 엮은 문을 내고, 안으로 마루와 방 2칸의 초가로 시작했음을 밝힌다.

희이당 박수겸은 도교의 성지 무당산과 중국 5악(嶽)의 하나인 서악 화산(華山)에 은거하며 송 태조와 그의 동생 태종에게서 존경 받던 희이(希夷) 진단 선생을 무척 숭모했던 것 같다. 노자의 도덕경 제14장 중 "들으려 해도 듣지 못하는 것(聽之不聞)이 희(希)이고, 보려 해도 보지 못하는 것(視之不見)이 이(夷)이고, 만져도 만져지지 않는 것을 미(微)"라 함은 인간의 감각으로는 인지하기 어려운 오묘한 도의 세계를 표현한 것인데, 태종이 "진단은 천자도 신하로 삼을 수 없고, 제후도 친구로 삼을 수 없다"하며 답답한 마음을 표현한 것이 진단의 별칭 희이(希夷)로 된 듯하다. 송 태조는 무인이면서도 책을 손에서 놓지 않은 문인이었고, 피 한 방울 보지 않고 부하들의 추대로 대국을 세운 역사적 인물이다.

도덕경 제2장에는 또한 현세에도 새겨들을 만한 처세를 얘기한다.

> 말없이 행동으로 가르치고(行不言之敎), 생겼다 해도 소유하지 않고(生而不有), 자신이 한 일을 자랑 않고(爲而不恃), 공을 세우고도 머물지 않고(功成而弗居)

실천으로 가르치니 존경을 얻고, 생겼다 해도 소유하지 않으니 잃을 일이 없고, 한 일을 자랑하지 않으니 적이 생길 일 없고, 공을 이루고도 머물지 않으니 공이 사라질 일도, 팽 당할 일도 없다. 이 시대를 살면서도 곰씹어볼 현명한 처세 아닐까 한다.

해남윤씨 윤선도는 대학로 마로니에 공원 옛터에서 태어나서 남쪽 나라 보길도에서 말년을 보내면서 65세 때 어부사시사를 지었다. 윤선도의 예술적 감각을 이어 받았던지 증손인 문인 화가 공재 윤두서(尹

斗緖)는 국보 제240호 자화상, 채애도, 노승도 등을 남겼는데, 이외에도 진단타려도(나귀에서 떨어지는 진단)는 그림에 붙인 숙종의 어제시가 있어 유명하다. 당나라가 907년 망하고 송나라 건국까지 50여년은 오대십국의 혼란기였다. 세상의 안정을 위해 내심 기대하던 인물 조광윤이 960년 송나라를 개국하고 천자에 올랐다는 소식을 듣고, 타고 있던 '나귀에서 거꾸로 떨어질(墮驢)' 정도로 기뻐하는 희이선생의 모습을 공재는 희화적으로 표현했고, 숙종이 이를 보고 1715년 손수 붙임시를 써서 공감을 표시한다.

희이선생이 어인 일로 갑자기 안장에서 떨어지셨나 (希夷何事忽鞍徙)
취하지도 졸지도 않을 별난 기쁨이라도 있으신가　(非醉非眠別有喜) …

진단이 기뻐하던 새 세상과 숙종 자신이 그리던 성군의 꿈이 크게 다르지 않다는 의미인 듯하다.

진단타려도(국립중앙박물관)

예천의 명가 예천권씨의 탄생

고려 때 지역 호족인 흔(昕)씨 6세손 흔섬(昕暹)이 예천에 살았다. 제 28대 충혜왕과 몽골 모친 사이에서 태어난 충목왕이 왕위에 오르는데, 공교롭게도 이름이 흔(昕)이었다. 누구든 이름에 흔을 사용할 수가 없게 된 것이다. 흔섬도 성까지 바꿔야하는 입장이 되어 모친의 안동권씨 성을 따르니 이름이 권섬으로 되고, 예천권씨의 시조가 된다. 예빈경을 지낸 권섬의 손자 권상은 세종 때 이조판서를 지낸 권맹손과 사헌부 감찰을 지낸 권유손 두 아들을 두었는데, 권유손의 둘째아들 권선에 이르러 아들 다섯 형제 권오행, 오기, 오복, 오륜, 오상 등 모두가 벼슬에 올라 오복문(五福門)이라 불리며 후손이 귀한 편인 예천권씨 가문의 전성기를 맞는다. 그러나 연산군 때 무오사화로 부관참시 당한 김종직의 문하에서 동문수학한 김일손과 함께 셋째 아들 권오복이 32세에 처형당하고, 부친 권선과 둘째아들 권오기도 연좌되어 유배당하는 등 큰 피해를 입고 후대에 안동권씨로 숨어 지내기도 했다. 권선의 막내 권오상의 손자 초간 권문해(權文海)는 이황 아래서 수학하고 명종 때 문과에 급제해 좌부승지와 관찰사 등을 두루 지내고 유성룡 김성일 등과 교유하며 가문의 명성을 이었다.

가까운 용문사에서 치열하게 공부하고 27세에 급제한 이래 30여 년

간 청렴과 정직으로 벼슬을 지내다가 58세에 세상을 떠난 권문해는 필생의 역작 대동운부군옥을 남겨, 초간일기와 함께 보물 제878호와 제879호로 지정 된다. 동방의 대국을 의미하는 대동운부군옥(大東韻府群玉)은 단군에서 시작해서 그가 겪은 선조 때까지의 역사, 인물, 지리, 설화 문학은 물론이고 풍속, 효자와 열녀, 동식물까지 사실을 백과사전식으로 정리해서 20책에 이른다. 중국의 사기, 한서는 물론 삼국지까지 인용하고, 계원필경, 삼국사기, 삼국유사 이외에도 지금은 찾을 수 없는 문헌을 포함해 약190종에 이르는 방대한 자료를 참조했다. 원전이 소실되었어도 대동운부군옥에 심화요탑(心火繞塔)과 수삽석남(首揷石枏) 제목으로 실린 설화가 신라인의 따듯한 가슴을 전한다.

심화요탑에 신라 선덕 여왕 때 지귀(志鬼)라는 사람이 등장한다. 지귀는 선덕 여왕의 아름다움에 반해 짝사랑에 빠졌고 상사병으로 몸이 점점 여위어 갔다. 그러한 지귀의 소문은 여왕의 귀에까지 들려, 지귀에게 다음날 여왕이 경주 영묘사(靈妙寺) 의식에 참석하니 거기서 기다리라고 전한다. 밤잠도 설친 지귀가 영묘사 탑 아래서 한참을 기다리다가 그만 깜빡 잠이 들고 말았고, 여왕은 잠든 모습을 한동안 지켜보다가 팔찌를 벗어 가슴에 올려놓고 환궁한다. 깨어나 여왕의 팔찌를 발견, 가슴 설레던 만남을 놓친 통한에 마음의 불이 빠져나와 몸을 태우고 지귀는 불귀신 화귀(火鬼)가 되고 말았다. 이를 알고 여왕이 술사를 불러 불쌍한 지귀를 위해 노래를 지어준다. "지귀의 마음 속 불이 몸을 불살라 불귀신으로 변했네, 창해로 흘러나가서 서로 보지도 친하지도 말거라 (流移滄海外 不見不相親)" – 이 글을 대문에 붙여 화재를 막는 풍습도 생겼다고 글을 마친다. 전개부터 결말까지 이야기의 구성이 간결하면서도 짜임세가 있을 뿐더러 열화 같은 짝사랑, 극명한 신분의 벽, 인간적 연민과 위로, 탑과 불의 상징, 예기치 못한 졸음, 건널 수 없는 바다 등 극적 요소를 갖추고 있다.

신라의 후예 달성서씨 시인 미당이 "선덕여왕의 말씀"에서 데이트는 이렇게 하자며 지귀를 다독거리듯 끌어가는 시어가 신라 설화를 감동으로 되살려낸다.

> "햇볕도 아늑하고, 영원도 잘 보이는 날,
>
> 우리 데이트는 이렇게 해야지, 내가 어느 절간에 가 불공하면,
>
> 그대는 그 어디 돌탑에 기대어, 한 낮잠 잘 주무시고,
>
> 그대 좋은 낮잠의 상으로, 나는 내 금팔찌나 한 짝,
>
> 그대 자는 가슴위에 벗어서 얹어놓고, 그리고 그대 깨어나거든,
>
> 시원한 바다나 하나, 우리들 사이에 두어야지…"

수삽석남 설화 또한 16세기 이태리 북부 베로나의 러브스토리를 연상시킨다. 부모의 반대로 인연을 맺지 못한 신라사람 최항이 갑자기 죽어, 장사 전날 영혼이 여인을 찾아가 사랑을 다시 확인하고 석남꽃 가지를 서로의 머리에 꽂아준 뒤 돌아간다. 여인이 밤새 기다리다 이른 아침 최항을 찾아가니 벌써 여드레 전에 죽어 그날이 장삿날이라 한다. 믿기지 않아 관 뚜껑을 열어보니 최항이 이슬 젖은 옷을 입은 채 어제의 석남꽃을 꽂은 모습으로 누워있는 것이 아닌가. 여인이 기절해서 숨이 넘어가려는 순간 최항이 깨어나고, 그에 놀라 여인도 의식을 되찾아 여생(偕老三十年)을 함께한다는 해피엔딩이다. 이 또한 미당에

의해 '머리에 석남꽃 꽂고'로 재탄생 된다.

당나라 시인 두보가 남자로 태어나 다섯 수레의 책은 읽어야한다 했듯이, 예나 지금이나 문호들의 공통점은 뛰어난 감성과 직관력은 물론이고 기본적으로 엄청난 독서량에 있는 듯하다.

권문해의 초간일기는 47세부터 사망까지 약12년 동안 중앙 내직과 지방 외직에서 겪은 경험과 시국관을 바탕으로 쓴 신변잡기와 충실한 개인일기로 구성된다.

"나무들은 아직 살아 무성한데 그대 홀로 어디로 가는가 …

그대는 꽃과 새를 좋아했으니… 산중에 홀로 핀 진달래가 벗이 될게요…

상여에 실려 그림자도 남기지 않고 저승으로 떠나버리니, 나 홀로 남아

어떻게 살라하오… 구곡간장 미어져 슬퍼할 말마저 잊었소"

자식 없이 외롭게 살았던 아내를 1582년 먼저 떠나보내던 날, 간장을 끊는 슬픔이 제문에 절절하게 넘쳐난다.

기쁨과 슬픔에 젖은 날들은 물론이겠지만, 오늘도 평범한 하루를 보내게 된 것에 감사하는 마음의 표증이 일기라고 한다면 너무 단순한

정의가 될까. 한국에서도 무대에 오른 미국의 유명한 희곡 '우리 읍내(Our Town)'는 20세기 초 조용한 시골마을에서 평범한 일상을 보내던 여인이 젊은 나이에 세상을 떠난 후 혼이 되어 3막에 나타나, 살아서 12살 생일날을 다시 보게 해달라고 소원하고, 바라던 대로 그 날을 다시 보고 돌아갈 때는 눈물을 글썽이며 남긴 대사로 끝을 맺는다.

> "어머니, 아버지. 째깍거리는 시계도 잘 있어. 그리고 엄마가 가꿔놓은 해바라기도. 맛있는 음식과 커피도. 새로 대려놓은 옷과 더운 물이 나오는 목욕탕도. 잠자는 것과 눈을 뜨는 것도. 오오 대지여! 살아서 지낸 하루가 너무도 아름답고 훌륭했던지 그 진가를 몰랐다니. 사람들은 살아 있는 동안 산다는 것이 무엇인지를 깨달을까요. 자기들이 살고 있는 일분일초를…"

죽은 영혼이 되고서야 생전에 손때 묻은 소소한 물건과 기억에도 없던 평범한 하루가 얼마나 소중한지 비로소 깨닫게 되는 것이 보통 인간이라면, 그것이 신의 뜻일까. 아니면 하루의 귀함을 모르고 낭비하는 것은 길이 아니라는 사실을 깨닫도록 신이 늘 기회를 주지만, 인간이 헛된 욕망과 꿈에 한눈을 팔고 있기 때문인가. 반복하는 일상에서도 항상 감사하는 하루로 깨닫기 바라는 것이 신의 뜻일진대 바람결에 날아든 낙엽 한 잎에도 감동하고, 그렇게 매일을 쌓아가는 것이 일기의 소중한 가치 아닐까.

영조 때 구미 선산에서 태어나 17세부터 무려 68년간 일기를 쓴 무관 안강노씨 노상추(盧尙樞)는 34세에 무과에 급제하기까지 생활의 어려움과 40여 년 군무여정의 부침은 물론, 죽음을 앞둔 순간까지 문병

온 사람들의 이름을 빠뜨리지 않고 쓰며 고마운 마음을 가슴에 새기고 세상을 떠났다. 노상추일기의 한글 번역본은 12권에 이르는 방대한 분량으로 당시 시대상을 읽는 훌륭한 사료가 된다.

예천권씨 초간종택

용문면 죽림리, 예천권씨 초간종택 별당은 권선(權善)의 다섯째 아들이며 권문해의 조부 권오상(五常)이 1589년경에 세운 가옥으로, 보물 제457호이다.

경사지에 단차를 두어 상단에 ㅁ형으로 배치된 안채와 하단의 별당을 계단식 2칸 날개로 연결시켰고, 하단 별당은 축대 위에 반 누각 모습으로 앉혀졌다. 상-하단 단차를 줄이고 두 건물을 실내 계단으로 연결시키기 위해 하단 별당의 축대를 높였는데, 그러한 방식이 날렵한 팔작지붕과 함께 외관을 더욱 웅장하고 독보적 멋을 보인다. 하단의 별당 뒤쪽 툇마루에서 상단의 안사랑채를 2층 구조의 계단식 날개로 연결시켜, 실내 통행도 가능하게 한 방식은 매우 독특하다. 별당은 정면 4칸 측면 2칸이고, 정면에서 보아 오른쪽 3칸은 전면이 개방된 큰 대청, 왼쪽 1칸은 앞뒤로 2개의 온돌방이다. 민가에서 보기 어려운 익공과 내부 천장 등은 상당히 정성을 들인 조각과 장식을 보여주는데, 별당이 후에 지어지면서 검소한 안채에 비해 격을 높이는 제반 목공기법이 동원된 것 같다.

별당 왼편 마당에서 돌계단을 올라 중문채 안으로 ㅁ자로 배치된 안채는 정면 5칸으로, 별당에 비하면 단순한 구조와 외관이다. 대청 좌우로 안방과 건넌방 그리고 왼쪽 날개에 도장방과 부엌, 반대편 날개에 고방 등을 두었고, 안채 오른쪽으로는 사당이 별도의 공간에 있다. 별당 너른 마당에 있었을 만한 대문행랑채나 헛간 등은 어느 시기에 멸실된 것으로 보이는데, 전체적으로 꾸준한 보수를 한 탓인지 보존 상태가 양호하고 무엇보다 도처에 감추어진 세심한 건축 마감을 찾아보는 즐거움을 준다.

안채로 오르는 마당 왼편에 있는 정면 3칸-측면 2칸 백승각(百承閣)은 대부분 예천박물관에 기증되기까지 종가의 유물들을 보관하고 있던 보물창고다. 초간 권문해 내외의 불천위 신주를 모시는 감실이 1986년 도난당해 현상금까지 걸고 찾다가 일본으로 팔려가기 직전 극적으로 회수되어 돌아왔다는데, 얼핏 문갑 같아 보여도 세살창까지 달아내서 지붕 없는 한옥을 연상시키는 작은 감실이다. 목공예 가치를 용케도 알아내 신주는 버리고 일본으로 밀매하려던 이들에게는 피보다 돈이 더 진하다. 막 뜬 뉴스에 일본 개인 소장자가 갖고 있던 우유 빛 조선백자 달항아리가 뉴욕 경매에서 약60억 원에 낙찰되었다고 전한다. 이것은 또 어떤 경로로 일본에 건너갔던 것인지, 놀랍고 씁쓸한 소식이다.

아름다운 원림 속 초간정

용문산에서 발원한 물이 금당지에 머물렀다가 흘러내리는 금곡천이 아름다운 초간정, 금당실 마을, 병암정 곁을 흘러 내성천에 합류한다. 금곡천 물가 암벽 위에 1582년 권문해가 지은 초간정(草澗亭)이 보인다. 물 건너 소나무 숲과 어우러져 멋진 원림(園林)을 구성, 명승 제51호 진면목을 제대로 보여준다. 앞의 제문에서와 같이 아내를 잃고 상복을 입은 채 슬픔을 가누며 지내기도 한 곳이다. 임진왜란 때 소실되어 아들 권별이 1626년 초옥으로 중건했으나, 병자호란 때 다시 피해를 입어 1739년 현손 권봉의가 중건하였다. 여울물이 돌아 흐르는 자연 암반에 돌을 쌓아 평면을 맞추고, 정면 3칸 측면 2칸 규모에 2칸 방을 두고 나머지 4칸은 대청으로 하고, 사방을 계자난간으로 둘렀다. 정자에서 내려 보아도, 소나무 숲에서 올려보아도 물러서지 않는 멋에 잠시 빠져본다. 초간정에서 928번 도로를 달려 용문사에 이르는 십리 길은 봄이면 아름다운 명품 벚꽃 드라이브 길이 된다.

초간정

불로장생의 상징이기는 하지만, 하필이면 사람의 이름에 자라 별(鼈)을 썼을까. 권문해는 자식이 없어 마음 한 구석에 늘 그늘이 있었다. 가문을 이을 자식을 못 낳은 마음의 부담이 컸었던지 부인은 병을 얻어 시름시름 앓다가 먼저 세상을 떠났다. 제문에서 밝힌 대로 구곡간장이 미어지는 슬픔 속에 조강지처를 앞세운 몇 해를 보내다가 주위의 권고에 마지못해 후처를 맞는다. 그러나 후처와도 자식을 얻지 못하고 지내던 어느 날, 길을 걷다가 우연히 다 죽어가는 자라를 발견한다. 미물일지언정 생명은 귀한 것, 정성을 다해 살려 보내 주었더니 그날 밤 꿈속에 한 노인이 나타나서 자신이 용왕이라고 하며, 아들을 살려준 보답으로 소원을 들어주겠으니 원하는 것을 말해보라고 한다. 그에게 남은 유일한 소원이 있다면, 가문을 이을 자식이라고 대답한다. 노인은 흔쾌히 받아들여 아들을 얻게 되리라는 말을 남긴 뒤 떠나고, 얼마 후 과연 부인에게 태기가 보이더니 드디어 고대하던 아들을 얻는다. 형언할 수 없는 기쁨과 용왕에 감사하는 마음으로 아들의 이름을 자라 별(鼈)이라 한다. 그러나 늦은 나이에 귀하게 얻은 아들 권별과의 인연도 겨우 3년, 권문해는 58세에 사망하고 권별은 편모슬하에서 자란다. 죽음도 제대로 깨닫지 못할 나이에 부친을 이별했던 어린 권별은 커가면서 부친의 훌륭한 학덕과 유산을 자랑스럽게 여기며 성장한다. 그도 해동잡록과 정묘호란이 일어나기 전인 1625년부터 2년간의 죽소부군일기를 남겨 초간일기와 함께 2012년 국역판으로 출간되었다. 생소한 이름 권별이 이렇듯 훌륭하게 성장하다니, 이름이 사람을 귀하게 하지 않고, 사람이 이름을 귀하게 한다는 말이 새삼 옳은 말씀이다.

　　1670년 완성된 해동잡록은 단군에서 조선 전기까지 간략한 역사와 삼국시대부터 조선 전기까지 모두 1000여명의 인물을 부친 권문해의 자료 등 많은 자료를 참조해 인명사전식으로 정리해서 사료적 가치가 높다.

- 한명회에 대한 꽤나 긴 설명 중에는 '일곱 달 만에 낳았는데 사지가 갖추어지지 못하여 여종이 떨어진 흰 솜옷에 싸 두었더니 몇 달 지난 후에 점점 형체가 이루어졌는데, 등과 배에 검은 사마귀가 있는 것이 천태북두성(天台 北斗星)을 상징한다 하여 사람들이 특이하게 여겼다… 40이 되어 벼슬에 올라 세조가 그의 장자방으로 늦게 만난 것을 아쉬워할 정도로 가까이하며 하루 3번을 접견하는 인물이 되었고, 그의 두 딸이 예종과 성종의 왕후가 되었다'며 당시 그의 위상에 걸맞은 서술을 보인다.
- 앞장 권오복에 대해서는 "김일손과 막역한 교우이기에 연산군 무오년에 사화가 일어나자 김일손과 함께 죽었다. 벼슬은 홍문관 교리에서 어버이를 공양하려고 외직을 요청하여 지금의 영덕인 야성(野城)에 나왔는데, 원이 된지 3년 만에 잡혀 가서 나이 겨우 32에 죽었다. 흉악하고 망극한 변을 만나, 사형에 쓰는 도구 앞에서도 굳게 버티고, 어지러운 모습이 없이 조용히 죽임을 당하였으니, 그 의기와 절개의 굳셈은 천성인 것을 어찌하랴. 그의 글은 문채가 매우 맑고 기격(氣格)이 삼엄하다"

거대한 석벽 위에 앉은 병암정

　용문면 성현리, 병암정(屛巖亭)은 후술되듯이 상금곡리 반송재고택을 사들였던 이유인이 옥소정(玉簫亭) 이름으로 세운 것을 1920년경 예천 권씨 문중에서 무오사회에서 희생된 권오복의 학덕을 추모하기 위해 구입해 병암정으로 바꿨다. 큰 연못을 내려다보며 거대하고 반듯한 병풍 석벽 위에 앉은 정자는 정면 4칸 측면 1칸 반으로, 가운데 2칸 대청 좌우로 1칸 온돌을 두고 토담으로 둘려있다. 정자에서 내려다보면 큰 연못 한 가운데 섬돌로 연결된 둥근 인공 섬이 어우러진 전경이 아름답고, 눈을 들면 시원하게 펼쳐진 넓은 들이 내 것인 양 한눈에 들어온다. 드라마 황진이의 촬영지로 선택될 만큼 충분히 훌륭한 전경, 연못가에서 올려다보니 황진이 치맛자락이 희끗거리는 듯도 하다. 하금곡리에서 출생한 후손 권원하가 만주로 망명해 신흥무관학교를 졸업하고 1920년 은밀히 입국해 독립운동을 하다가 체포되어 투옥 2년 만에 석방되고, 서당으로 이용하면서 은밀히 독립운동을 하던 곳이기도 하다. 이름까지 위장해 가며 독립운동을 계속하다가 1935년 징역 1년 6개월 선고 받고 다음해 39세에 사망, 1990년 건국훈장 애족장에 추서되었다.

　병암정 옆 솟을삼문 안에 있는 별묘는 대원군 때 철폐된 하금곡리 인산서원(仁山書院)의 사당을 1920년 병암정을 인수할 때 옮겨와서 예천권씨 4인을 봉향한다. 앞장의 예천권씨 4세손 권맹손, 무오사화에서 희생된 6세손 권오복과 권오기 형제, 그리고 영조 때 효자 권용을 봉향한다. 권오복은 막역한 친구였던 김일손과 주고받은 서신이 빌미

가 되어 무오사화에서 참화를 당했으나, 형 권오기는 그래도 해남 유
배로 겨우 목숨을 보전하다가 1506년 중종반정으로 복귀, 정3품 통
례원 좌통례를 지낸다. 어떻게든 목숨을 부지하고 있으면 언젠가 다른
세상에서 빛을 보게 될 수도 있다는 것은 칼의 막춤에 정의도 춤을 추
고 있었다는 서글픈 얘기다.

병암정

새색시 농 살돈도 독립군 군자금

용문면 구계리, 국가 중요민속문화재 제248호 남악종택은 기와의 명문이 1634년을 밝히고 있으나 그 이전에 어떤 형태로 세워지고, 후에 증개축을 거친 것으로 추정되는 의성김씨 남악 김복일(金復一)의 종택이다. 국사봉이 힘차게 뻗은 산자락에 자리한 종택은 좌우로 산줄기가 감싸고, 구계저수지에서 잠시 머물렀던 물이 넓은 들로 흘러드는 명당에 자리하고 있다. 종택의 전면에 서면, 정면 6칸의 초가 문간채가 정침을 숨기려는 듯 가리고 있고, 오른편 뒤로 당당한 모습의 사랑채가 날렵한 팔작지붕으로 돋보인다. ㄴ자형 초가 문간채를 들어가서 작은 마당을 지나면 ―자 중문채와 ㄷ자 안채가 연접해 ㅁ자 정침을 만드는데, ㅁ자 오른쪽 모서리에 정면 3칸 측면 3칸의 사랑채 가학루가 연접된 방식이다. 사랑채는 다듬지 않은 원형 누하주가 받히는 퇴에 계자난간을 두른 누각 형태로, 정면 3칸과 우측 2칸의 ㄴ자형 대청과 좌측 후면으로 4칸이 방이다.

그런데 사랑채의 오른쪽의 뒤편 마루방이 옥방(獄房)이라는 생소한 공간이었다고 한다. 살림집에 옥방을 두는 자체도 특이한 일인데, 그것도 손님이 드나드는 사랑채에 둔 것도 예사가 아니다. 실제 어떻게 이용되었는지 알 수 없지만, 하인이나 자손이거나 회초리로 맞을지언정 옥방에 들어가는 것은 무엇보다 부끄럽고 수치스러운 마음(羞惡之心)이었을 것이고, 공포와 혐오의 위압감이 주는 공간의 존재 자체가 예방적 훈육이 되어 실제 사용은 미미했을 수도 있어 보인다. 한발 더 나아가 자신의 과오와 부족함을 깨닫고 스스로 걸어 들어가 성찰을 통해 올곧은 자신을 회복하는 기회로 진전되었다면 그 가치는 억만금이 될 만하다.

남악은 청계 김진의 다섯째 막내아들이다. 1525년 25세 때 초시에 합격해 성균관에서 공부했으나 대과를 포기하고 낙향해 부모 효도와 자식 교육에 전념한 의성김씨 청계 김진(金璡)은 아들 다섯 모두를 등과오자(登科五子)로 키운 공으로 사후 이조판서에 추증되는데, 첫째 아들이 약봉 김극일, 둘째 귀봉 김수일, 셋째 운암 김명일, 넷째 학봉 김성일이고, 남악 김복일을 늦은 42세에 얻었다. 모두 소과에 합격하고 그중에서 첫째 넷째 다섯째가 대과에 급제하는데, 막내아들 남악이 앞장 초간정의 주인 권문해의 누이와 결혼하며 분가해 예천에 터를 잡게 된 것이다. 남악(南嶽)은 바로 위의 형 학봉과 함께 퇴계의 문인이었고, 1570년 선조 때 29세에 과거 급제해 호조정랑, 전라도 어사, 창원부사 등을 지내고 51세에 사망한다. 청렴 강직한 성품으로 지방관을 주로 지내며 백성들의 칭송을 얻었으나 생활은 그리 넉넉하지 못했다고 한다. 벼슬은 정2품 이상은 하지 말고 300석 이상 재산은 갖지 말라는 부친 김진의 유언을 모두 잘 지킨 듯하다. 김진의 1572년 초상화가 보물 제1221호이고, 보물 제450호 의성김씨 청계종택은 안동시 임하면 천전리에 있다.

5형제 중 넷째 학봉 김성일은 의정부 사인을 지내다가 1591년 3월 조선통신사의 부사로 일본에 다녀와서, 풍신수길이 담력과 지략이 있어서 반드시 쳐들어올 것이라는 서인 황윤길과는 대치되는 복명을 해서 조정에 큰 혼란을 일으킨다. 다음 해 경상우도 병마절도사로 있을 때 임진왜란이 일어나자 잘못된 복명의 책임을 물어 파직되었으나, 기사회생해 경상우도 초유사가 되어 의병들과 김시민을 적극 도와서 진주대첩 승리에 공헌하고, 얼마 뒤에 병사한다. 그가 살아있었다면 제2차 진주성전투의 결과가 달랐을 수도 있었다 할 정도로 그의 공훈이 인정되어 훗날 선무공신보다는 낮은 급이지만 선무원종공신 1등에 오른다. 과(過)로 파직되고, 공(功)으로 공신에 오른 그의 평가는 갈릴 수 있어도 초유사로서 의병과 관군을 지원하며 전장에서 사기를 올리는 원숙한 행정 능력과 퇴계를 이어 영남학파의 계승 발전에 기여한 점이 긍정적 평가로 따른다.

학봉 김성일의 후손들이 조선 말 을미사변을 시작으로 1900년 전후까지 의병활동에 뛰어드는데, 유공훈장을 받은 사람만 10여명에 이른다. 조부 김흥락의 영향을 받은 13대손 김용환(金龍煥)은 노름판을 전전하는 파락호(破落戶) 생활로 일경의 눈을 속여 가며 많은 종중의 농토와 재산을 독립운동에 쏟는다. 그러한 사실을 심지어는 어렵게 시집살이하는 고명딸에게까지 감추고 살다가 다행히도 조국 광복을 보고 1946년 사망한다. 죽음에 임해서 동료가 사실을 밝혀 파락호 가면을 벗겨주려 했으나, 선비의 당연한 길을 알려 뭐 하겠냐며 사양한다. 곡절 끝에 뒤늦게나마 사실이 알려지고, 같은 길을 걸었던 조부 김흥락과 함께 1995년 건국훈장을 받게 되는데, 그러한 사실도 모른 채 파락호 부친을 원망했던 딸이 백발이 되어서야 모든 것을 알고 새삼 오열을 터뜨린다.

남악종택

"… 신행 때 농 사오라 시댁에서 맡긴 돈, 그 돈마저 가져가서 어디에 쓰셨는지… 큰 어매 쓰던 헌 농 신행에 싣고 가니… 새색시 오만간장 그 광경 어떠한고… 별난 시집 사느라고 오만간장 녹였더니, 오늘에야 알고 보니 이 모든 것 저 모든 것, 독립군 자금위해 그 많던 천석 재산 다 바쳐도 모자라서, 하나뿐인 외동딸 시가에서 보낸 농 값, 그것마저 바쳤구나, 그러면 그렇지 우리 아배 참봉 나으리… 절대 남들이 말하는 파락호 아닐진대, 우리 아배 참봉 나으리."

시집간 외동딸이 처음으로 친정집을 찾아가는 신행 때, 장롱이나 사오라고 시댁에서 받은 돈, 이 돈마저 친정아비가 가로채서 노름으로 탕진, 딸은 빈손으로 시댁에 돌아갈 수 없어 친정 큰어머니가 쓰던 헌

장롱을 가지고 울면서 돌아간다. 시댁에서는 낡은 장롱에 귀신 붙었다고 태우는데 삼층장 불길은 왜 그리도 높던지, 지켜보던 딸의 가슴도 함께 새까맣게 타버렸다. 어느 마디에서 소리꾼과 고수가 청중의 눈물샘을 자극할지, 구구절절 애절한 판소리 사설되어 가슴을 파고든다.

태종의 아들 희령군의 거문고

용문면 구계리, 남악종택 인근에 있는 이정사(夷靖祠)는 태종과 숙의 최씨와 사이에서 태어난 태종의 열 번째 아들 희령군(熙寧君)을 봉사한다. 희령군의 시호 이정공(夷靖公)을 따른 이정사는 정면 3칸 측면 3칸에 원주를 세워 앞의 1칸은 퇴칸으로 하고, 2칸의 제향 공간을 두어 일반적인 사우보다 격식 있어 보인다. 희령군은 양녕대군이 사직동으로 이사하면서 물려받은 지금의 동대문 밖 창신동 근처에 있던 사가에서 만년을 보냈는데, 병자호란 때 신주를 잃는 등 크게 소실되어 제사를 못 지내고 있었다. 1792년 정조는 어명을 내려 지금의 위치에 불천위 사당으로 세우게 하고 예천에 살고 있던 13대손 이병성(秉誠)을 제사 받드는 봉사손으로 명한다.

왕자의 난을 통해 왕위에 오른 태종은 자식들만은 자신과 다르게 행복하고 화목하게 지내기를 바랐는지 아들들의 군호를 녕(寧)으로 정했다. 양녕대군이 25세까지 15년간 세자로 있을 때는 당연히 군호(君號)가 없었는데, 동생 충녕대군이 세자가되며 양보의 뜻이 담긴 양(讓)자를 더해서 양녕으로 정해진 듯하다. 그런 덕택인지 형제간에 드러난

다툼 없이 3남 충녕대군이 순조롭게 왕위에 오르고, 형제애는 비교적 원만해서 양녕대군의 일탈에도 세종은 끝까지 감싸준다. 불심 깊은 동생 효령대군에게 '살아서 왕의 형이고, 죽어서는 부처의 형인데 세상 두려운 것이 있겠냐'하며 운명에 초연해 보이던 양녕대군은 조카 세조의 즉위도 돕고 편안한 삶을 보내다 검소한 장례를 유언하고 69세에 세상을 떠난다.

현존하는 것 중에서 가장 오래되고도 작은 것으로 알려진 거문고[御賜琴]를 태종이 품성 착하고 음률에 재능을 보이던 희령군에게 내려줘, 전주이씨 희령군파 문중에서 가보로 지켜왔다. 어느 날 잘 보관하고 있던 거문고에서 깊고 맑은 소리가 나서 가족이 이상하게 여기고 있던 중, 얼마 지나지 않아 봉사손을 명하는 정조의 교지가 도착, 문중의 경사를 미리 알려준 신비한 어사금으로 더욱 귀하게 여기게 된다. 어사금은 줄을 교체한 외에 옛 모습을 지키고 있는 듯, 지금 보아도 아름답고 보관함까지도 온전해 보인다. 왜란과 호란을 거치면서도 탈 없이 문중의 보물로 내려오는 어사금이 아직도 700년 전 희령군의 울림을 그대로 들려줄지 호기심을 부른다. 경기도 하남시 덕풍동에 희령군의 묘역이 향토유적으로 보호되고 있다.

울림이 좋은 현악기를 만들기 위해 동양에서는 위판에 오동나무와 뒤판에 밤나무를 쓰는 반면에 서양에서는 우리나라에도 자생하는 가문비나무를 쓴다. 실험을 해보니 저음 영역에서 오동나무의 울림이 더 낮다는 결과를 보였다 한다. 그러니 오동나무가 만드는 거문고의 정중한 음색과 울림은 맑고 고고한 품성의 선비가 갖추어야 할 예악

(禮樂)에도 어울린다 할 만하겠다. 거문고 가야금의 울림통 외에도 오동나무는 결이 곱고 부드러운 재질인데다가 가볍고 습기와 불에 잘 견디고 방충에도 강해서 장롱, 문갑 등 방안 가구로 제격이다. 옛날부터 아들을 낳으면 소나무를 심고 딸을 낳으면 오동나무를 심었는데, 관 짜기에 좋은 소나무는 60년은 자라야 쓸 만한 재목이 되나, 장롱 짜기에 좋은 오동은 속성수로 15년이면 충분한 재목이 되는 특성 때문이다. 딸을 낳아 15살이 되면 시집을 보내니 오동나무는 혼수목인 셈이고, 소나무에는 아들이 적어도 환갑은 살기 바라는 마음이 깃들어 있다. 또한 공룡과 함께 번성해서 살아있는 화석으로 불리는 은행나무{公孫樹}는 심으면 적어도 30년은 자라야 실한 열매를 맺기 시작해 길게는 수백 년을 살게되니 손자와 먼 후대의 후손을 위한 기원이 걸려있는 셈이다.

사괴당고택

용문면 상금곡리, 사괴당고택은 원주변씨 귀계 변희리(邊希李)의 낙향에서 비롯된다. 증조부 변희리가 처향인 금당실에 정착한 이래 사괴당 변응녕이 16세기경 현 위치에 자리를 잡았고, 지금의 고택은 19세기 전후에 지어진 것으로 보인다. 귀계(歸溪)는 1486년 성종 때 문과에 급제해 1488년 형조좌랑 등을 지내다가 1498년 연산군 때 사간원 정언으로 있으면서 무오사화로 김종직의 부관참시, 김일손과 예천권씨 권오복 등이 자신의 뜻과 다르게 처참히 참형되는 것을 보고, "차라리 내가 죽을지언정 무고한 사람들에게 더 이상 화가 미치게 할 수는 없다"하며, 낙향해 원주변씨 예천 입향조가 된다. 권오복의 참형이 귀계에게 더욱이나 남의 일이 아닌 것이, 장남 변필대의 처가 권오복의 누이인 사실이다. 중종반정 후 사헌부 장령 등을 지내가다 종3품 사헌부 집의 제수에 신병으로 응하지 못하고 75세에 사망, 연산군 때 벼슬을 부끄러워해 신주에는 성종 때까지 벼슬만 남기라 유언했었다.

고택의 문간채를 들어서 정면 5칸 측면 5칸의 ㄷ자 안채는 정면에 2칸 대청을 중심으로 우측 날개 뒤쪽으로부터 방, 마루방, 중방, 안사랑채 그리고 좌측 날개에는 찬방, 부엌과 고방을 두었다. 남쪽에 초가지붕을 한 3칸 문간채가 있는가 하면, 동쪽으로 일제강점기 세워졌다는 정면 3칸 대문채도 초가이면서도 다락방을 위에 둔 2층 구조의 특이한 배치다. 대문채와 문간채를 초가지붕을 한 것이 눈에 띄고, 동과 남으로 두 채의 대문채와 문간채를 구분해 따로 낸 것은 안채와 원래 안채와 연결되어 있었다는 ㄴ자형 사랑채와의 출입을 분리하기 위해서인 듯하다. 사랑채가 없어져서인지 현재 마당이 무척 넓어 보인다. 집 앞에 정자와 연못을 만들고 주위에 느티나무 4그루 사괴(四槐)를 심었다는데 연못 자리로 추정되는 면사무소 앞에 500년 느티나무 한그루가 남아있다.

변희리의 차남 변광대가 중종 때 문과 7위로 등과한 기록이 보물 제603호 '문무잡과방목'에 남아있는데, 당시 문과 33명과 무과 28명 외에도 기술직인 4대 잡과로 역과(譯科) 10명, 의과(醫科) 9명, 관상감에서 천문 지리를 담당하는 음양과 6명, 형조 소속의 율과(律科) 7명이 포함되었다. 외교 실무를 담당하던 사역원(司譯院)의 역과시험이 한어과[漢

學] 몽어과[蒙學] 만주어[女眞學] 일어과[倭學]로 구성된 것을 보면 당시 동아시아의 정세와 조선의 외교적 대응을 엿볼 수 있다.

반송재고택

용문면 상금곡리, 반송재고택은 의성김씨 갈천 김빈(金霱)이 낙향한 후 17세기 말에 세워진 집이다. 초가지붕 3칸 대문채 안으로 정면에 사랑채가 있고 뒤로 ㄷ자형 안채와 곳간채가 배치되어 개방된 ㅁ자형 배치다. 앞뒤 퇴를 적절히 배치한 정면 5칸 반의 큰 사랑채 왼쪽으로 낸 좁은 중문 안으로 안채가 보인다. 안채는 정면 5칸 측면 3칸 반의 ㄷ자형으로 가운데 2칸 대청 좌우로 방을 두었는데, 오른쪽 날개는 뒤로부터 작은 사랑방, 건넌방, 마루방 등이고, 왼쪽 날개의 부엌은 3칸 곳간채와 가깝게 배치했다. 김빈은 앞장 남악 김복일의 증손으로 1657년 효종 때 문과급제하고 숙종 때 도승지 예조 병조 등 여러 참판 등을 지냈고, 남원부사 등 외직에서도 근면과 겸양으로 백성들의 존경을 받은 청백리였다.

조선에서 소인(小人)은 이익을 쫓는 사람이고, 이익을 함께 하니 날마다 피폐 된다 믿었고, 소인은 또한 힘을 숭상하는 사람이고, 힘을 숭상하니 원수를 만들게 된다 하여 소인이라 불리는 것은 차라리 험한 욕을 듣는 것만도 못한 일이라고 부끄럽게 여겼다. 그러나 갈천은 뜻이 '자신과 다르다고 소인이 아니며, 같다고 군자도 아니라' 하며, 소인의 말도 흘리지 않겠다는 자세를 지켰고, 출생 학연 외모가 다르다고 그가 틀렸다는 편향적 오류도 크게 경계한 듯하다. 늘 주자서(朱子書)와 도덕경을 되뇌며 분에 맞는 만족에 만족하고(知足之足), 멈출 줄 알아 멈출 데 멈추니(知止止止) 적이 생기거나 번민할 일도 없었을 듯하다. 늘 과욕을 멀리하고 자신을 늘 뒤돌아보고, 티 없이 맑은 거울도 다시 닦는 마음으로 자신을 경계함을 군자의 이상으로 삼지 않았을까.

금당실 송림에 어울리는 반송재(伴松齋)고택은 원래 지금의 사괴당고택 옆 넓은 공터에 있었는데, 1898년 법무대신을 지낸 경주이씨 이유인(李裕寅)이 반송재고택의 터가 맘에 들었던지, 고택을 사들여 그 땅에 자신의 집을 크게 지었다. 원래의 반송재 고택은 1899년 지금의 자리로 옮겨 동생 이유직이 살도록 했는데, 결국 의성김씨 후손들이 다시 사들이게 된다. 이유인의 아들 이소영이 예천군수로 와서 1900년경 옛 반송재고택 터에 지은 99여 칸 대저택은 1907년 이유인이 사망한 후 해체되고 흔적 없이 사라져 빈터로 남게 된 것이다.

1882년 임오군란 때 명성왕후는 경복궁을 가까스로 탈출해 생가가 있던 여주-장호원을 거쳐 충주 가신리 국망산(國望) 아래로 피신해 환궁하기까지 약50일을 지내며 무속인 등 여러 사람의 도움을 받았다. 매일 산에 올라 한양을 바라보며 애타게 환궁을 고대하던 중, 무속인이 예언한 날 즈음에 환궁하게 된다. 황후는 긴 피난길에서 입은 신세에 일일이 보답해 무속인에게는 '진실로 영험'하다는 의미의 진령군(眞靈君) 군호를 내리고, 원하는 대로 1883년 송시열옛터((宋洞之曾朱壁立下) 근처 지금의 혜화동에 관우사당 북묘를 지어주는데, 다음해 일어난 갑신정변 막바지에 고종이 창덕궁을 떠나 잠시 피했었다. 관우를 기리기 위해 세워주었던 북묘가 고종 자신을 지켜주었다는 믿음에서였던지, 1887년 고종이 직접 짓고 민영환이 쓴 북묘비(北廟碑)를 세우게 되는데, 온전한 모습을 국립중앙박물관에서 볼 수 있다. 그 진령군의 소개로 김해의 중인 출신 이유인이 양주목사를 시작으로 6년 만에 법무대신에 오르는 등, 예천 사람들이 양주대감이라 부르던 그의 출세가도는 괄목할만했으나 불행한 죽음을 맞는다. 1895년 명성황후 시해와 함께 진령군이 사라진 이후에도 중추원부의장 등을 지낸 그가 입지전적 자수성가형으로 평가되는 면도 있었으나, 세간의 인심은 비판적이었다.

야사는 이유인이 고종에게 나라의 평안을 위해서 금강산 일만이천봉에 쌀 한 섬과 열 냥씩의 돈을 바쳐야 한다고 했다는 일화를 전하는데, 어느 정도나 실행되었다거나, 그 엄청난 재물이 모두 어디로 갔을지 알려진 것은 없다. 또한 대저택을 짓기 위해 무성했던 금당실 송림의 반 이상이 벌채되어 사용됐고, 마을 주민은 물론이고 인근 지역의 주민들까지 노역에 동원됐다고 한다. 농번기를 불문하고 부역에 동원된 사람들이 집을 지으면서 은밀히 기둥을 거꾸로 세우기도 했다고 하니, 그가 사망하자마자 그 큰 저택이 어떻게 그렇게 급작스레 폐허가 되었는지, 그 배경에 짐작이 갈만도하다.

금빛 모래 내성천의 절경 회룡포

금천, 내성천, 낙동강이 합류하는 삼강(三江) 하류 무척 깊은 용담소와 용두소에 사는 암수 부부 소룡(沼龍)을 수호신으로 여긴 이래 지상의 용궁을 꿈꾸며 용궁면이 되었다고 한다. 하얀 모래 위를 흐르는 물길 주변으로 발달한 풍요의 들녘과 먼 하늘 아래 겹겹이 둘러선 산이 함께 어울려 꿈꾸던 지상의 용궁 모습을 보여준다. 신라 때 축산현으로 불리기도 했던 용궁현에서 3년간 현감을 지내던 송강 정철의 고손 정식(鄭湜)이 1728년 관아가 있던 향석리 마을을 둘러싼 나지막한 축산(竺山)을 배경으로 축산별곡을 노래하며 떠날 것을 아쉬워한다.

> "우리나라 제일 경치, 하늘이 내린 형승이라…
>
> 이보다 좋은 산천 또 어디 있으리…
>
> 늙은이가 성은 입고 이 땅에 부임해…
>
> 엊그제인가 했더니 어느 사이 삼년인가…
>
> 사미인곡 한 곡조에 충정이 절절하다…
>
> 아이야 술 한 잔 다시 치고 축산별곡 부르거라"

마지막 구절에서 빠뜨리지 않고 조상 정철의 사미인곡 칭송을 곁들인다.

회룡포

　내성천이 용궁면 대은리에서 너른 모래벌판을 휘돌아 낙동강에 흘러드는 모습이 마치 용이 회돌이 치며 하늘로 오르는 듯하다 해서 붙인 그 이름 회룡포(回龍浦)가 국가명승 제16호이다. 절경을 제대로 보려면 장안사와 원산성 유적이 있는 비룡산 회룡대가 제일이다. 절벽 위 회룡대에서 내려다보면 회돌이 치는 물돌이 마을 안으로 몇 가구의 평화로운 농가, 원을 그리는 듯 마을을 감싸는 백사장, 하얀 모래 머리를 간간이 드러내며 흐르는 맑은 물길, 그리고 멀리 겹겹이 둘러선 산과 푸른 하늘이 어우르는 장관은 명승이 따로 없다. 굽이치는 물길에 둘러싸여 나뭇잎에 달린 물방울처럼 육지에 간신히 매달린 모습은 영락없는 육지의 섬마을이다. 향석리에서 회령포 마을로 들어가려면 회룡교를 건너서, 밟을 때마다 철판 구멍으로 물이 솟아오르는 뿅뿅다리를 걸어 들어가는 길이 있지만, 내성천 물이 넘치면 한참을 돌아서 들어가야 한다. 물이 실어 나른 비옥한 흙에 맑은 물이 풍부하니 논농사가 풍요롭고, 윤택한 모래흙이 키워낸 감자 맛도 일품이라 한다.

천년고찰 비룡산 장안사(長安寺)에 고려 때 이름난 문장가 이규보가
묵으며 따듯하게 맞아준 고승에게서 긴 여행 끝에 위안을 찾은 듯 "긴
칼 차고 멀리 떠날 때는 외로운 나그네 마음이더니, 차 한 잔에 미소를
나누니 오랜 지인의 마음"이라고 시를 남겼다. 일대 지명에 어울리게
용왕각과 용바위도 자리한 장안사에는 신라 때부터 오랜 세월 나라의
안녕을 기원했던 역사가 있고, 봉수대와 흔적이 남아있는 원산성 위치
는 전략적으로 탁월한 지형이라서 삼국시대 이전부터도 선점을 위한
자리싸움이 천년은 되풀이됐을 법하다.

삼강나루

풍양면 삼강리, 안동 쪽에서 흘러온 낙동강에 내성천과 금천이 합류
하는 삼강(三江) 변은 한양을 오가는 선비, 보부상, 뱃사공이 모여 들던
교통의 병목이다. "헤어질 때는 슬픈 눈물의 칠 백리요, 만날 때는 기
쁜 눈물의 칠 백리…"로 시작하는 흘러간 노래 '낙동강 칠 백리'는 이
즈음에서 상주를 지나 부산 구포까지 이어진다. 낙동강 하구에서 올라
온 황포돛배가 해산물을 실어다 내리고, 다시 쌀 과일 농산물을 싣고
떠나던 삼강나루에 주막촌이 복원되어 옛날을 이야기한다. 왁자지껄
투박한 사투리와 펑퍼짐한 주모의 걸쭉한 막말이 뒤섞이는 주막에서
는 새침한 도련님도, 과거길 긴장한 선비도, 무쇠다리 봇짐과 등짐 보
부상도, 왈짜와 사공도 모두 막사발 막걸리 한 잔에 오늘 이자리가 행

복할 뿐이다. 오백년 회화나무와 들어 올리는 힘을 보고 짐꾼의 등급을 정했다는 둥근 들돌이 옛날을 지키는 삼강나루 주막거리에서 국밥과 막걸리로 옛 정취를 느껴보고, 둑길아래 고운 모래사장과 삼강 물길을 찾아 옛 나루의 애환을 그려본다.

요즘 젊은 그룹의 왈자타령에서 왁자지껄했던 삼강나루, 그리운 옛날이 들려온다.

> "왈짜들이 모여든다, 왈짜 모여든다 … 부잣집 외아들 …
> 춤 잘 추는 아가씨 말 잘하는 아저씨며, 거들거리고 빼어 입고
> 왈자 한참 들어올 제, 잘났다 못난 놈 못나고도 잘난 놈,
> 잘나고도 이쁜 놈, 이쁘고도 무서운 놈, 무섭고도 겁나는 놈
> 겁나고도 떨리는 놈, 떨리고도 괜찮은 놈, 왈짜들이 모여든다"

케이문화 세대가 신통하리만치 맛깔 나는 노랫말과 가락을 어떻게 용케도 찾아냈는지, 옛 정서를 신명나게 살려낸다. 핏속에 감춰졌던 조상의 흥이 어느 결에 피부를 깨치고 나오는 순간, 추억이 한 꺼풀씩 벗겨지며 고향의 삼강나루는 활기를 되찾는다.

용궁현 향석리 삼층석탑과 및 석조여래좌상

용궁면 일대는 신라 때 축산(竺山)으로 불리다가 고려 때 용주군에서 용궁군으로 바뀌고, 조선 때 용궁현이 되어 400여 년간 향석리에 관

아와 지금도 보존되어있는 향교도 곁에 있었다. 폐교된 향석초등학교 옆 밭에 향석리 삼층석탑이 있고, 석조여래좌상이 퇴색한 단칸 보광전에 모셔져있다. 전설은 마을의 잦은 분쟁을 부처님의 힘을 빌려 해결하려는 의도에서 불상이 만들어졌으나 오랜 세월 방치되었다가 지금의 자리로 옮겨졌다고 한다. 안동권씨, 함양박씨, 영일정씨, 김해김씨 등 쟁쟁한 문중간의 이견을 석불이 얼마나 지혜롭게 인도했을지, 오늘 찾은 마을은 조용하기만 하다.

옛날 석전놀이가 치열했던 얘기를 여러 곳에서 접하게 되는데, 향석리(鄕石里)와 이웃 대은리 간에도 오랜 전통으로 이어져왔었다 한다. 정월 대보름날 두 마을의 경계인 축산(竺山) 능선에서 벌어지는 석전놀이는 단순한 놀이를 넘어 위험한 싸움으로 확대되는 경우도 많았다 한다. 그러나 참여자가 많고 싸움이 치열할수록 그 해 농사가 풍년이 든다는 오랜 풍습을 따르는 것이라는데, 신기하게도 심한 사상자가 없을 뿐더러 지나고 나면 모두가 정다운 이웃이라 하니, 모두가 넉넉하고 자비로운 석불 품안의 마을인 모양이다.

원나라 병부상서가 된 전원발의 고향

내성천, 금천, 복계천 세 물길에 둘러싸인 천혜의 땅 용궁면 무이리, 물가에 푸른 숲을 등지고 앉은 청원정(淸遠亭)은 고려 때 용궁전씨 국파 전원발(全元發)이 만년을 보낸 곳이다. 1315년 충숙왕 때 고려 문과에 급제한 후, 원나라로 가서 다시 치른 과거시험 제과에 장원급제해 원나라에 등용되어 병부상서 겸 집현전 태학사를 지내다가 약40년 뒤 66세에 귀국한다. 원 황제 순제에게 하직 인사하면서 작은 나라 고려가 부담하는 조공이 너무 무거워 감해줄 것을 소청해 고려의 숙원이 해결된다. 공민왕은 크게 기뻐해 그 공으로 축산부원군에 봉하고 정자 일대의 땅을 하사한다. 강산이 네 번은 변했을 고향으로 돌아온 땅에 신도비가 세워진다.

청원정은 임진왜란 때 소실, 1918년 복원되어 정면 3칸 측면 1칸 반으로, 중앙에 1칸 온돌과 좌우로 1칸씩 마루방을 두었고 전퇴에 계자난간을 둘렀다. 청원정은 옛날에도 기념비적인 사적이었던지, 앞장의 정식(鄭湜)이 용궁현감으로 부임하면서 청원정을 찾은 감회를 축산별곡에서 읊었고, 주돈이의 연꽃 '향기는 멀수록 맑다(香遠益淸)'를 함축한 청원(淸遠)의 뜻을 헤아리고 퇴계도 시를 남긴다.

출중한 인물의 자취를 현장을 찾고서야 알게 되는 일에 기쁨과 아쉬움이 교차된다.

청원정 뒤로 국파 전원발을 제향하기 위해 1701년 숙종 때 세워진 소천서원은 대원군 때 훼철되었다가 1918년 중건되었다. 정면 4칸 측면 2칸의 소천재를 지나 돌계단으로 올라서 작은 외삼문을 들어서면 가운데 2칸 대청 좌우로 1칸 방을 둔 소천서원이 있고, 내삼문을 들어서면 정면 3칸의 사우 숭덕사가 있다. 소천(蘇川)은 조공을 크게 경감시켜 나라 살림을 소생(蘇生)시킨 공을 인정해 공민왕이 하사한 땅에 흐르는 지금의 금천을 일컫는 지명이었다. 광대한 영토를 지배했던 원나라의 엘리트 관료로 긴 세월을 보내고 돌아온 고향이 어떻게 그를 반겼고, 그는 또 어떻게 고향의 만년을 향유했을지, 세세한 기록 없이 잊혀져가는 정자와 서원이 적막 속에 숙연한 모습이다.

벼슬 권하는 소리를 듣고 귀를 씻은 선비

용궁면 무이리, 여주이씨 집성촌에 있는 무이서당(武夷書堂)은 문중 후손들의 강학을 위해 1710년에 세워진 서당이다. 정면 4칸 측면 2칸으로 가운데 2칸 대청 좌우로 1칸 온돌방을 둔 소박한 모습으로, 청렴 고고한 선비의 분위기를 느끼게 한다. 서당 뒤 별도의 토석담으로 가려진 사우에는 용궁면에서 태어난 창암 이윤수(李潤壽)가 모셔져 있다. 창암은 8살에 어머니를 여의고, 수원백씨들도 어울려 살던 무이리에서 자식 없는 고모에 의지해 성장했고, 황해도 관찰사를 지낸 고모부 백진양(白震陽)에게서 수학하고 훗날 살림까지 이어받아 자연스럽게 무이리 입향조가 된다. 고모의 소개로 서애 유성룡의 누이와 결혼해 서애와 처남 매부지간이 되고, 약포 정탁의 아들 청풍자 정윤목을 사위로 맞아 정탁과 사돈이 되는 등 선조 때 두 명신과 혼맥을 이룬다. 창암은 벼슬을 멀리하고 학문에 전념, 유성룡이 벼슬을 권하자 분수에 맞지 않는 일이라며 거절하는데서 그치지 않고, 못 들을 것을 들었다 하며 내성천 물에 귀를 씻고(潁川洗耳) 처가와 거리를 두는 등 강직한 처사로 여생을 보냈다. 시에 밝은 광산김씨 부인과 금실이 유난히 좋아서 서로 떨어져 있을 때는 큰 이별이라도 되는 양 '추운 객사에서 어떻게 지내시는지, 적막한 빈방에서 홀로 잠 못 이루고 있다오(…寂寞空閨獨不眠)' 등의 시를 주고받으며 평범한 일상도 아름답게 장식했다.

고모부 백진양에게는 무척 아끼던 애마가 있어서 늘 집 앞 우물가 마주목(馬駐木)이라고 불리는 나무에 매어두었다. 임진왜란 얼마 전에 왜구가 쳐들어왔다는 소식을 듣고 말을 타고 급히 전장으로 떠나면서 "내가 나아가 싸워 이겨 공을 세우면 이 나무가 건강하게 자랄 것이요, 공을 세우지 못하면 죽은 것이다. 곧 나무가 죽거든 나도 죽은 것으로 알라"한다. 어느 날 백장군의 승전 개선소식은 없이 애마만 홀로 돌아오자 마을은 슬픔에 빠지고, 얼마 후 이 말마저 죽자 정성스레 묻어주고 말 무덤이라고 부르게 된다. 무덤은 1970년대 경지정리 사업으로 사라졌으나, 애마를 매었던 400년 전설의 마주목(馬柱木)을 자세히 들여다보면 여전히 살아있는 것처럼 보인다 한다. 백진양의 시신을 찾지 못하고 대신 유품으로 산기슭에 무덤을 조성, 그 산을 백장군산이라 부른다.

삼강강당

풍양면 삼강리, 삼강강당은 앞장 정탁의 셋째 아들 청풍자 정윤목이 만년에 후학을 양성하기 위해 세운 서원이다. 외삼문을 들어서서 왼편에 팔작지붕의 정면 4칸 측면 2칸의 단정한 모습의 강당과 맞배지붕의 학당채로 구성된다. 강당은 중앙 2칸의 대청과 좌우로 방을 두었는데, 대청에 걸린 커다란 현판 '百世淸風(백세청풍)' 네 글자가 압권이다. 19세 청풍자가 1589년 중국 사신으로 떠나는 부친 정탁을 따라 가서, 수양산 아래 백이숙제의 묘(廟)를 찾아 참배하다가 주자(朱子)가 쓴 것으로 알려진 글귀에 감동해 실제 크기로 모사해 왔다고 한다. 정유재란 때 들이닥친 왜구도 아주 무식하지는 않았던지 집에 걸린 현판을 보고 압도당해 절까지 하고 쫓기듯 물러났다는 얘기가 전해오 듯, 백세청풍 네 글자에 넘치는 힘은 세월에도 변함없어 보인다. 청풍자는 벼슬에 뜻이 없어 역참을 관장하는 찰방을 잠시 지냈을 뿐, 광해군 때 낙향해 제자를 키우는 일에 만족하며 만년을 보냈다. 인접한 곳에 청풍자 정윤목 종택과 사당도 있는데, 앞장 무이서당의 창암 이윤수의 딸과 혼인해 차린 살림집 종택은 ㄱ자형 안채 외에 사당과 대문채가 복원되어 전체로 깨끗이 정돈된 모습을 보여준다.

백세 동안 영원히 지키고 싶은 맑은 바람, 백세청풍이 선비들의 고고한 절개를 상징해서 암각 등 여러 곳에서 발견된다. 서울 청운동 52-111, 병자호란의 대표적 척화파 대신 청음 김상헌의 형으로 우의정을 지낸 김상용의 집터 바위에서 보이고, 안중근의사가 려순감옥에서 비슷한 서체로 쓴 네 글자 백세청풍 또한 어떤 압박에도 두 마음은 있을 수 없다는 굳은 절의를 보여주었다.

진성이씨 종부가 지키는 동래정씨 종가

지보면 도장리 377, 석문종택은 조선 광해군 1년(1609) 동래정씨 석문 정영방(鄭榮邦)이 세우고 살았다. 정영방은 퇴계의 학맥을 이으며 이조판서, 대제학 등을 지낸 진주정씨 우복 정경세 문하에서 공부하였으며, 조선 선조 38년(1605) 진사에 입격하였으나 공과 명예만 중히 여기는 세태를 안타까이 여기며 벼슬을 멀리하고 학문으로 일생을 보냈다. 종택은 대문 안쪽 왼편에 초가 헛간채와 ㄱ자 안채가 ㄷ자를 이루고 안채 건넌방이 사랑채에 연결되어 전체로는 튼 ㅁ자형 배치가 된다. 안채는 대청 왼쪽 안방이 ㄱ자로 꺾어 부엌과 광이고, 대청 오른쪽 건넌방이 사랑채에 연접됐으나 협문으로도 출입이 가능하다. 사랑채는 사랑마당에서 보아 정면 4칸으로 온돌방과 마루가 나란히 있고 뒤로 온돌방 3칸이 더 있다. 1920년경에 중건, 19세기 말 주택에서 볼 수 있는 유형으로 전통 한옥의 변천을 보여준다.

석문 정영방은 1609년경 장남 정혼(鄭焜)에게 집과 가산을 물려주고 경북 영양으로 옮겨가서 종택 대청에 걸린 큰 동양화에서 보이듯이, 우리나라 3대 정원으로 꼽히는 명품 정원 서석지를 짓고 살다가 74세에 선영이 있는 안동에서 생을 마감한다. 석문의 후손들은 진성이씨 퇴계 후손들과 여러 대에 걸쳐 혼맥을 이었는데, 주로 내조하는 부인들이 진성이씨인 연유로 외정내이(外鄭內李)가 불문율처럼 내려 온듯하다. 멀지 않은 날 서울 사는 아들이 낙향하면 사랑채에 들것이라는 기대 속에 종택을 홀로 지키는 진성이씨 퇴계 15대손인 종부 이필원은 조부로부터 배운 한학을 바탕으로 깨알 같은 붓글씨로 천자문이나 금강경 등을 필사해 남기며 여전히 책을 가까이하는 등, 조용하고 단아한 모습으로 찾는 이를 조용히 맞아준다. 언제까지 우리 곁에서 이렇게 희생적이고 훌륭한 종부를 볼 수 있을지, 결코 잃고 싶지 않은 아름다운 전통과 풍속은 너무도 빠르게 변하는 세상에서 갈 길을 잃는 것 같아 안타깝다.

종택의 사랑채가 경의당(敬義堂)이고, 영양에 세운 서석지의 정자가 경정(敬亭)인 것을 보면 석문이 퇴계의 경(敬) 사상을 얼마나 존중했는지, 어떻게 벼슬을 멀리하게 됐는지 짐작되기도 한다. 논어는 내면의 집중을 통해서 다스려진 공경(敬)의 마음이 밖으로 실천되면 공손(恭)이 되고, 사람을 대함에 충실(忠)한 것이 곧 경이라 한다. 경 사상은 '공경을 다 할(篤恭)때에 비로소 천하가 편안해 진다'는 정자(程子)에 의해 심화되고 주자(朱子)의 성리학으로 이어졌고, 성리학의 나라 조선에서는 퇴계에 이르러서 자성록(自省錄)이 에도시대 일본에서도 간행될 정도로 외연이 확장되었다. 여러 생각에 이리저리 흔들리며 불안정해진 마음을 조용히 한 곳에 집중하며 다스릴 때 경에 이른다(主一之謂敬)하듯이, 퇴계는 일상에서 공경하는 자세가 흐트러진 적이 없는 모습(毋不敬)을 보여주었고, 석문도 이를 따르며 실천하는 여생에 만족한 듯하다.

'기쁨 노여움 슬픔 두려움 사랑 증오 욕망' 칠정(七情)에 흔들리지 않고 마음을 능히 다스릴 줄 아는 사상가들은 정치적으로 희생당한 경우를 제외하고, 그 시대로서는 흔하지 않게 70세 이상 장수라는 공통점을 보여주었다. 갖은 재주를 헌 칼 쓰듯이 부려가면서 인간을 괴롭히는 귀신도, 허공을 유희하는 바람 같은 마음을 다스릴 줄 아는 현자만은 두려워하던 것이 장수와 복운의 비밀인지 모른다.

  공경과 겸손의 실천이 행복을 부른다는 인식은 동서양에서 큰 차이가 없어 보인다. 매년 UN에서 발표되는 국가별 행복지수에 덴마크 등 북유럽 국가들이 항상 최상위권을 차지한다. 비결은 행복의 법칙(Law of Jante)을 몸으로 익히며 겸손을 실천하는데 있는 것으로 알려져 있다. "스스로 특별한 사람이라는 생각, 남들보다 잘한다는 생각, 남들보다 똑똑하다는 생각, 남들보다 우월하다는 생각, 더 많이 알고 있다는 생각, 남들보다 중요한 사람이라는 생각, 남보다 무엇이든지 잘 할 수 있다는 생각, 남들이 자신에 신경 쓰고 있다는 생각 등을 모두 버리고 남들을 업신여겨 비웃거나 가르치려 들려하지 말라"는 10개 항목의 행동 요강이 사회적 합의로 자리잡아갔다. 초등학생도 알아들을 수 있는 단순명료한 내용에 대해 국가동력과 경쟁력을 떨어뜨린다는 반론도 있으나, 이들 국가의 높은 1인당 국민소득 지표에 힘을 얻지 못한다. 그렇게 겸손은 평등사회를 낳고, 평등을 바탕으로 귀천 없는 복지제도가 발달되며 누구나의 행복국가가 된 듯하다. 경(敬)과 겸(謙)을 통해 장수는 물론 행복까지 얻는다면 무한 감사해야 할 일이 아닌가.

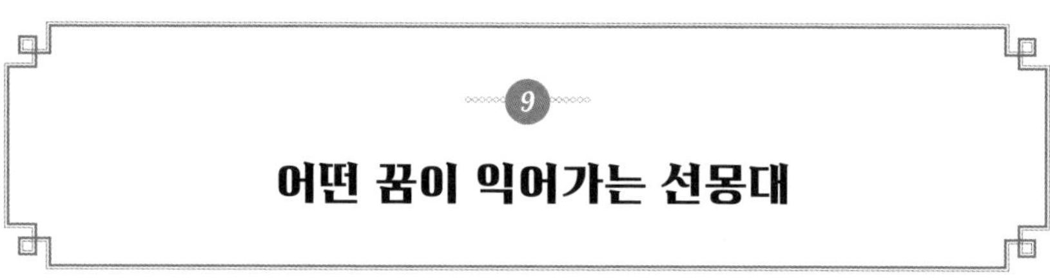

경북 봉화에서 시작하는 내성천(乃城川)은 영주와 예천을 지나서 낙동강에 합류할 때까지 깨끗한 모래를 싣고 평화롭게 흐르며 곳곳에 모래밭을 남긴다. 석영과 운모가 섞인 내성천 흰 모래는 어느 순간 은빛인가 하더니 석양에는 금빛으로 변해 선몽대(仙夢臺)를 물들인다. 호명면 백송리는 진성이씨 집성촌으로 춘천의 박사마을만큼은 못돼도 근래까지 약50명의 박사를 배출한 마을이다. 주차장에서 부드러운 강바람을 따라 잠시 걸어 하늘 향해 뻗은 소나무 숲을 지나면, 이황의 종손(從孫) 우암 이열도(李閱道)의 부친 이굉(李宏)이 1563년 세운 선몽대가 꿈속에서 떠오르듯 서서히 모습을 드러낸다. 2층 문루를 올린 정면 6칸의 대문채 안으로, 나지막하고 가파른 자연 암반 위에 누하주를 내리고 앉은 정면 4칸의 선몽대가 내성천을 향하고 있다. "솔바람 향기롭고 맑은 냇물 천고(千古)에 변함없는… 이곳이 이름하여 선몽대이다" 기념비의 문자 그대로 산수에 어울리는 명승19호에 틀림없다.

하늘에서 신선들이 내려와 노니는 꿈을 꾸고 지었다는 선몽대의 현판은 이황의 친필이고, 정탁, 류성룡, 이덕형 등이 시를 남겼고, 1780년에는 예천군수를 하던 부친을 따라와 공부하던 정약용이 찾아, 200년 전 관찰사를 지낸 7대조 정호선의 글을 발견하고 감격해 선몽대기를 남긴다. 작은 할아버지 퇴계 이황이 종손을 위해 쓴 시구에 그려진 광경을 현장에서 보고 있으니, 오늘은 특별한 날이 아닌가.

퇴계의 둘째 형인 이하가 처향인 예천 금당실에 들어오고 그의 둘째 아들 이굉이 백송리에 자리 잡고 이열도를 낳았다. 우암은 문과에 급 제해 형조 좌랑을 지내고 군수 등 외직을 마친 뒤 내려와 고향 선몽대 에서 지내다가 임진왜란 한해 전인 1591년 54세에 세상을 떠났다. 여 러 차례 지방관 부임을 사양하면서도 가뭄으로 어려움을 겪던 시기에 는 경산현감 직책을 선뜻 받아들여 백성을 힘써 구휼하는 등 적극적으 로 민심을 안정시켰다. 어느 날 경상감사가 불러서 찾았더니 업무와 무관하게 자신의 책에 표지를 써달라는 부당한 처사에 실망해 벼슬을 포기할 정도로 강직하고, 유가의 가풍을 이은 청빈한 생활에 만족하며 살았다.

한여름 강바람도 쉬어가는 내성천 선몽대에 어떤 꿈이 익어간다. 흰 구름 타고 선녀가 내성천으로 내려와 맑은 물에 목욕하다 옷을 잃고, 꿈이 영그는 아름다운 백송리에 자리 잡은 것이 선몽대의 시작이었던 가. 신선들의 바둑을 구경하던 나무꾼이 막상 돌아가려니 들고 왔던 도끼자루가 썩어있고, 집에 돌아가니 낯선 주인이 나무꾼의 5대손이 라 하니, 선계를 들여다 본 대가를 혹독하게 치룬 셈이다. 가난해도 정 직한 나무꾼이 도끼를 강물에 빠뜨리고, 반짝이는 필력을 얻은 경우도 있었다. 지금의 양평 양수리 부근 월계마을에 살면서 땔감을 한양에 내다 파는 나무꾼 정초부(鄭樵夫)는 뛰어난 시로 명사들이 찾는 인물이 된다. 동호춘수벽어람(東湖春水碧於藍)으로 시작하는 칠언절구를 김홍도가 자신의 산수화 도강도(渡江圖)에 화제로 끌어다 쓴다.

선몽대

동호의 봄 물빛이 쪽빛보다 푸르고, 백조 두세 마리 분명 보았건 데,

노 젓는 소리에 모두 날아가 버리고, 석양에 산 빛만 물에 가득하다

서울 동호대교쯤의 한강변을 읊은 감각은 나무꾼이 신선에게서 받은 금도끼보다 값지다. 그러나 시로 얻은 명성에도 가난함을 벗어나지 못했는지, 그를 스승처럼 친구처럼 따르며 남긴 시에 애석함이 넘친다. "저승에서도 나무를 하려는가, 이 땅에 명문가도 많은데 다음 세상에는 부디 그런데서 태어나게" 당부한다. 그래도 뛰어난 감상과 시를 사랑하는 마음은 결코 가난하지 않은 것이라고 선몽대가 일러준다.

진(晉)나라 때 유선시(遊仙詩)에 못지않은 천재성을 드러낸 허난설헌의 87수 연작시 유선사(遊仙詞)는 차가운 현실의 고통을 꿈속에서 위안을 받으려는 듯, 신선의 세계를 여행하며 다양한 인물과의 정황을 그려낸다. 동지중추부사를 지내고 지금도 강릉 초당두부로 유명한 초당(草堂) 허엽(許曄)의 딸로 태어나 유복하게 자랐으나, 결혼 후 맵고 쓰디쓴 시집살이 현실을 꿈의 선계를 통해 극복하려는 강한 저력이 유선사에 숨어있다. 중국의 역사 문화에 해박한 지식과 문학적 재능 재치가 도처에서 감지되는 연작시는 주석이 필요할 정도로 난해도가 높고, 지옥에서 천국에 이르는 사후세계 여행기 형식의 14세기 이태리 대서사시 신곡(神曲)과도 비교될 만한 명작으로 보인다. 초월적 세계로의 여행을 배경으로 하는 공통점이 있는 반면, 유선사는 도교적 신선사상을 배경으로 꿈의 여행을 통해 평소 동경하던 인물들과의 교감하고 영적 자유와 위안을 얻으려 했고, 신곡은 기독교적 윤리관을 바탕으로 한 영적순례를 통해 권선징악을 계몽하려고 한듯하다.

유선사에는 선계의 상징으로 봉황수레, 금호랑이, 백호, 청룡, 금채찍 등 다양한 형태가 등장하고, 시녀가 흰 봉황을 타는가 하면, 옥황은 청룡을 탄다. 전설대로 학사(이태백)가 고래 타고 예를 올리니, 서왕모가 반겨 향연을 열고… 푸른 사슴 타고 봉래산에 가니 꽃 아래 신선이 환하게 반기더라고 자신을 스스로 위로한다. 늙은 신선, 동방삭, 양귀비, 견우, 무제(武帝), 당나라 시인 등을 만나고 옥황상제의 잔치까지 보고나니 인간 세상 일만 년(便是人寰一萬年)이 흘렀다고 한다. 연작시는 또한 아름답고 감상적인 시어로 빛난다. "별 그림자 물에 잠기고 달빛 이슬에 젖는데… 발(簾) 사이로 달빛이 방에 스며드니 그림자도 영롱하고… 봉래산 삼천리 꿈에서 깨니, 소매를 적신 눈물자국에 연지가 묻어난다… 한가로이 문에 기대어 세상을 바라보니 한 점 가을 아지랑이에 인간 세상인 것을 알겠다"하며 차가운 현실로 돌아온다.

심리학자는 모든 억압받은 감정이 모여 무의식이 되고, 그러한 무의식의 도움으로 소망 충족을 바라는 꿈이 존재한다고 해석한다. 허난설헌은 23세에 쓴 '몽유광상산(夢遊廣桑山)'에서 신선 세계에서도 가장 아름답다는 광상산으로 영원히 떠날 것을 예언이나 하는 듯 '아름다운 연꽃 스물일곱송이 붉은 빛을 잃으니 달빛도 찬서리(芙蓉三九朶 紅墮月霜寒)'라 읊고, 1589년 27세에 세상을 떠난다. 국립중앙박물관에 소장된 작약도, 문중에서 보관하고 있는 앙간비금도나 묵조도 등에서 보듯이 그림에도 뛰어났던 여인을 단순히 박명 가인(佳人)이라 한다면 칭송으로는 많이 부족한 듯하다. 실경산수(實景山水) 속에 꿈꾸듯 잠겨있는 선몽대에서 요절한 천재여인의 이루지 못한 꿈을 그려보다가, 불현 듯 찾아든 안타까움에 무거운 발길을 돌리게 된다.

연안이씨 별좌공종택

호명면 송곡리, 연안이씨 집성촌에 눌헌 이응과 아들 이덕창 부자가 1600년경에 살던 연안이씨 별좌공종택(別坐公宗宅)이 남향 경사지에 자리하고, 동쪽 담장 밖에는 토담으로 둘러싼 사당이 있다. 3칸 대문채를 들어서면 정면 9칸의 ㅁ자 정침이 압도한다. 정면 6칸 중문채 왼편으로 정면 3칸 측면 2칸 사랑채 긍구헌(肯構軒)이 연접되어 9칸이 되는 구조이고, 중문채는 중문의 오른편으로 5칸 판벽이 견고하게 안채를 지키는 모습이다. 사랑채는 좌측으로 낸 별도의 계단으로 오르게 해서, 중문으로 들어가는 안채와 동선을 피한다. 중문을 들어가서도 안채 왼쪽 날개의 부엌 벽이 시야를 차단해서 오른쪽으로 돌아야 안채가 열린다. ㄷ자 안채는 원래 6칸 대청이 있었으나 후에 4칸으로 줄여 방을 늘렸고, 왼쪽 날개에 안방과 부엌이 있고 대청 오른쪽으로 건넌방, 쪽문, 온돌방이 대문채에 연결되는 조선중기 건축의 특징을 보여준다. 대문채와 중문채 사이의 큰 마당을 보면 400년 세월 여러 채의 건물이 멸실된 것이 아닌가 한다.

내금위 창신교위를 지낸 이위수(李葳壽)가 예천 금곡에 정착해 세 아들 매촌 이유, 율리 이희, 눌헌 이응을 두게 되는 것이 별좌공종택 시대의 시작으로 보인다. 이유(李愈)는 용궁현감을 지내다가 임진왜란 때 인접한 예천 수령의 부재로 일대를 방어하기 위해 70세 노구를 이끌고 의병을 일으켜 통렬하게 싸우다가 온 가족이 함께 사망, 시신도 찾을 수 없어 의관을 수습해 장례를 지내야 했다. 동생 이희(李熹)도 1574년 별시 문과에 합격해 사헌부 지평, 홍문관 교리에 이르고 역시 임진왜란 때 61세로 순절한다. 이응(李應)은 나라의 의례를 관장하던 통례원 인의를 지내다 낙향해 지내다가 두 형제를 잃은 낙망과 후회 속에 세상을 떠난다. 삼형제가 함께 퇴계문하에서 미래를 꿈꾸었으나 임진왜란 때 경상도에서 특히 심했던 피해를 벗어나지 못해 많은 안타까움을 남긴다. 이응의 아들 사고(沙皐) 이덕창도 선조 때 급제해 상주 판관으로 있던 중 의병을 일으키고 공을 세워 정3품급 내자시정에 제수된 후 낙향해 47세에 사망, 국난에 맞서 싸웠던 한 문중의 고귀한 희생에 절로 고개가 숙여진다. 종택 뒤 무릉정은 이응이 안동에 세우고 지내던 곳으로, 후손들이 옮겨 중건한 것이다.

황해도 연안이씨는 조선에서 약250명의 문과 급제자를 내며 명문가로 떠올랐는데 한양 도성 안의 동부[館洞], 지금의 대학로 서울대병원 일원에 세거했던 관동파(舘東派)에서만도 명나라까지 알려진 문장가 월사 이정구(李廷龜) - 이명한(明漢) - 이일상(一相) 3대가 연이어 홍문관, 예문관 대제학, 성균관 대사성을 지내며 3대 문형(文衡)으로 불렸다. 또한 이정구와 두 아들 이명한 이소한 3부자의 문장력도 송나라 때 삼소(三蘇)로 칭송되던 소식 등 3부자와 비교될 정도로 뛰어났다. 좌의정을 지낸 이정구와 예조판서의 딸이면서도 베옷만 입을 정도로 검소하고 현숙했던 모친 밑에서 자란 이조판서 이명한과 형조참판 이소한 형제가 각각 상(相)자 돌림의 네 아들을 두었는데, 17세와 22세에 등과한 이일상 이가상 등 모두 8명 중에 대부분이 문과 급제해 정3품 이상 관직을 지내는 등 현달해서 팔상(八相)이라 했다. 3대에 걸친 문형에 그치지 않고, 부자 2대의 문형 등 6명이나 문형을 배출했으니 명문 중의 명문이라 할만하다.

별좌공종택

고려 말 위화도 회군으로 무산되긴 했어도 이성계가 요동정벌에 출병했던 사실을 잊지 않고 있었던지, 조선이 고구려 옛 땅을 찾으려 왜병을 끌어들였다는 명나라 병부주사 정응태의 터무니없는 주장이 명나라 조야에 확산되고 있었다. 이 여파로 조선 내부에서는 유성룡 등 동인들이 밀려나고 북인이 세를 얻는 상황으로 발전하고, 외교적 무마책으로 1598년 명나라에 이항복, 이정구, 한석봉 등 사신을 보내게 된다. 조선을 변호한 3천자가 넘는 월사 이정구의 무술변무주(戊戌辨誣奏)가 명나라를 움직였고, 사건은 결국 무고로 정리된 뒤 정응태는 파직된다. 지나치게 사대주의적 표현이라는 비판도 따르나 명나라의 감동을 이끌어낸 양국 외교사의 명문으로 남는다. 이뿐만 아니다. 1618년 명나라가 후금과의 전쟁에서 원군을 요청해 조선이 강홍립을 도원수로 만여 명을 파병시켰으나 투항하는 일이 벌어진다. 명나라는 후금과 내통을 의심하고, 조선을 속국으로 감시해야 한다는 주장이 나올 정도로 상황이 심각하게 돌아가자 1620년 광해군이 월사를 보내서 해결한다. 인목대비와 영창대군을 옹호한 옥사에서도 살아남아 인조 때 좌의정을 지내는 등 동아시아 격변기 뛰어난 외교력을 보여주었다.

장기 두고 얻은 천하의 명당

호명면 직산리, 중요민속문화재 제285호 대지재사(大枝齋舍)가 산세도 순한 대지산 아래 푸른 숲을 등지고 있다. 경사지 제일 높은 상단의 사주문 안으로 사당, 그 아래 가운데 단에 대지재사가 중심을 잡고 있고, 제일 아랫단에 살림집 구조의 ㄷ자형 주사가 감싸고 있어 전체로는 ㅁ자형 배치이다. 가운데 단에 있는 재사는 정면 5칸 측면 2칸으로 가운데 우물마루 대청 좌우에 온돌방을 둔 구조로, 평상시 판문으로 굳게 닫히는 대청에 서면 아랫단 주사의 지붕 너머로 널리 시야가 열린다.

대지산[廣石山]은 명혈(名穴)이 많은 명당이어서 오래전부터 땅 주인이 자신의 집안 보다 큰 인물이 날 문중에 넘겨줄 요량으로 기다리다가, 풍산김씨 문중에 넘겨주게 되었다는 전설의 땅이다. 바로 그 길지에 청백리로 녹선된 풍산김씨 허백당(虛白堂) 김양진을 불천위로 모시는 대지재사를 16세기경 후손들이 세우게 된다.

풍산김씨 문중에 전해오는 31폭의 세전서화첩(世傳書畵帖)의 제1화 대지도박도(大枝賭博圖)는 김양진의 부친 김휘손이 1507년경 성묘를 왔다가 우연히 만난 산주인 박씨와 훗날 장판재[將板峴]로 불리는 언덕에서 내기 장기를 두고 이긴 대가로 선영을 마련하게 되었고, 그로부터 번영이 열렸다는 전제로 문중의 역사를 풀어간다. 그림은 대지산 높은 성주봉에 원효와 의상대사의 가사가 걸렸던 두 그루 소나무와 두 암자를 풍수 입지도 형식으로 표현해, 이미 오래전부터 예견된 전설의 시작이었다는 사실을 암시한다. 19세기 중반 후손이 만든 화첩은 선대 약250년 동안 김양진과 아들 김의정, 손자 김농, 증손자 김대현 등 19명의 주요 행적을 그림으로 꾸몄고 뒷면에 설명도 곁들였다. 문중 연대기 화보 성격의 상황 묘사가 화원의 수준에 미치지 못하더라도 섬세한 구성과 내용은 감탄을 부른다.

고려 고종 때 풍산백에 봉해진 풍산김씨 11세손 김양진은 1497년 30세에 문과 급제하고 홍문관 부수찬으로 있던 1503년 연산군의 생모 폐비 윤씨 묘호를 회릉으로 추존하는 것을 결연히 반대하다가 이듬해 갑자사화에 연루되어 예천으로 귀양을 왔다. 회릉은 결국 1506년 중종반정으로 회묘(懷墓)로 격하되고, 허백당도 풀려나서는 사헌부와 사간원 등 청요직(淸要職)과 판서 등을 두루 거쳤고, 좌의정 김안로의 아들이자 중종의 사위인 김희의 사치스러운 생활을 비판해서 미움을 사기도 했지만, 관찰사 등 40년을 강직하고 청렴하게 일하다가 1535년 69세에 세상을 떠난다. 전라감사나 황해도관찰사 등 지방관 때는 모든 백성이 선정에 감화해 따르고 부모처럼 존경했다는 여러 일화가 전해오는데, 특히 전주를 떠날 때 망아지 한 마리가 따라오는 것이 이상해 이유를 물으니, 부임할 때 타고 왔던 말의 새끼라고 대답하자 전주에서 태어났으니 응당 전주에 속한다고 떼어 놓고 떠났다. 경주부윤을 마치고 떠날 때는 심지어 자청해서 노비가 되겠다며 따르는 사람도 적지 않았다고 한다.

아들 김의정도 중종 때 문과에 급제해 인종의 세자 시절 스승이 되었으나 부친 김양진에 이어 김안로의 미움을 받아 파직되었다. 김안로 사후 공조정랑 등으로 돌아왔으나 인종이 재위 1년도 못 채우고 갑자기 승하하자, 스승으로서 죄를 지은 심정이었던지 벼슬을 물러난다. 벼슬길에서 부침을 겪은 김의정은 아들이 벼슬보다 차라리 농사 짓고 사는 것이 낫다는 생각에 이름을 김농(金農)으로 고쳐주었고, 김농은 부친의 뜻을 따라서 여러 번 천거에도 벼슬을 멀리하다가 만년에 축산현감, 노비 문서와 소송 등을 관리하는 장예원의 사의를 지냈다.

임진왜란 때 임금이 급하게 한양을 비우고 피난길에 오르자 제일먼저 파괴된 곳이 궁중재물 수장고인 내탕고와 장예원이었다. 내탕고는 물론, 지금의 서울 세종문화회관 근처에 있었던 장예원에도 노비들이 침입해 노비문서를 불태워버리고 면천을 환호했다고 한다. 조선 후기 들어 노비제도가 면천법 등으로 유연해지며 업무가 줄어들기 시작, 설치 300년 만에 장예원은 폐지되고 업무는 보민사(保民司)가 신설돼 이관된다. 노예해방의 거대한 시대적 흐름을 이기지 못하고 노비세습제 폐지를 공포한 1886년 2월 6일은 수치스러운 동족 노비세습제도에 눈감고 있었던 조선 성리학에 안녕을 고한 역사적인 날이 되었다.

대지산 전설이 날개를 활짝 펴는 듯, 허백당의 증손이며 김농의 아들인 유연당 김대현(金大賢)의 여덟 아들이 모두 소과에 합격하고, 그 중에

서 다섯이 대과에도 급제하자 인조는 팔련오계(八蓮五桂之美)의 가문이라
했다. 막내 김숭조가 1629년 문과에 급제하며 팔형제의 대미를 장식
하자, 소과 급제를 상징하는 연꽃(蓮)과 대과 급제를 상징하는 계수나무
(桂)를 인용하여 인조가 여덟 형제가 일으킨 가문을 칭송한 것이다. 산
음(산청) 현감을 지낸 김대현은 주성(酒聖)으로 불리는 도연명의 목가적
인 삶과 시를 사랑한 듯, 음주시의 한 구절 "동쪽 울 밑에 선 국화를 따
며, 한가로이 남산을 바라보다(悠然見南山)"를 인용, 1589년 외가가 있
는 인근 영주에 집을 짓고 당호를 유연당(悠然堂)이라 하며 여유와 여백
의 멋을 찾았다. 검소한 인품으로 주위의 칭송을 받으며 아홉 아들 중
에 사고로 잃은 여덟째 외에 남은 여덟을 훌륭하게 키우며 풍산김씨의
중흥을 열은 것이다. 안동 풍산읍, 인조가 유연당의 다섯 아들의 과거
급제를 치하해 내린 마을이름 오미리(五美里)에 맏아들 김봉조가 1600
년경 재건해 살던 허백당 종택과 영감댁이 있다. 군의 경계로 갈렸어
도 안동 허백당 종택과 예천 대지재사는 직선거리 약1km에 불과하다.
2019년 5월 국립민속박물관에서 "풍산김씨 허백당 문중의 가족이야
기, 이치를 깨닫고 나라를 생각하다"를 주제로 특별 전시회가 열렸다.

허백당 김양진은 장자의 '빈방에 햇빛 들어 흰빛을 발하니 행운이
머물게 된다(虛室生白 吉祥止止)'에서 허백(虛白)을 인용한 것으로 보인다.
밝음(明)이 극에 이르면 흰빛(白)이 되니 "텅 빈 방에 흰빛이 들어서 밝
아지듯이, 마음을 비우면 축복이 찾아든다"는 의미다. 욕심껏 모은 잡
다한 물건이 들어찬 방에는 햇빛이 든다 해도 그리 밝지 못하고, 텅 빈
방에서야 비로소 가장 밝은 빛이 되듯이 마음을 비우고 마음을 닦는
것(虛者心齋也)이 바른 길이라 한 것이다. 그의 일생에서 보듯, 김양진은

세속적 욕망을 버리고 청빈 속에서 소박한 삶을 꿈꾸었다.

　태어나면서부터 진정 자신의 것이라 할 만한 것은 존재하지 않음에도, 세상에서 얻은 것을 돌려주지 못하는 까닭은 마음 근저에 자리를 차지하고 있는 집착이라는 괴물 때문일 텐데, 그 괴물은 마음이 부풀어 있으면 찾아들고, 비어있으면 외면하는 요물이기도 하다. 생각하면 할수록 생각에 쫓기게 만드는 집착을 비우려고, 차가운 벽을 향해 앉아 눈 감고 머리를 쥐어짜도, 마음을 어지럽히는 요물은 실낱같은 틈만 보여도 달려들 기세다. 행복은 자신을 무겁게 할 채움에 있지 않고 비움에 있다고도 하는데, 바라는 무늬의 행복을 찾는 길에 정도가 없듯이, 비움도 결국은 제 무늬에 맞는 선택에 의존 할 수밖에 없지 않겠냐고 자문한다면 구차한 변명이 될지 모르겠다.

　무엇을 얼마큼 버려야 비웠다 할 수 있고, 어떻게 해야 잘 버리는 것인지, 선인들의 말도 다양하다. "밀알 하나가 땅에 떨어져 죽지 않으면 한 알 그대로 있고, 죽으면 많은 열매를 맺는다"는 구절도 비워야 더 얻을 수 있다는 의미이고, 광활한 땅을 지배했던 징기스칸 곁을 지킨 명책사의 "하나의 이(利)를 취하는 것이 하나의 해(害)를 제거함만 못하고, 하나의 일을 만드는 것이 하나의 일을 없애는 것만 못하다(生一事不若滅一事)"는 충언도, 끝없는 전쟁으로 더 채우려하기보다는 이롭지 못한 정책과 제도를 버리는 것이 백성과 미래를 위해 더 이로운 길이라는 뜻으로 들린다.

　"내속엔 내가 너무도 많아서 당신이 쉴 곳이 없네, 내속엔 헛된 바램들로 당신의 편할 곳 없네…" 성장통을 앓는 젊음의 노래일까. 헛된 바램들로 채워지고 굳게 닫힌 내속을 사랑이 찾아도 편히 쉴 곳이 없고, 가시마져 돋아있다고 아픈 자신에 한숨을 내쉰다. 자만, 집착과 욕망으로 가득한 나를 비우고 낮추어야 비로소 사랑이 찾아 들어올 수 있는 공간이 마련된다는 진실을 가리킨다. 새롭게 회자되는 삶의 미니멀리즘도 때로는 때에 맞춰 자신을 비우고 최소한으로 살아야 여유의 공간이 생겨서 평화와 행복이 찾아들게 된다는 의미 아닌가.

좋은 악기는 울림으로 좋은 소리를 내고, 좋은 울림은 속을 잘 비우는 것이 비결이라고 하더니, 선사의 선시는 울림이 크다.

> 청산은 나를 보고 말없이 살라하고, 창공은 나를 보고 티 없이 살라하네
> 사랑도 벗어 놓고 미움도 벗어 놓고, 성냄도 벗어 놓고 탐욕도 벗어 놓고
> 물같이 바람같이 살다가 가라하네 (如水如風而終我)

1376년 여주 신륵사에서 입적한 나옹선사는 탐욕과 집착을 비우면 물처럼 맑고 바람처럼 가벼운 마음이 되어 어느 것에도 구속되지 않는 자유와 무소유의 행복을 구할 수 있다고 말한다. 비우고 바람같이 가볍게 산다고 하면서도 미련으로 남은 욕망과 미움을 가슴에 숨기고, 안개 걷히듯 서서히 드러나기 시작하는 이승에서의 종장(終場)을 어떻게 마주할 것인가. 고창 바닷가에서 태어난 시인은 스물세 해 동안 자신을 키운 것의 8할이 바람이었다는데, 선사의 바람과 시인의 바람이 과연 같은 결의 바람일지, 코끝을 치켜세워도 여름날 내성천에서 불어오는 바람은 대지산 숲 잎새에 숨었는지 미동이 없다.

늙은 할미가 낳은 갸륵한 술

감천면 덕율리, 옥천서원이 구릉지 푸른 숲에 둘러싸여 고즈넉한 모습을 보인다. 1667년 임춘을 기리기 위해 보문면에 옥천정사로 건립, 1711년 중건되며 서원이 된다. 대원군에 의해 철폐되었다가 1920년에 복원되고 집성촌인 지금의 위치로 1989년에 이건 되었다. 정면 3칸의 상현사와 정면 5칸의 강당 명교당, 정면 5칸의 서재 함양재와 동재 흥학재 등 5채가 깨끗하게 유지되고 있고, 외삼문인 천도문 앞의 넓은 공간이 정원처럼 가꾸어져 입구에서부터 분위기가 쾌적하다. 상금곡리에서 태어난 효자 거제반씨 반유, 예천에서 태어나 임진왜란 때 예천의 수성장이 되어 공을 세운 야성송씨 송복기, 발해 대조영의 후손으로 지방관 부사와 목사를 지낸 영순태씨 태두남 등이 함께 배향돼 있다. 복원 건축의 역사는 짧지만 최초의 가전체 소설로, 교양 필독서의 하나로 선정되는 국순전과 공방전을 쓴 서하 임춘이 주벽으로 주는 무게감이 느껴진다.

평택임씨에서 분파한 예천임씨 시조 서하 임춘(林椿)은 고려 개국공신 임중간의 손자이며 상서를 지낸 임광비의 아들로서, 1170년 정중부가 일으킨 무신의 난으로 의종이 쫓겨나고 대부분 문신이 화를 당할 때 예천으로 피해 와서 겨우 목숨을 보전한다. 모든 재산과 지위를 잃어 불우한 생활 가운데, 고려의 문호 이인로, 오세재 등 강좌칠현 문인들과 어울리며 현실을 뛰어넘는 문학세계를 공유한다. 이들 7인의 모임 죽림고회는 술과 시를 즐겨서 어찌 보면 지나친 여유와 호방한 생활에 일부 비판도 따랐으나, 이러한 생활 속에서 가전체 소설이 자연스럽게 탄생한 듯하다. 몇 차례 과거시험을 실패하고 무신정권에서 궁핍한 삶을 살다가 쉰 살도 못 넘기고 세상을 떠난 임춘에 대해, 이인로는 파한집에서 병든 아내가 있는 개경으로 돌아갔으나 송곳 하나 꽂을 땅도 없었다(無托錐之地)며 불행한 요절을 아쉬워했다.

돈을 의인화한 공방전(孔方傳)과 술을 의인화한 국순전은 임춘의 대표적 가전체 소설이다. 국순전에서 누룩(麴) 술(醇)은 도량이 넓고 기운을 북돋아서 모두의 사랑을 받으나 과음과 향락에 빠지는 것을 경계하는 한편, 무신난으로 어지럽고 불안해진 세상에 재치 넘치는 풍자로 전하는 교훈이 날카롭다. 8세기 전후 당나라에서 붓을 의인화한 가전체가 등장한 이래 최초의 가전체였고, 해학과 풍자를 통한 교훈적 내용이라 해도 충분한 지식이 뒷받침되어야 교감될 수 있는 소설 형식이기도 하다.

> "… 순(醇)의 기국과 도량은 크고 깊었다. 출렁대고 넘실거림이
> 만경창파와 같아 맑혀도 맑지 않고, 뒤흔들 어도 흐리지 않으며…
> 그 향기로운 이름을 맛보는 자는 모두가 그를 흠모하여…
> 모임 있을 때마다 순(醇)이 오지 아니하고, 국(麴)처사가 없으면
> 즐겁지가 않다… 어떤 늙은 할미가 요런 갸륵한 아이를 낳았는고
> 그러나 천하의 창생을 그르칠 자는 이놈일 것이다"

막걸리라면 격식을 갖춘 궁궐 수라간에서 정성들여 만든 것보다, 강화도령 시절 허름한 토막집에서 막걸러낸 술을 막사발로 마시던 때를 그리워하던 철종 수준은 돼야 진정한 고수라 할 만하다. 그런가하면 연산군은 자신이 뭇사람에게 시름을 주고 있다는 사실은 알고 있었던지 어사주를 내릴 때 '막걸리야 누가 너를 만들었더냐, 한 번 마시면 천 가지 시름 잊는다(一酌散千憂)'는 두보의 시를 곁들이기도 했다. 미워도 미워할 수 없고, 무의식과 의식 속에 갈등을 부추기는 술, 단술의 고장 예천의 쌀이 빚은 물방울을 두고 하는 말이라 상상하니 실감이 스멀스멀 되살아나는 느낌이다.

앞장 대지재사 팔련오계의 막내 김숭조는 매화를 예찬하며 '시가 없이는 바라보기가 어렵고, 술 없이는 가까이 할 수가 없다'며 술을 빌려 매화를 찬양했다. 매화꽃이 지는 봄날의 두려움을 고백하는 지극한 예찬이면서도, 탐미(耽美)는 탐주(耽酒)에서 비롯된다는 생각을 숨기지 않았다. 예로부터 주당, 주성, 주선이란 어느 수준의 호주가를 가리키는 것인지 궁금하던 차에, 술을 사랑하는 많은 시인들 중에 경북 영양의 한양조씨 집성촌 주실마을에서 태어난 시인이 주도(酒道)를 9급에서 9단까지 18등급으로 구분해 애주가들의 폭발적 공감을 이끌어냈다. 일찍이 물 좋은 영양의 막걸리를 특히 좋아하던 조지훈은 자신을 주도 삼매의 경지 주선(酒仙)에 이르는 5단 장주(長酒)라 자평하면서도 술을 무엇보다 아끼는 6단 석주(惜酒)를 욕심냈다. 앞장의 이규보 자신도 15세에 술맛을 알기 시작해서 일만팔십일 만에 '오늘 다행히 술에서 깼다(今日幸而醒)' 했는데, 호주가의 과장이 섞였겠지만 술과 유유자적하는 7단 낙주(樂酒)급이라 할만하다. 순식간에 써내려가는 주필(走筆)의 달

인인 이규보가 술 마시며 쏟아낸 8천수의 시를 보면 주필(酒筆)이 더 어울릴 법하다.

　이외에도 한번 마시면 3백 잔(會須一飮 三百杯)은 마시라는 전설의 이태백, 도처에 술값외상을 깔아놓고 퇴청할 때 관복까지 잡히며 만취해 귀가하던 두보, 술은 근심을 잊게 하는 망우물(忘憂物)이라며 빈 술 단지 곁에 쓰러져 끝장을 보던 음주시성 도연명 등 중국의 시성(詩聖)들도 7단 주성 이상의 고수 중의 고수들이어서, 시성과 주성(酒聖)은 동의어처럼 들리게 한다. 그러나 모두가 취해 혼란에 빠진 춘추시대에 홀로 깨어있었다 하던 초나라 충신 굴원처럼 술자리를 두려워하는 8급 외주(畏酒)가 의연하게 버티고 있어, 아무나 술 권하는 사회로 허물어지지는 않았다. 또한 주지(酒池)의 고수를 자처하다 몸이 황폐해져 마시고 싶어도 침만 삼켜야 하는 8단 관주(關酒)나, 술 나라로 떠날 날을 기다리는 9단 폐주(廢酒) 앞에서 최하위 9급 부주(不酒)도 의연할 수 있다.

수락대

　감천면 포2리 1208, 맑은 물이 기암 사이로 흐르는 석관천을 내려다보는 곳에 감천 유림에서 1915년 정면 3칸 측면 2칸의 수락대(水落臺)를 세웠고, 1976년 폭우로 침수되어 조금 위로 옮겨 중수했다. 돌 사이를 뚫고 굽이치며 흐르는 돌곶이(石串)가 모여서 석관천이라 한 것인지, 북쪽 주마산을 끼고 흐르다가 내성천에 합류하는 석관천이 수락대에 이르러서 맑은 물이 기암에 부딪히며 아름다운 경관을 만든다.

선조 때 고향 안동을 오가던 영의정 서애 유성룡이 쉬어가며 "찬 물방울이 흩어져 떨어지는 것이 한낮에 눈이 흩날리는 듯하다"고 했듯이 수락대 물가에 서면 여기저기서 일으키는 흰 물보라에 눈이 부시다. 서애가 찾은 것을 기념해 바위에 "서애선생 장구지소(杖屨之所)"를 암각했고, 1661년에는 서애의 제자 김응조 등 25인이 선유계회(仙遊契會)를 조직해 수락대선회록(仙會錄)을 남겼다.

1773년 영조 때 64세 늦은 나이에 문과 급제해 병조 좌랑과 오위장 등을 지낸 한양조씨 팔우헌(八友軒) 조보양(趙普陽)이 수락대기에서 들려준다.

> 달 밝은 저녁 모래는 밝고 돌은 흰 빛이어서 물결이 비단 같고,
>
> 바람소리와 물소리가 조화를 이루어 악기를 연주하는 듯,
>
> 맑고 쟁쟁한 것이 마치 패물 부딪는 소리… 수락대의 명승이다

도로가 정자와 석관천을 갈라놓고, 큰 바위도 눈에 들지 않지만 수락대기가 그린 옛 정취를 살려내는 것도 여행의 별미다.

조보양은 소과에 합격해 예조정랑을 지냈으나 일찍 물러났고, 늦은 대과 후에도 병조좌랑 등을 짧게 지낸 외에는 예천에서 학문적 재능을 바탕으로 창작활동을 계속했는데, 글을 보면 민족의 주체 의식이 두드러져 보인다. 그는 한(恨)의 문학으로 분류되는 의한부(擬恨賦)를 통해, 우리나라보다 중국역사에 우위를 두는 사대주의 정신을 "들꿩을 귀하게 여길 뿐 집에서 기르는 닭을 싫어하는 병폐"라고 질타하며, 비운의

의자왕, 경순왕, 마의태자 등 역사의 인물은 물론, 구미지역 특유의 산유화(山有花)로 전승되어 노래비도 세워진 어린 향랑, 다음의 박효랑 이야기 등을 포함 16인의 한(恨)을 읊었다. 재미로 전해오는 일반 설화와는 다르게 한을 통해 백성을 교화 계몽하려는 의도가 저술의 배경으로 보인다.

수락대

18세기 성주에 살던 박문랑과 박효랑 자매는 박효랑실기(朴孝娘實記)에도 나오는 당시 전국적 화제의 주인공이다. 대구 사는 청안현감 순천박씨 박경여가 자매의 부친 죽산박씨 박수하의 조상 묘를 무단으로 침범해, 부친이 제소했다가 큰 분쟁으로 이어져 송사 중에 옥사하고 말았다. 권력의 비호로 생긴 억울한 부친의 죽음에 분개한 자매는 청안현감 쪽의 무덤을 파고 시신을 태워버린다. 이에 현감의 하인들이 출동해 싸움이 크게 확대되고 언니 문랑이 희생된다. 혼자 남은 17살

효랑은 친족의 만류에도 불구하고 남장까지 해가며 한양에 올라가서
억울함을 소원(訴冤)하고, 소식을 들은 전국의 유생 수천 명과 성균관
유생 백여 명도 가세해 복합 상소로 동조했으나 끝내 뜻을 못 이루고
25세에 요절한다. 처절하게 눈물 흘리며 읍소하고 돌아다니는 효랑
의 모습을 보고 장안의 백성이 감동했고, 전국의 많은 백성들이 자신
의 일처럼 가슴 아파했다. 부친과 자매 모두 한을 남기고 떠난 후 자
매의 효열을 기려 나라에서 정려를 내렸고, 조보양의 팔우헌집 의한
부에 실려 슬픔을 함께한다. "… 아버지가 죽은 것을 통곡하며, 원수
의 무덤을 파헤쳐 숯불을 피웠구나, 정성은 하늘을 감동시키고, 의열
은 구름을 능가하네… 끝내 원통함을 품고 죽었으나, 하늘은 막막하
고 말이 없구나."

윤별동 묘

　내성천이 미인의 눈썹처럼 곱게 굽어 흐르는 보문면 미호리(眉湖里),
지역 토착 성씨인 예천윤씨 집성촌에 있는 윤별동묘(尹別洞 廟)는 조선
초 대학자 별동(別洞) 윤상(尹祥)을 모시기 위해 1456년 세워진 불천위
사당이다. 정면 3칸 측면 1칸 반 규모에 홑처마 맞배지붕을 했고, 가
운데 두 짝 출입문 좌우 칸에는 흔하지 않게 광창(光窓)도 낸 검소한 모
습이다. 윤상은 예천에서 향리의 아들로 태어나 어려서부터 향리의 일
을 도우며 지내다가, 조선 개국에 벼슬을 물러나 한때 예천에 머물렀
던 진보조씨의 시조 조용에게서 성리학을 배울 행운의 기회를 얻었
다. 관아를 오가는 길에 송진 많은 관솔을 따서 모아두었다가 관솔불

을 밝히며 늦은 밤까지 공부하는 노력 끝에 24세에 문과 급제해 예조 정랑 등을 거치고, 대사성에 올라 16년간 성균관장으로 수많은 제자를 키웠다. 문종이 세자였던 1421년과 단종의 세손시절, 예문관 대제학 겸 성균관 박사를 지내며 임금의 길을 가르쳤다. 부친이 늦은 나이에 학 한 마리를 받는 태몽을 꾸고 얻은 아들 윤상은 스승다운 고고한 인품에 학 같은 삶으로 폭 넓은 존경을 받았고, 정몽주 길재를 이어 조선 성리학의 맥을 이은 김종직의 부친 김숙자, 김시습 등 뛰어난 제자를 문하에 두고 83세에 생을 마친다.

어느 날 윤상이 길을 떠나 주막에 머물 때 마침 주인의 어린아이가 집안의 보물인 구슬을 갖고 놀다가 놓치자, 옆에 있던 거위가 먹이로 알고 삼킨 광경을 보게 된다. 구슬이 없어진 전후사정을 모르는 주인이 윤상을 의심해 관가에 고발하려 하자, 여러 말 않고 내일 아침까지만 기다려 달라고 부탁을 한다. 다음날 거위의 배설물 속에서 구슬을 찾은 주인은 윤상에게 백배 사죄한다. 참고 기다려 거위를 살리고 구슬도 찾은 슬기와 인품이 엿보이는 일화다. 또 다른 일화가 침착성과 주도면밀한 성격을 보여준다. 어려서 관아 일을 볼 때, 사또가 소문대로인지 영특함을 시험하려고 대청 천장에 들어 올리는 분합문 위에 물그릇을 몰래 올려놓고, 마침 비가오자 문을 내리라고 지시한다. 문을 내리자마자 물이 쏟아질 것을 예상했던 사또가 아무 일 없듯이 문이 내려지자, 별일이 없었느냐고 묻는다. 문을 내리기 전에 일상에서 늘 그러하듯 꼼꼼하게 확인해 보는 성격에 감동해 그 후로는 어떤 일도 안심하고 맡겼다고 한다.

어사 박문수가 안동, 순흥, 예천의 원들과 어느 누각에서 연회를 벌이고 있을 때의 일화가 흥미롭다. 누하에 모여 있던 세 고을 향리들이 서로 자신의 고을이 제일이라고 자랑하는데, 먼저 순흥 사람이 순흥안씨 문성공이 안동부사로 부임했을 때 안동 사람들이 공의 발을 씻겨드렸으니 안동보다 순흥이 당연히 위라고 자랑하자, 예천 사람이 나서며 예천의 윤별동은 세종이 보는 앞에서 단종이 큰 절을 올렸으니 마땅히 예천이 최고라고 논쟁을 벌인다. 이를 우연히 듣게 된 박문수는 원들에게 당연히 예천이 최고 아니겠느냐고 물었다고 한다. 일화는 향리의 후손인 이진흥이 정조 때 향리의 사회적 기여와 위상을 사례를 들어 소개한 연조귀감에 실려 있다. 앞의 문성공은 고려 후기 대학자 안향(安珦)을 가리킨다. 안향의 부친 안부는 조선 때 향리와는 신분의 차이는 있었으나 역시 향리 출신으로 정3품 밀직부사에 이르렀고, 안향은 젊어서 과거에 급제해 찬성사를 지냈다. 안향은 학문에 뛰어나서 이 땅에 성리학을 도입해 많은 인재를 양성하고 폭넓게 존경을 받으며 성균관에 종사되고 조선 최초의 서원인 소수서원에 주벽으로 배향된다. 향리의 후손으로 천정을 뚫고 신분 상승을 이룬 윤상은 향리[椽曹]들에게 우상이고 귀감이 아닐 수 없다.

세금 내가며 마을 지키는 소나무

감천면 천향리, 자라면서 하늘로 뻗기보다는 강한 땅기운을 받으며 사방으로 퍼진 가지의 폭이 남북으로 약20m 동서로 약30m 넘으니, 그 아래 그늘의 면적만도 300평은 족히 넘어 보인다. 천연기념물 제294호로 지정된 수령 약600년 넘는 소나무 석송령(石松靈)은 1000평 이상의 등기 토지도 소유하고, 나오는 수익으로 토지세를 내는 것은 물론 마을 장학금도 지원한다. 약600년 전 석관천 상류에 큰 홍수가 나서 떠내려 온 소나무를 마을 사람들이 거둬 심었고, 1930년 마을 사람 이수목이 '석평마을 영험한 소나무' 의미로 이름 석송령을 지어주고, 딸린 토지를 등기까지 해주었다. 일제강점기에는 석송령을 강제로 제거하기 위해 동원된 인부들이 죽거나 다쳐서 달아나는 일이 계속되자 중도 포기했고, 한국전쟁 때는 일대의 폭격에도 석송령 주변만은 무사해서 전설이 된다. 정월 대보름 마을의 단합과 안녕을 비는 동신제가 열리는 듯이 꿈을 모으는 석송령이 있어 천향리(泉香里)는 오래 평화와 풍요를 누릴 것 같다.

영월 단종의 장릉 능침 주변에 아직은 어려보이는 소나무 한그루가 외롭게 능을 향해 굽어 서있다. 1999년 남양주에 있는 정순왕후 사릉(思陵)에서 한그루를 옮겨 심고 '정령송(精靈松)'이라고 부른다. 1458

년 단종과 왕후가 한번 건너면 영영 돌아오지 못할 청계천 영도교(永
渡橋)에서 이별을 나눈 뒤, 죽어서도 함께 못하는 부부가 안타까워 다
시 이어준 인연의 상징이 남양주 문화원이 옮겨 놓은 정령송이다. 정
순왕후의 영혼이 깃든 정령송과 정령이 깃든 석송령에 사람이 이어
준 인연은 다름없이 신비하다. 밝은 낮에는 솔잎 그늘 속에 몸을 숨기
고 지내다가, 하늘에 별이 무수한 밤이 되면 반딧불처럼 솔가지 사이
를 날아다니는 정령을 한번 찾아보라고 석송령이 긴 팔을 뻗어 손짓
한다.

석송령

청룡사 두 보물, 석불좌상

용문면 선리, 청룡사는 676년 의상대사가 다음에 등장하는 한천사와 함께 영주 부석사의 순조로운 공사를 위한 비보풍수 방책으로 창건했다 한다. 절터가 원래는 호수였으나 청룡이 승천하는 것을 보고 호수를 메워 절을 세웠다고 하는데, 옆의 작은 계곡에 흐르는 물이 어떻게 큰 호수를 이루었을지 지형변화의 짐작이 쉽지 않다. 언젠가 큰 홍수가 나서 절이 매몰되고 여기저기 흩어져 방치되어 있던 불상을 수습했다는 얘기가 사실인지 지금도 비를 막아주는 정도의 초라한 법당과 요사채 뿐이고, 땅의 소유권마저 다른 좁은 부지에 불편한 모습으로 자리하고 있다. 비록 작은 법당이지만 통일신라시대 석조여래좌상(보물 제424호)과 석조비로자나불좌상(제425호)은 모두 보물급으로 거동도 불편한 노스님과 보살의 손길에 보호되고 있다.

석조여래좌상은 8각 연화대좌 위에 결가부좌 자세로 항마촉지인의 수인을 하고, 동그란 얼굴에 의외로 작은 귀, 도톰한 입술과 나발 머리, 그리고 띠 매듭이 보이는 가슴 위로 양어깨를 감싼 법의 주름이 부드럽게 처리되었다. 떨어져 있었던 것을 붙인 광배는 두광과 신광을 원형으로 구분해 연꽃과 보상화를 적절히 넣었고, 위로는 불꽃무늬가 화려하게 꼭지에 모아져서 광배의 완성도를 보인다. 안상을 넣은 하대, 여래와 보살상을 새긴 중대, 앙련이 불상을 받히는 상대로 구성되는 대좌의 조각도 화려하다.

석조비로자나불좌상은 광배는 없이 머리 나발이 깊게 조각되었고,

작은 입은 훼손이 심한 코와 거의 붙어 있고, 콧볼에서 눈썹을 잇는 곡선이 부드러운 얼굴에 미소가 살짝 비친다. 결가부좌에 동그스름한 손으로 지권인을 취했고, 법의의 주름이 일정한 간격으로 두툼하게 잡혀 있다. 사각형 좌대는 연꽃무늬를 깊게 조각한 상대석, 안상을 넣은 중대석과 하대석으로 구성된다. 두 불상 모두 안정적인 구도와 균형을 기본으로, 각 부위가 자연스럽게 맞물려 허술한 틈이 보이지 않을뿐더러, 특히 여래좌상은 빈틈없이 정교한 조각을 채운 아름다운 석불이다.

뉴요커들의 경탄, 철불상

감천면 주마산, 앞의 청룡사과 같은 해인 676년 신라 의상대사가 창건한 한천사(寒天寺)는 한국전쟁 때 불상과 석탑을 제외하고 전소해서 다시 세워졌다. 대적광전에 봉안된 철조비로자나불좌상은 보물 제667호이고, 앞마당 삼층석탑도 절제된 균형미를 보인다. 불상은 민머리에 부드러운 육계, 어깨에 닿을 듯 늘어진 귀, 거의 감은 일자 눈, 굳게 다문 작은 입술, 결가부좌에 지권인, 건강하고 긴 상체와 팔, 왼쪽 어깨에서 흘려 무릎을 덮고 있는 법의 주름 처리 등을 보아서, 불국사 금동비로자나불좌상의 양식을 따라 9세기 전후의 제작으로 추정하고 있다. 균형 잡힌 몸체와 정밀한 주조 기법을 보면 국내 보물급 이상의 19점 철불 중에서도 상급에 들지 않을까 한다.

철불에 대한 국내 인식이 바뀌는 해외전시가 있었다. 문화재 등급도 없이 국립중앙박물관에 전시되었던, 높이 1.5m 통일신라 때 철조여래좌상이 2014년 뉴욕 메트로폴리탄 박물관의 신라 특별전에 출품돼 약20만 명이 찾는 대성황을 이루었다. 함께 전시되었던 국보 제83호 금동미륵보살, 반가사유상 등 화려한 국보급 금관, 금 귀걸이, 보검 등에 비해 철불은 덜 알려졌었고 더구나 크게 훼손된 모습이었다. 이마 백호는 구멍 났고, 수인을 보여주어야 할 양손도 없다. 나무, 소조, 건칠, 동 같은 다양한 소재에 금을 입힌 황금빛 화려한 금동 불상에서 볼 수 없는 다른 무엇이 외국인들의 마음을 움직였을까. 그들도 고통받는 존재에 대한 연민과 자비를 공감했을까, 그에는 이르지 못했어도 생활 속에서 익숙한 철에 녹아든 친밀감이나 혹은 큰 상처에서 연민을 느꼈을지, 아니면 철이 주는 무게감과 오랜 세월 표면에 차갑게 내려앉은 철색이 주는 신비감, 그도 아니면 주조 기술과 표현기법의 예술성이 기대를 뛰어넘었을까. 외국인들이 감탄을 아끼지 않았다 해서 새삼 우리 것을 다시 돌아보고 자랑스러워한다는 것이 민망하기도 하지만, 보일 듯 말 듯 전해주는 미소에 온기가 느껴진다.

부처 신체의 여러 특징 중에 신금색상(身金色相)을 근거로 불상에 개금(改金)을 하는데, 이는 부처의 몸에서 금빛이 나고, 말씀이 곧 빛이고 풍요의 비결을 상징하는 까닭이라고 한다. 과연 차가운 철색은 어떤 상징적 의미를 전하려는 것인지, 철조불상을 마주할 때마다 느끼는 의문이기도하다. 그러나 개금의 선입관을 접고 한참을 바라보면 보호색 없는 순수함과 근엄 진솔한 설법의 무게를 느끼게 되기도 한다. 일제 강점기 태평양전쟁에서 금속이 모자란다고 전국적으로 쇠붙이를 찾아다닐 때 한천사에도 위기가 닥쳤으나, 꿈에 나타난 부처가 추우니 진흙 옷을 입혀달라는 가르침을 받고 불상에 진흙을 입혀서 위기를 넘겼

다는 얘기가 전해온다. 전국에 남아있는 철불상이 약50여 구에 불과
한 것으로 파악되고 있다.

철조비로자나불좌상

보문사

　보문면 수계리 학가산 보문사(普門寺)도 역시 676년 의상대사가 창건
했고 1185년 보조국사 지눌이 중창을 하며 삼층석탑을 세우고, 크게
피해를 입었던 임지왜란 전후로도 중수를 계속하며 오늘에 이른다. 울
창한 송림이 병풍처럼 에워싼 극낙보전의 전면은 주심포, 후면은 익공
양식으로 달리한 것이나, 내부 천장은 빗천장과 우물천장이 혼용이 되
어 있는 것으로 보아서 여러 차례 중수를 거치며 시대에 따라 양식이

교차된 듯하다. 가운데 마당 좌우로 전면이 2층 형식인 ㅁ자형 구조의 염불당과 적묵당이 마당을 두고 마주하고 있다.

귀중한 불화 4점 중에 아미타불회도 등 2점이 도난 되고 28년 만에 환수되어 축하받듯, 삼장보살도가 보물 제1958호로 지정되는 경사를 맞았다. 1767년 작품인 삼장보살도는 하늘 세계를 관장하는 천장보살, 지상 세계를 관장하는 지지보살, 지하 명부를 관장하는 지장보살을 중심으로 구성하고, 성벽으로 구분된 하단에는 명부(冥府)에서의 심판과 형벌이 눈에 띄게 전개되는 등 조선불화로는 처음 보는 희소성의 가치가 있다. 하단은 또한 좌우를 성벽과 청송으로 나누어 우측은 명부 시왕들의 분주한 심판 장면, 좌측은 지옥의 여러 형벌을 구체화한 구도가 독특하고, 전체적으로 표현과 채색이 살아있다.

1601년 약포가 낙향해서 염불당에 한동안 머무르며 고향의 백성교화와 상부상조를 권하는 동계(洞契)를 만들었고, 1780년 정약용도 예천군수 부친을 따라와 공부하며 예천이 학문과 인물이 뛰어난 추노지향(鄒魯之鄉)이라 했다. 맹자의 고향 추나라와 공자의 노나라를 가리키는 더없는 찬사다. 약포가 옛 자료를 참조해 복구한 고평동계는 마을의 공동 이익을 위해 귀천이 없는 참여를 독려하고, 약정을 어기면 경중에 따라 공동우물 사용을 금하거나 퇴출 또는 관에 고발까지 명시했다. 권장과 금지사항으로 구분해 나라 위해 몸 바치는 의병정신, 이웃과 화목, 공동체 우선(先公後私), 남의 비밀은 감춰주는(秘發陰私) 등 10여 항목을 권장했다. 반면에 강자가 약자를 업신여기고, 위급하고 어려운 사람을 돕지 않고, 농지 경계를 침범하고(侵占田疆), 술 취해 싸우고,

재물 약탈하고, 모임에 늦거나 이유 없는 불참 등 약20항목을 금했다. 많은 고을의 동계나 향약(鄕約)이 임진왜란 후 사회질서가 변화하며 상하계층이 함께 참여하는 내용으로 바뀌고 한글로도 보급되기 시작, 자치 규범과 미풍양속으로 고향이 발전해갔다.

지눌(知訥)은 황해도에서 속성 정(鄭)씨로 태어나 8세에 출가해 34세 때 승과에 급제하고 득도의 길을 찾다가 1185년부터 약3년 동안 보문사에서 수행하면서 선(禪)은 부처의 마음이고 교(敎)는 부처의 말씀이라 하여, 선종을 중심으로 교종을 융합한 선교일원(禪敎一元)을 확립했다. 또한 고려 무신정권기 송광사에서 부패한 불교계 정화운동인 정혜결사를 이끌었고, 새로운 선풍(禪風)을 세우며 많은 불서를 남기고 입적, 그의 사상에 크게 영향을 받은 조계종은 그를 중천조로 모시게 된다. 선을 수행하는 방법으로 깨달음이 먼저냐 수행이 먼저냐, 아니면 수행을 통해 깨달음을 얻는 것이냐 하는 문제에 대해 그는 단번에 깨달음을 얻었다하더라도 과거의 번뇌와 행위가 사라지는 것은 아니니 점진적으로 수행함이 바르다고 하며, 깨달음[頓悟] 이후의 점진적 수행[漸修]이 타당하다는 돈오점수(頓悟漸修)를 주창한다. 무신정권하에 왕실로부터 눈에 띌만한 지원은 없었으나 지눌의 사후 희종(熙宗)이 보조국사 시호와 사리를 봉안하는 탑호 감로(甘露)를 내렸고, 보조국사비와 감로탑이 송광사에 남겨졌다. 유교에서 단 이슬이 내리고 땅에서 단샘이 솟는 상서로운 현상이 태평성대를 가리킨다면, 불교에서 감로는 중생의 고통을 치유하는 부처의 가르침에 비유한다.

케이 문화의 요람 고향의 품격

1판 1쇄 발행 2026년 3월 20일

저자 유영수

편집 윤혜린

펴낸곳 (주)하움출판사　**펴낸이** 문현광

이메일 haum1000@naver.com　**홈페이지** haum.kr
블로그 blog.naver.com/haum1000　**인스타그램** @haum1007

ISBN 979-11-7374-163-0(03910)